KB260976

한국 경제, 미래를 경영하라

한국 경제, 미래를 경영하라

한국경제연구원 편저

21세기북스
www.book21.com

한국경제연구원은 1981년 한국 경제와 기업의 장단기 발전 과제를 종합적으로 연구하고 효율적인 자유시장경제 체제를 구축하고 건전한 기업성장을 통해 국민경제의 발전에 기여하고자 출범했다. 따라서 본 연구원은 다양한 경제 이슈들이 제기될 때마다 시장경제 원리에 기초한 정책 대안들을 제안하고 자유시장경제에 대한 올바른 이해의 확산을 도모하고자 최선을 다하고 있다.

이러한 일환으로 일반 국민에게 경제 이슈에 대한 전문적인 진단 및 시장경제 논리를 제공하고 본원에 대한 대외 인지도를 향상하고자 2003년 1월부터 본원의 홈페이지에 〈전문가 칼럼〉을 매주 한 편씩 게재해왔다.

이처럼 〈전문가 칼럼〉은 원래 발간을 목적으로 기획된 것은 아니다. 하지만 온라인상에서 읽어본 네티즌들이 한 권의 책으로 묶어줄 것을 지속적으로 요청해왔다. 또한 한국 경제에 대한 정확한 인식과 해법을 모색한 〈전문가 칼럼〉의 발간을 통해 시장경제에 대한 일반 국민들의 정확한 이해와 도움을 줄 필요성이 제기되었다.

2005년에 전문가 칼럼을 모아 《한국 경제를 읽는 7가지 코드》라는 제목으로 제1집을, 그리고 2007년에 《한국 경제, 추락인가 도약인가》라는 제목으로 제2집을 발간한 바 있다. 이번에 발간하는 《한국 경제, 미래를 경영하라》는 제3집으로서 2007년 1월부터 2008년 말까지 2년간 게재된 〈전문가 칼럼〉을 비롯하여 2008년부터 게재하기 시작한 〈경제 이슈 논평〉과 〈기업법과 제도 이슈〉를 한데 모았다.

이 책은 당시 부각되었던 다양한 이슈에 대해 국내의 전문가들이 시장경제 원리에 기초하여 집필한 총 97편의 칼럼을 '경제를 보는 눈', '금융시장과 금융제도', '시장경제의 활성화', '정책과 규제의 개선', '고용과 실업문제의 해법', '산업구조 개편과 민영화' 등 6개 부분으로 나눠 각 주제별로 편제하였고 집필 시점을 밝히기 위해 게재 일자를 표기했다.

칼럼을 집필하기 위해 바쁜 와중에도 시간을 할애하여 귀중한 글을 보내주시고, 홈페이지 게재 시점과 출간 시점 간의 차이를 보완하는 과정에서 검토에 기꺼이 응해주신 본원의 연구진과 외부의 필진 모든 분에게 감사드린다. 또한 칼럼의 필진 섭외부터 홈페이지 게재 및 최종 발간에 이르기까지 애써주신 연구조정실 조동호 부장에게도 감사를 드린다. 그리고 여러 개의 칼럼을 모아 한 권의 책으로 엮기까지 고생하신 홍보실 직원들과 21세기북스 식구들에게도 감사의 뜻을 전한다. 아울러 이 책의 내용은 한국경제연구원의 공식적인 견해와 반드시 일치하는 것은 아님을 밝혀둔다.

2009년 1월
한국경제연구원
원장 김종석

Chapter 3 시장경제의 활성화

Chapter **6** 산업구조 개편과 민영화

Chapter 1

경제를 보는 눈

경상수지 흑자, 어디로 사라졌나?

▌ **김창배**(한국경제연구원 선임연구원)

다달이 벌어들이는 소득도 있고, 지출이 소득보다 많지 않아 꼬박꼬박 저축도 한다. 물론 은행에서 대출을 받아 저축의 일부와 대출받은 돈을 합쳐 주식이나 부동산에 투자도 했다. 이렇게 몇 년이 지났다. 그런데 재산 상태는 적자였다. 저축과 투자 금액을 모두 합쳐도 빌린 돈에 크게 미치지 못한 것이다. 물론 투자한 주식과 부동산의 가격이 떨어진 것도 아니다. 물론 이러한 상황은 일반적으론 가능하지 않다. 하지만 국가 간 대외거래에서는 발생 가능한 일이다.

우리나라는 그동안 대외거래에서 벌어들인 소득이 지출보다 많은 경상수지 흑자국이었다. 비록 올해에는 국제 유가 상승 등의 원인으로 적자를 보였지만 우리나라의 경상수지는 1998년 이후 2007년까지 무려 11년 동안 줄곧 흑자를 지속해왔다. 이에 힘입어 국가의 저축액이라 할 수 있는 외환 보유고도 같은 기간 내내 2,000억 달러나 쌓을 수 있었다. 두 단계 내려앉았지만 우리나라는 아직도 외환 보유고 6위 국가다.

그러한 대한민국이 2001년 이후 계속 유지해온 순채권국 지위에서

올 9월엔 순채무국으로 전락⑺했다. 해외에 빌려주거나 투자한 돈인 대외채권은 3,999억 달러인데 반해 갚아야 할 돈인 대외채무는 4,250억 달러로 부채가 251억 달러 더 많다. 한국은행은 대외채무 중에서 직접투자회사 간의 대부금(66억 달러), 선박 수출 선수금(550억 달러), 환혜지용 차입금(497억 달러) 등 상환 부담이 적은 외채 1,112억 달러가 포함되어 있어 실질적으로는 대외채권이 861억 달러 더 많은 흑자 상태라고 설명한다. 어느 정도 위안이 될지는 몰라도 통계적으로는 여전히 궁금증이 남는다. 우리의 경상수지 흑자는 어디로 사라졌을까? 국내 은행의 외화 차입이 많다 하더라도 이 자금이 대출 혹은 투자의 형태로 남아 있어야 하지 않을까?

국제투자대조표(International Investment Position; IIP)에서 궁금증의 실마리를 풀어보자. 국제적으로 빈번한 자본 이동을 체계적으로 파악하기 위해 특정 시점의 내국인 대외투자 잔액(이하 대외투자)과 외국인의 국내 투자 잔액(이하 대외채무)을 기록하여 집계한다. 특정 시점의 잔액 개념이기 때문에 IIP는 크게 두 가지 요인에 의해 변동한다. 첫째는 경상거래 및 자본거래에 따른 거래적 요인이다. 전기(前期) IIP 잔액에 금기(今期)의 국제수지 거래 내역을 가감하면 금기의 IIP 잔액이 나온다. 둘째는 환율, 가격 변동 등 비거래적 요인이다. 일례로 환율이 1,500원에서 1,000원으로 하락했을 경우 외국인이 1달러 투자해서 산 주식 1,500원을 다시 달러로 바꿔가면 1,500원은 1.5달러가 된다. 유입은 1달러였지만 유출은 1.5달러가 된다. 지속적인 흑자 국가가 부채 국가로 전락한 상황에 대한 하나의 해답이 바로 여기에 있는 것이다.

2004~2005년의 예를 들어보자. 〈표 1〉을 보면 2004년 말 대외투자(A1)와 대외부채(B1)는 각각 3,298억 달러, 4,135억 달러로 순국제투자(C1)는 −837억 달러였다. 여기에 2005년 중 발생한 대외거래분을 가감하

면 거래적 요인만 고려한 2005년 말 IIP가 된다. 즉 2005년 말 대외투자(A2)는 2004년 말 대외투자(A1)에 2005년 내국인 투자(㉠)와 준비자산(③)을 더하고 2005년 말 대외부채(B2)는 2004년 말 대외부채(B1)에 2005년 외국인 투자(㉡)를 더해서 구한다. 이렇게 구한 2005년 대외투자(A2)와 대외부채(B2)는 각각 3,672억 달러, 4,382억 달러로 순국제투자(C2)는 −687억 달러가 된다. 2004년 말 순국제투자에 비해 150억 달러가 개선(대외부채 감소)됐는데, 이 금액은 2005년 중에 발생한 경상수지액과 같다. 만약 거래적 요인만 고려한다면 IIP상의 순국제투자는 국제수지상의 경상수지 변동분만큼만 증감할 것이다.

〈표 1〉 거래적 요인만을 고려한 국제투자 대조표 작성 사례

국제투자 대조표		국제수지표		국제투자 대조표	
2004년 말		2005년 중		2005년 말	
		①경상수지	150		
A1. 대외투자	3,298	②자본수지	48	A2. 대외투자	3,672
a11 해외투자	1,307	㉠내국인 투자	176	a21 해외투자	1,483
a12 준비자산	1,991			a22 준비자산	2,189
B1. 대외부채	4,135	㉡외국인 투자	247	B2. 대외부채	4,382
C1. 순국제투자 (A1−B1)	−837	③준비자산 (①+②)	198	C2. 순국제투자 (A2−B2)	−687

이러한 방식으로 2001년을 기점(한국은행의 IIP 최초 작성 연도)으로 2008년 9월 말까지 IIP를 재작성했다. 거래적 요인만으로 된 IIP는 대외투자와 대외부채의 원금의 성격을 띠므로 실제표와 비교함으로써 비거래적 요인에 의한 자산·부채 변동을 파악할 수 있다.

〈표 2〉를 보면 실제 IIP상의 2008년 9월 말 현재 대외투자는 5,410억 달러, 대외부채는 6,958억 달러로 순국제투자는 −1,547억 달러 적자 상

태다. 하지만 거래적 요인에 의한 변동만을 반영할 경우, 대외투자
는 4,563억 달러, 대외부채는 4,692억 달러로 순국제투자 적자는 −
128억 달러로 감소한다. 환율 및 가격 변동이 없었다면 시작 연도인
2001년 −638억 달러 적자보다 약 510억 달러가 개선될 수 있다는 계
산이 나온다. 환율 및 가격 변동에 의한 것으로 대외투자 및 대외부
채의 증감액은 〈표 2〉의 '3. 비거래적 요인에 따른 국제투자 증감액'
에 잘 정리되어 있다. 이 기간 중 대외투자 증가액은 847억 달러인
반면 대외부채는 무려 2,266억 달러나 증가했다. 정리하자면 2001년
이후 내국인의 해외 투자 원금은 4,563억 달러, 평가액은 5,410억 달
러로 847억 달러의 평가이익을, 그리고 외국인의 국내 투자 원금은

〈표 2〉 국제투자 대조표 재구성, 2001년~2008년 9월

(단위: 억 달러)

	2001	2002	2003	2004	2005	2006	2007	2008
1. 실제 국제투자 대조표								
A.대외투자	1,850	2,068	2,581	3,297	3,684	4,656	5,876	5,410
B.대외부채	2,488	2,772	3,378	4,135	5,394	6,523	8,201	6,958
C. 순국제투자(A−B)	−638	−704	−796	−838	−1,710	−1,867	−2,325	−1,547
2. 거래적 요인에 의한 국제투자 대조표								
A.대외투자	1,850	2,018	2,398	2,987	3,361	3,967	4,879	4,563
B.대외부채	2,488	2,611	2,886	3,181	3,428	4,024	4,871	4,692
C. 순국제투자(A−B)	−638	−593	−488	−194	−67	−57	8	−128
3. 비거래적 요인에 따른 국제투자 증감액(1 − 2)								
A.대외투자	0	50	183	310	323	689	997	847
B.대외부채	0	161	492	954	1,966	2,499	3,330	2,266
C. 순국제투자(A−B)	0	−111	−308	−644	−1,643	−1,810	−2,333	−1,419

4,692억 달러, 평가액은 6,958억 달러로 2,266억 달러의 평가이익을 낸 셈이다. 결국 자산 평가액보다 부채 평가액이 더 큰 폭으로 증가하면서 1,419억 달러의 돈이 사라져버린 것이다. 11년간 경상수지 누적액과 같은 금액이다.

외환위기 이후 원/달러 환율은 전반적으로 절상 추세를 지속했고 2004~2007년 중 주식 가격이 매년 20% 이상 급등하면서 우리가 갚아야 할 대외부채 금액도 함께 급증했다. 우리의 대외 지급 능력을 외환보유고로만 판단하지 말고 전체 대외 자산 부채 상황을 종합적으로 고려할 필요가 있음을 시사한다. (2008년 12월 9일)

성장과 분배, 무엇이 먼저인가?

▌ 김필헌(한국경제연구원 연구위원)

2007년 정해년의 새해를 맞은 우리 경제는 근래에 보기 드문 중대한 기로에 서 있다고 할 수 있다. 우선 굵직한 것들만 살펴보더라도 대내적으로는 부동산 시장의 불안정, 과도한 규제로 인한 기업의 투자 심리 위축과 내수 경기 침체 등이 있고 대외적으로는 한미 FTA 체결과 북핵 사태의 원만한 해결이라는 중차대한 사안들이 우리를 기다리고 있다. 게다가 2007년에는 이 모든 불확실성들이 확대 재생산될 대통령 선거가 있기도 한 해다. 그런데 무엇보다 우려되는 것은 현재 우리 사회에 만연하고 있는 총체적 혼란스러움의 근저에 사회 구성원 간의 공감대 부재가 자리 잡고 있다는 사실이다.

우리 사회의 공감대 부재 현상은 경제성장을 바라보는 시각에도 존재한다. 성장이 먼저냐 분배가 먼저냐 하는 시각 차이는 참여정부 들어 최대의 화두가 되었다. 일부에서는 이제 형평성에 중점을 둬야 한다고 주장하고, 또 다른 일부에서는 최소한 아직까지는 성장에 치중해야 한다고 주장한다. 그러나 성장과 분배의 관계가 정확히 어떤 모양새를 띠고 있는지 명확히 밝혀진 바는 없다. 다만, 이 둘의 관계가 단순한 선형적 관계라기보다는 소득 수준에 따라 그 관계가 비선형적으로 달라진다는 것이 일반적인 인식이다. 그 한 예로 쿠즈네츠는 경제성장이 이루어지는 기간에는 소득의 불균형이 심화되다가 경제가 안정되고 성숙되어갈수록 소득의 불균형이 상대적으로 줄어든다고 주장하기도 했다.

그러나 한 가지 분명한 사실은 성장 정책이 분배에 미치는 영향은 불확실한 반면, 때 이른 분배 정책은 자칫 잘못하면 성장에 악영향을 미칠 수도 있다는 것이다. 가까운 예로 한때 소위 우리나라보다 잘나가던 중남미 여러 나라가 잘못된 배분과 균형 위주의 정책 탓에 1980~1990년대에 겪었던 경제적 혼란은 형평성(equlity) 중심의 정책이 효율성(efficiency)을 구축한 결과 야기되는 부작용이 어떤 것인지를 잘 보여준다. 그러나 참여정부는 이러한 부작용에 대한 세심한 고려 없이 우리나라와 경제 수준이나 문화적 배경이 상이한 북유럽식 사회민주주의 방식을 도입하여 분배와 형평성 위주의 정책을 펴나가고 있는 것 같다. 노동시장에서의 비정규직 정책이나, 대기업을 경제 주체가 아닌 특권 집단으로 생각하여 대기업의 경제 활동에 족쇄를 채우는 기업 규제 정책들이 그 좋은 예라 하겠다. 결국 요즘 인구에 회자되고 있는 우리나라의 잠재성장률 하락이 이러한 정부가 내세웠던 일련의 형평성 위주의 정책과 규제에 부분적으로나마 그 원인이 있는 것은 아닐까?

1997년 외환위기 이후, 일부의 우려와는 달리 우리 경제는 단기간 내에 예전의 성장 속도를 회복할 수 있었다. 그러나 이것도 잠시뿐, 최근 들어 우리나라의 경제성장률은 예전과 비교해 현저히 떨어지고 있다. 2006년만 해도 우리나라의 경제성장률은 겨우 5%대에 미쳤으며 2007년에는 4%대로 떨어질 것이란 전망이 우세하다. 심지어 IMF

에서는 우리나라의 경제성장률이 21세기 중반에 가서는 2%대로 하락할 것이라는 전망을 내놓기도 했다. 우리 경제가 이토록 부진한 이유는 무엇일까?

잠재생산량은 자본과 노동력이 창조적인 기업가 정신을 바탕으로 효율적으로 결합되었을 때 한 경제가 생산해낼 수 있는 재화와 서비스의 최대 총량을 의미한다. 잠재생산량의 정의를 잘 들여다보면 왜 우리나라의 경제가 요즘 멈칫거리고 있는지 그 이유가 확연히 드러난다. 첫째로 현재 우리나라 노동시장의 구조를 보자. 현재 우리나라의 노동생산성은 미국, 일본 등이 우리와 비슷한 경제 규모일 때의 그것과 비교했을 때 그 절반에도 미치지 못한다. 그럼에도 형평성 위주의 노동 정책으로 인해 우리나라의 노동시장은 극도로 경직되어 있어서 고용주의 합리적인 선택을 불가능하게 한다. 둘째로 자본 투자나 과감한 기술 혁신이 제대로 이루어지지 않고 있다. 불투명해진 국내외 전망 탓도 있겠지만, 정부의 과도한 기업규제도 원활한 투자에 무시할 수 없는 장애로 작용하고 있다. 최근 경제자유네트워크(EFN)가 한국의 시장규제를 세계 130개국 가운데 76위로 평가했다는 언론의 보도를 보더라도 정부의 시장규제가 어느 수준까지 왔는지 알 수 있다. 위에서 언급한 요인들이 기업가 정신의 위축과 상호작용하며 악순환되고 있고, 이는 곧 우리나라 경제의 전반적인 부진으로 이어지고 있다.

단순히 보면, 우리나라의 경제 부진 원인은 결국 분배와 형평성에 치중하는 정부의 정책 편성에 기인하는 경직된 노동시장과 위축된 기업가 정신 두 가지로 귀결된다고 할 수 있을 것이다. 그렇다면, 어떻게 해야 할 것인가? 이에 대한 해답은 노동시장의 유연성 확보와 기업가 정신을 위축시키는 각종 불필요한 규제의 해소에 있다. 다행히도 2006년의 어려웠던 경험이 사회 각계각층에서 경제성장의 중요성에 대한 공감대가 다시 형성되는 데 중요한 동기가 되고 있다. 이제 2007년 새해는 이 공감대를 바탕으로 다시 한번 경제 도약의 밑거름을 삼는 한 해가 되어야 할 것이다. (2007년 1월 2일)

고성장의 열매, 다시 맛볼 수 있을까?

▌ 김학수(한국경제연구원 연구위원)

외환위기 이전 한국 경제의 성장은 노동 시간이나 물적 자본과 같은 생산요소의 투입 확대에 의해 견인되어왔다. 그러나 1990년대에 접어들면서 요소 투입 확대만으로는 성장률에 한계를 보이기 시작했고 외환위기라는 큰 전환점을 맞게 되었다. 외환위기 이후 한국 경제는 강도 높은 구조조정과 혁신을 수행해야만 했으며, 체질적으로도 과거 요소 투입 주도형에서 혁신 주도형으로 이미 바뀌었거나 달라지고 있다고 평가된다.

과거 요소 투입 주도형 경제와는 달리 혁신 주도형 경제는 기술 진보 및 경제·사회제도의 개혁에 의해 동일한 생산요소로 더 많은 부가가치를 창출하는 경제라고 할 수 있다. 이러한 혁신 주도형 경제에서는 경제성장을 견인하는 성장 동력으로서 총요소생산성의 역할이 매우 중요하다. 총요소생산성은 노동과 자본의 변화로 설명되지 않는 부가가치의 변화를 설명하는 요인이며, 기술 혁신이나 경제·사회제도의 개혁에 의해 향상된다고 알려져 있다. 또한 지속적 총요소생산성의 개선이 고도의 경제성장을 가져오는 것으로 분석되고 있다. 혁신 주도형 경제로 자리매김하고 있는 한국 경제가 다시 고성장의 열매를 맛보기 위해서는 총요소생산성 향상에 심혈을 기울여야 할 것이다.

총요소생산성 향상을 통해 고도의 경제성장을 달성하기 위해서는 어떤 노력을 해야 할까? 앞서 언급한 바와 같이, 총요소생산성은 기술 혁신과 경제·사회제도의 개혁에 의해 향상된다. 먼저 기술 혁신은 지속적이고 효율적인 연구 개발 투자가 있을 때 가능하다. 1990년대 이후 연구 개발 투자가 지속적으로 확대되어 GDP 대비 연구 개발 투자의 비중은 OECD 회원국 중에서도 높은 수준이지만, 투자 규모나 축적된 연구 개발 관련 자본 스톡의 규모는 크게 뒤떨어져 있다. 이를 극복하기 위해서는 장기간 지속적으로 연구 개발 투자를 크게 확대해야 한다. 현재 GDP의 3% 수준인 연구 개발 투자를 향후 5% 수준까지 확대하겠다는 새 정부의 정책 방향은 바람직해 보인다. 그러나 연구 개발 투자의 규모를 확대하는 것만큼이나 중요한 것이 연구 개발 투자의 효율성 제고와 필요 재원을 효과적으로 조달할 수 있는 방안 마련이다.

연구 개발 투자의 효율성 제고는 국민의 혈세로 이루어지는 400여 개의 국책 연구 개발 투자 사업의 개별 과제 수행자 선정이나 성과를 평가하는 시스템을 더욱 더 투명하고 효과적으로 개선하는 노력에서부터 시작되어야 한다. 연구 개발 투자 확대에 필요한 재원을 한정된 정부 예산만으로 충당할 수는 없다. 현재에도 전체 연구 개발 투자의 75%를 민간 기업이 부담하고 있으며 향후 인구 구조의 고령화가 심화됨에 따라 사회복지에 대한 재정 수요가 급증할 것으로 전망되어 연구 개발 투자를 위한 예산 증액에는 한계가 있다. 이보다는 연구 개발 투자에 대한 세제 지원을 확대하여 연구 개발 투자의 실질적 세후 비용을 대폭 낮춰줌으로써 민간 기업이 부담하는 연구 개발 투자를 민간 스스로 확대하도록 하는 방안을 고려해야 한다.

총요소생산성을 향상하기 위해 필요한 또 다른 노력은 경제·사회 제도의 개혁에서 찾아야 한다. 경제·사회 전반에 걸쳐 생산성 향상을 저해하는 각종 규제의 과감한 철폐와 함께 세계경제의 글로벌화에 적극 대응하기 위한 자유무역협정을 지속적으로 수행해야 한다. 지난해 한국경제연구원에서는 5,000여 개의 규제를 낱낱이 분석해 경제성장을 저해하는 규제 리스트를 발표했다. 이러한 기초연구를 토대로 각종 규제들이 세계 기준에 부합하도록 새 정부 초기에 강도 높은 규제 개혁을 수행하고, 한미 FTA 협정의 국회 비준도 빠른 시일 내에 처리해야 한다. 기술 혁신과 제도 개혁의 주체는 사람이다. 우수한 인적 자원 개발을 위한 교육제도를 획기적으로 개선하고 이와 함께 해외 우수 인재 유치를 위한 제도적 개선책을 마련해야 한다. 이러한 경제·사회제도의 개혁은 그동안 막혔던 투자의 길을 뚫어줌으로써 경제성장에 직접적으로 도움을 줄 뿐만 아니라 국가 전체의 총요소생산성을 향상시킨다. 이처럼 향상된 총요소생산성은 투자와 수출을 확대하여 일자리 창출과 함께 고도의 경제성장을 가져올 것이다.

제도 개혁 등으로 초래되는 혼란으로 개혁 초기의 성과는 기대에 미치지 못할 수도 있다. 그러나 기술 혁신과 함께 경제·사회제도의 전반적인 개혁을 통해 국가 전체의 총요소생산성을 지속적으로 향상시켜나간다면, 그러한 혼란은 빠른 시일 내에 극복되고 가까운 미래에 과거 한국 경제가 향유했던 고성장의 열매를 다시 맛보는 날이 올 수 있을 것이다. 새 정부는 이러한 희망과 비전을 달성하는 데 수반되는 고통을 국민에게 제대로 설명하고, 국민은 비효율적이고 불합리한 제도를 개혁하기 위한 새 정부의 노력에 희망과 비전을 갖고 적극 협조해야 할 것이다. (2008년 1월 29일)

우리 FTA 정책의 평가와 과제

▍ 최원목(이화여대 법대 교수)

　그동안 우리가 추진해온 FTA 정책은 성공적인 FTA 체결 성과에도 불구하고 많은 문제점을 낳았으며, 향후 통상 정책 전반의 추진에 적지 않은 부담을 지우고 있다. 다른 OECD 국가와는 달리 구조적으로 대외무역 의존도가 지나치게 높은 우리나라는 효율적이고 민주적인 FTA 추진을 통해 개방의 효과를 장기적으로 누리기 위해서 FTA 체결 국가 수를 늘리는 것뿐만 아니라 이러한 문제점을 제도적으로 해결해 나가는 일이 시급하다.

　가장 근본적 문제점 중의 하나는 FTA 지지 세력인 '수출 지향 집단'과 저지 세력인 '수입 대체 지향 집단' 간의 대립 구도가 대칭적으로 형성되지 못했다는 것이다. 한-칠레 FTA 추진 과정에서 국내 열위 산업 보호에 최우선 가치를 부여하는 '수입 대체 지향 집단'은 과수 분야에서 세계적인 경쟁력을 지닌 칠레와의 FTA를 전체 농업 분야의 장기적인 개방 문제로 연결시킴으로써 전국적인 반개방 문제로 정치 이슈화하는 데 성공했다. 그에 따라 농민 단체는 물론, 경제실천국민연합, 전국민중연대, 노조 등의 시민단체들이 반 FTA 운동에 합류하여 대대적인 NGO 운동으로까지 그 성질이 변화했다. 반면, 수출 지향 집단은 한-칠레 FTA 체결에 따른 이익을 일부 품목의 수출 증대라는 경제적 의미로 좁게 규정해버렸고, 2003년 하반기 FTA 국회 비준 동의가 불투명해져서야 비로소 사태의 심각성을 깨닫고 경제 5단체를 중심으로 FTA 지지 운동을 전개하기 시작했다. 그 결과 이미 정치 이슈화된 문제를 해결하는 데에 커다란 대가가 요구되었으며, 정부는 반대 진영 중 온건 세력의 무리한 요구를 수용하는 수밖에 없었고, 이는 결국 피해 집단에 대한 과도한 보상의 약속으로 나타났다.

더구나 보상의 목적이 비교 열위 산업의 기술 경쟁력 제고 및 비교 우위 산업으로의 업종 전환에 초점이 맞춰져야 하는데도, 재래식 단순 농업 부문을 존속시키는 방향으로 현금성 소득 보전을 제공한 것은 오히려 중장기적인 농업 부문의 구조조정을 저해하는 것이었다. 결국 우리 정부는 일시적으로 문제를 회피하기 위해 근시안적인 보상 방식을 동원함으로써 한-칠레 FTA 비준을 쟁취하는 길을 선택했던 것이다. 이러한 문제 해결의 선례는 이후 FTA 추진 과정에서 도덕적 해이와 과도한 보상 요구를 촉발시켜 우리 FTA 정책 전체에 적지 않은 부담으로 작용하게 되었다.

이러한 반 FTA 연대의 압력은 그 후 체결된 싱가포르(2005년 8월) 및 EFTA(2005년 9월)와의 FTA 협상 과정에도 그대로 이어졌다. 그 결과 정부는 국내 반대 집단의 관심 품목을 FTA 관세 철폐 대상 품목에서 제외함으로써 이들의 요구사항을 수용하는 데 협상의 주안점을 두었으며, 갈수록 이러한 예외 품목의 범위는 증폭되었다. 이러한 무역자유화 후퇴 경향이 ASEAN과의 협상(2006년 8월 상품 분야 협정 서명)에서 절정에 달한 것은 물론이었다. 한미 FTA 협상 과정에서도 FTA 반대 진영의 조직적이고 대중적인 선전과 협상 중단을 위한 캠페인에 정부의 협상 노력은 번번이 위기에 봉착했다. 이데올로기적인 반미 감정까지 작용하여 한미 FTA 반대 운동은 대중적 인기를 구가했다. 그러나 이전까지 결집된 목소리를 내지 않았던 수출 지향 집단은 우리 최대의 교역 시장이자 투자 상대국인 미국과의 FTA를 맞아서는 본격적인 대응에 나서 경제 5단체를 중심으로 조직적 로비를 진행했다. '수출로 먹고사는 나라'에서 수출의 주역들이 FTA 체결을 강력히 요구하는 상황이 전개되고, 주요 언론사들이 이들의 입장과 논리를 대서 특필하면서 한미 FTA 체결의 당위성이 부각되는 방향으로 여론이 형성되어 갔다. 그에 따라 수입 대체 지향 집단과 수출 지향 집단 간의 세력 균형이 형성되었고, 정부는 좀 더 자유로운 환경에서 협상 이슈들 간의 이익형량에 따라 미국과 협상을 진행할 수 있었다. 그 결과, 농산물을 제외한 상품 분야에서 100% 품목에 대해 관세를 철폐하고, 전체의 94% 수입량에 대해 관세를 조기 철폐하기로 합의하는 등 상당히 높은 수준의 경제 통합을 달성할 수 있었다.

이러한 정책적 성과에도 불구하고 한미 FTA 협상 전 과정에 걸쳐 공청회가 무산되고, 졸속 협상이라는 비난이 끊이지 않았으며, 협상 정보의 미공개로 인해 불필요한 오해와 비판이 확산되었다. 또 국회와 정당을 통한 이익 집약 기능의 부재로 인해 이익집단들이 대중적인 저항의 형식으로 의견을 표출하는 일이 일반화되었다. 산업 피해에 대한 보상 원칙을 사전에 제시하고 합리적 구조조정을 위해 새로 마련된 '제조업 등의 무역 조정 지원에 관한 법률'의 경우에도 그 내용상 형평성과 효율성 측면에서 적지 않은 문제점을 지니고 있는 것으로 평가된다.

이러한 문제점들을 해결하기 위해서는 FTA 협상을 비롯한 통상 정책 결정 절차에 관한 사항들이 법제화되어야 한다. 제도화된 틀 속에서 정부와 국회 간의 합리적 권한 배분 원칙에 입각하여 상호 적극적인 역할 수행이 이루어질 수 있도록 해야 한다. 또한 협상 관련 정보의 적절한 공개와 이익집단들의 의견 표출에 관한 사항을 법제화해야 한다. FTA 협상 이슈와 관련한 의견을 광범위하게 수렴하고 이해관계를 조정해나가기 위해서는 국내 이익집단 대표들로 구성된 자문위원회 및 중립적인 전문가들로 구성된 민간 자문위원회를 적극적으로 활용하여 협상 개시 이전 단계부터 제도화된 의견 수렴을 해나가야 한다. 아울러 그동안의 FTA 추진 과정에서 드러난 사후 보상과 정치적 보상의 문제점을 시급히 해결해야 한다. 현행 '제조업 등의 무역 조정 지원에 관한 법률'의 시행에 있어서도 근로자에 대한 지원을 대폭 증액하여 효과적인 교육 프로그램을 통해 직업 전환을 촉진하고 그 과정에서의 소득을 보전해주는 데 초점을 맞추어야 한다. 또한 기업 지원의 경우 폐업을 포함한 사업 전환 관련 컨설팅에 대한 지원 비중을 확대하여 경제적 효율성이 높은 구조조정이 진행되도록 해야 한다.

대외 의존성이 높고 지정학적 특수성을 지니고 있는 우리 경제의 장기적인 이익을 위해서는 FTA 정책의 장기적 추진 방향과 원칙에 관련된 사항의 법제화 노력도 병행해야 한다. 즉, 편단화되는 FTA를 상호 연결하여 FTA 간의 상응성을 높이고 경제 블록 간의 공통분모를 넓혀가는 노력을 체계적으로 기울여나가야 한다. 이를 위해서는 국제적 노력을 통해 FTA 간의 원산지 규정 통일을 위한 모델화를 진행해야 하며 세관 절차, 통관, 무역 구제, 지적재산권, 노동 및 환경 규범, 투명성, 투자 규범, 전자상거래, 위생 및 기술 규정 등 각 분야에서 통일 법제화 작업이 순차적이고 체계적으로 진행되어야 한다.

우리나라가 1998년 12월 한-칠레 FTA 추진위원회를 구성하여 FTA 체결 정책에 첫발을 내디딘 지 10년이 되어간다. 이제는 민주적으로 법제화된 절차를 통한 이성적인 설득과 협의로 FTA에 대한 국민적 합의를 형성해나가고, 그에 따라 파생되는 문제점들에 대한 합리적 해결 방안을 모색해나가는 것만이 우리 FTA 정책을 포퓰리즘적 정치적 질곡으로부터 해방시켜 올바른 방향으로 자리 잡게 하는 길일 것이다. (2008년 10월 16일)

경쟁력 갖춘 미국 쇠고기 산업

▌ **박승록**(한국경제연구원 선임연구위원)

　한동안 미국산 쇠고기 수입 문제를 두고 온 나라가 시끄러웠다. 광우병과 관련된 미국산 쇠고기의 안전성에 대한 논란 때문이었다. 하지만 광우병은 그동안의 발병 사례로 볼 때 충분히 통제할 수 있고, 위험 부위만 제거한다면 큰 문제가 되지 않는다는 것이 전문가들의 판단이다. 결국 숱한 논쟁 끝에 우리는 식탁에서 미국산 쇠고기를 접하게 되었다. 하지만 많은 사람들이 아직도 미국산 쇠고기라고 하면 광우병과 연관지어 위험하다는 선입견을 가지고 있는 것 같다. 미국 쇠고기 산업에 대해 제대로 알아야 할 필요가 있다.

　미국은 쇠고기를 많이 수출하지만 더 많은 양의 값싼 쇠고기를 수입하기도 한다. 쇠고기는 수출입 통계에서 신선 냉장육과 냉동육으로 나누어 집계된다. 미국은 냉장육을 냉동육보다 많이 수출한다. 냉장육이 수출액으로는 3.4배, 톤으로는 3.2배나 많다. 2007년 기준으로 냉장육은 15억 달러(34만 톤), 냉동육은 4억 달러(11만 톤)로 총 19억 달러(44만 톤)를 수출했다. 반면 냉장육은 12억 달러(33만 톤), 냉동육은 16억 달러(56만 톤)로 총 28억 달러(89만 톤)를 수입했다. 냉장육에서는 소폭의 흑자를 냈으나 냉동육에서는 12억 달러(46만 톤)의 적자를 냈다. 따라서 2007년 전체 쇠고기 수출입에서는 9억 달러(45만 톤) 적자를 냈다. 1995년도 이후 한 번도 흑자를 낸 적이 없다. 미국이 쇠고기 수입국임을 보여주는 통계다.

2007년 기준으로 미국 쇠고기 가운데 냉장육은 멕시코(48%), 캐나다(32%), 일본(11%), 대만(4%) 등 4개 나라에 94% 정도 수출했다. 지리적으로 가까운 멕시코에 거의 절반을 수출했다. 반면 냉동육은 주로 한국(23%), 일본(17%), 대만(13%), 베트남(6%) 등 4개 나라에 60% 가까이 수출한다. 따라서 한국은 미국의 가장 큰 냉동육 수출 시장이다.

반면 미국의 쇠고기 수입은 주로 캐나다, 호주, 뉴질랜드에서 이루어진다. 냉장육은 캐나다로부터 65%(톤 기준 78%), 호주로부터는 20%(11%)를 수입한다. 냉동육은 호주로부터 47%(46%), 뉴질랜드로부터 31%(29%)을 수입한다. 지리적으로 가까운 곳에서는 냉장육을, 먼 곳에서는 냉동육을 수입하고 있다.

미국의 쇠고기 수출입 가격을 보자. 수출 가격(수출 액수/수출 중량)을 보면 냉장육은 kg당 4.4달러, 냉동육은 4.1달러다. 반면 수입 가격은 냉장육 3.8달러, 냉동육 2.8달러다. 따라서 미국의 냉장육 수출 가격은 수입 가격보다 16.6%나 높다. 냉동육 수출 가격은 무려 43.2%나 높다. 전체 쇠고기 수출 가격은 kg당 4.3달러로 수입 가격 3.2달러보다 35%나 높다. 미국산 쇠고기가 훨씬 값비싼 고급 쇠고기라는 것을 보여주는 것이다. 한국이 수입하는 미국산 쇠고기는 어떨까? 2007년 기준으로 한국은 미국의 냉동육 수출액 4억 달러(11만 톤) 가운데 20% 정도인 1억 달러(2만 톤)를 수입했다. 한국은 일본, 대만, 베트남과 더불어 미국의 주요 냉동육 수출 시장이다. 전 세계에 수출하는 미국 냉동육 평균 수출 가격은 kg당 4.1달러지만 한국에 수출하는 가격은

4.6달러다. 일본, 대만에 대한 수출 가격이 4.2달러인 것에 비하면 한국은 좀 더 높은 가격의 미국산 쇠고기를 수입하고 있다.

이를 볼 때, 미국은 값싼 저질 쇠고기를 수출하는 나라가 아니다. 더욱이 한국은 미국산 저질 쇠고기를 수입하는 나라도 아니다. 미국은 고급 쇠고기를 수출하는 대신 값싼 냉동육을 더 많이 수입하는 나라다. 수출 경쟁력에 비교한다면 고가의 제품을 수출하고 저가의 제품을 수입하는 경쟁력 있는 쇠고기 산업을 보유하고 있는 것이다. 상식적으로 제품의 질과 안전성에 있어서 국제적인 공신력을 확보하지 않거나 제품에 대한 지속적 관리 없이 이런 경쟁력을 확보하는 것은 불가능하다. 실제 미국은 국제수역사무국(OIE)으로부터 '광우병 위험통제국' 지위를 얻기 위한 점수에서 세계적으로 높은 점수를 받고 있다. 한국은 2010년까지 미국과 같은 '광우병 위험통제국' 지위를 얻는다는 계획을 세우고 있을 뿐이다.

따라서 국제적인 기준으로 한국산 쇠고기와 미국산 쇠고기의 안전성에 대한 평가를 받는다면 미국산이 좀 더 안전하다는 평가를 받을 것이란 점은 엄연한 현실이다. 한국에서 광우병이 발생한 사례가 없다는 사실만으로 한국산 쇠고기가 안전하다고 하는 것은 국제적으로 인정받지 못하는 우리의 생각일 뿐이다. 이제 한국인들의 입맛에 맞는 한우도 국제적인 기준에 맞춘 생산과정, 투명한 유통과정을 거쳐 일류 상품으로 거듭날 수 있도록 노력해야 할 때다. (2008년 8월 13일)

FTA, 이렇게 어려운데
왜 더 확대해야 하나?

▌ 허찬국(한국경제연구원 선임연구위원)

자유무역을 확대하는 데 드는 비용이 되돌아올 혜택보다 적다면 이를 반대할 경제 전문가는 없다. 일반 국민들도 대체로 같은 견해일 것이다. 국내외 여러 전문 기관은 한국이 미국과 자유무역협정을 체결했을 때 얻는 이득이 많다고 보고 있다. 이 때문에 한미 FTA를 반대하는 측에서는 예상 비용에 대한 '정치·경제·문화적 종속 내지 예속'이라는 관점을 부각시켜 정서적으로 '과대 계산'을 하고 있는 것으로 보인다. 필자는 이런 논리의 한미 FTA 반대 집단이 '종속, 예속 강화' 개연성이 훨씬 큰 결혼 제도에는 왜 반대 운동을 하지 않는지 의문이 든다.

큰 혜택에도 불구하고
왜 한국의 반反 FTA 정서 더 강할까?

두 나라 사이의 교역이 늘었을 때 대체로 시장이 큰 나라가 작은 나라에 잠재적 기회를 더 많이 제공하게 된다. 각각 상대국에서의 시장 점유율을 1%p 올린다고 했을 때 큰 시장의 1%가 더 클 수밖에 없다.

우리나라의 경제 규모나 1인당 국민소득이 미국에 비해 작은 것을 감안하면 GDP 대비 혜택, 혹은 국민 개개인에게 돌아오는 후생 혜택은 훨씬 더 크다 하겠다.

역설적으로 한국의 경제 및 소득 규모가 작기 때문에 한국 내 FTA 피해 그룹의 소득 대비 피해액이 많고 후생 감소 효과가 커서 반대 운동이 극렬할지 모른다. 이런 상대적 차이가 한국에서는 부분적으로 강도 높은 반대 운동이 진행되지만 미국에서는 비슷한 일이 벌어지지 않는 이유를 설명하는 데 도움이 된다.

물론 미국 내 여론도 쌍수를 들고 반기는 것은 아니다. 미국에서도 많은 국민들이 외국과의 무역 확대를 일자리 불안과 연결시키고 있다. 2006년 시카고국제문제협회(CCGA: Chicago Councils on Global Affairs)의 조사 결과에 따르면 미국 내 일자리를 보호하는 것이 미국 외교 정책의 최우선 과제가 되어야 한다고 나타났고, 미국의 경우 30%의 응답자만이 무역이 일자리 안정에 긍정적이라고 보는 반면 한국에서는 51%가 그렇다고 응답했다. 하지만 미국 내 보호무역주의 조치가 필요하다는 의견은 36%인 반면 43%가 피해 근로자에 대한 적절한 정부의 조치가 있을 경우 무역장벽 제거를 위한 협정이 바람직하다고 응답했다.

그런데 한국에서만 왜 이렇게 극심한 반대 운동이 벌어질까? 앞서 살핀 상대적 피해 규모 과다 가능성 외에도 최소한 두 가지의 중요한 문제가 있어 보인다.

첫째, 경제 내의 근본적인 경직성에 기인하여 산업 간 자원의 재배치가 실질적으로 불가능하다는 것이다. 아마도 가장 중요한 것은 노동시장의 경직성일 것이다. 이는 인력 자원의 원활한 재배치를 어렵게 해서 산업구조의 변화를 적응의 문제가 아니라 사활의 문제로 만들고 있다. 전국의 대부분을 농지로 규정하여 전용을 엄격히 관리하는 규제 체계는 빠르게 변화하는 경제 현실에 대응하는 것을 불가능하게 한다.

둘째, 그동안 임금 등 보수와 경제 주체들의 가치 창출과의 관계가 느슨하여 생산성과 무관한 추가 보수, 혹은 지대(rent)가 컸다는 것이다. 예를 들어 자동차 산업은 한미 FTA의 긍정적 효과가 가장 큰 산업이다. 그런데도 자동차 회사 근로자들이 한미 FTA 반대에 앞장서는 것은 의아한 일이다. 이는 향후 생산성의 역할이 더 부각되면서 그동안 존재했던 생산성과 무관한 지대가 증발할 가능성에 대한 반발로 해석할 수 있다. 국내 법률 시장에서 사법고시라는 진입 장벽이 난공불락인 것에 대해서도 비슷한 해석이 존재한다.

왜 지속적인 시장 개방 확대가 바람직한가?

미국 UCLA의 제러드 다이아몬드(Jared Diamond) 교수의 저서 《Guns, Germs, and Steel》은 인류 역사를 길게 보아 집단이나 국가가 긴 기간에 걸쳐 외부로부터 격리되었을 때 겪는 불이익에 대해 잘 설명하고 있다. 특히 흥미로운 것은 격리 상황이 기술 퇴보로 이어지는 예다. 임진왜란 때 조선을 제압했던 조총이 더 개발되지 않았을 뿐 아니라 칼을 쓰는 무사 계층의 이익에 상충되는 수단으로 여겨지면서 개화기까지 200년 가까이 총기 생산이 중단되고 관련 기술이 퇴화되었다고 한다. 폐쇄된 상황, 더 정확히 말하면 내부 지향 우선의 경로가 낳은 결과다.

개방된 경쟁이 사회적 변화를 초래하는 효과는 매우 크다. 다인종 사회인 미국은 잠재적으로 인종차별 문제의 소지가 큰 곳이다. 하지만 사회 전체로 보아 다양한 인종(및 여성들)이 모든 분야에서 두각을 나타내고 있다. 경제적인 관점에서 보면 결국 치열한 경쟁이 점점 인종과 성별 구분이 없는 능력 위주의 사회로 변화시키고 있다. 즉, 기업이 이익을 내고 살아남기 위해서 사장은 자신과 인종(人種)이나 성(性)이 다를지언정 사업 잘하는 사람을 부사장으로 기용해야 하는 상황인 것이다.

단일 인종으로 구성된 한국에서 아직도 혈연, 지연, 학연 등의 문제가 적지 않게 부각되는 것은 경제나 사회의 대외 개방과 경쟁 정도가 낮다는 방증이다. 왜냐하면 국내 주체들 간의 경쟁에서는 도움이 되지만 국경에서 끊기는 각종의 연(緣)이 개개인 고유의 능력 이상으로 중요하게 여겨지면 국가경쟁력은 손해 보기 십상이기 때문이다. 실질적으로 다국적 기업화된 우리나라의 대표적인 기업들에서도 외국인 임직원의 비중이 낮은데, 이는 새로운 시장 개척과 같은 분야에서 한국 기업들의 경쟁력을 낮추는 요인으로 작용할 수 있다.

대외 경쟁에 비해 대내적인 경쟁이 우선시 되면 그 집단의 대외 경쟁력을 크게 약화시키는 '이상한' 상황이 나타날 수 있다. 폐쇄된 일본에서 소수 무사 계층이 신병기 소총을 퇴화시킨 것과 유사한 일이 벌어질 수 있는 것이다. 반면 개방의 확대는 다양한 경로를 통해 우리의 성장 잠재력을 제고하는 데 중요하게 기여할 것이다.

(2007년 6월 26일)

세계적인 무역자유화 진전의 걸림돌

▌송원근(한국경제연구원 연구위원)

전 세계적인 무역자유화의 확대를 위한 다자간 무역협상인 도하 개발 어젠더(DDA) 협상은 2007년에 들어서도 답보 상태를 벗어나지 못했다. 자유무역을 통한 세계경제의 통합은 세계경제의 성장과 후생 증대를 촉진시키고, 특히 최빈국들의 빈곤 문제를 극복할 수 있는 가장 좋은 방법이다. 따라서 DDA 협상 타결은 자유무역의 진전이라는 측면에서 매우 중요한 과제다. 2006년 중단되었던 협상이 최근 재개되기는 했으나 여전히 협상 타결의 전망은 불투명하고 당분간 분야별 세부 원칙이 도출될 가능성도 크지 않은 것으로 평가되고 있다. 그렇다면 무역자유화의 확대를 통해 세계경제의 통합과 성장을 촉진할 다자간 무역협상이 진전되지 않는 이유는 무엇일까? 전 세계적인 무역자유화는 꿈에 불과한 것일까?

UR 협상의 타결로 수립된 WTO(세계무역기구)는 국가 간의 무역을 규율하는 최초의 국제기구라는 데에 의미를 둘 수 있다. 그러나 WTO의 설립은 무역자유화의 완성이 아니라 자유무역을 향한 첫걸음에 불과하다. UR 협상의 결과로 무역자유화의 진전이 이뤄졌음에도 농산물과 서비스 시장의 개방 수준은 아직 미약하며 공산품 분야에도 상당한 수준의 무역장벽이 존재하기 때문이다. 따라서 새로운 다자 간 라운드의 출범이 필요했고, 이것이 1999년 시애틀 WTO 각료 회의에서 진통을 겪은 후 DDA 협상으로 현실화되었다고 볼 수 있다.

DDA 협상이 결렬의 위기로 향하고 있는 원인 중 하나는 높아진 개발도상국(이하 개도국)의 위상과 더불어 나타난 선진국과 개도국 간의 갈등이다. 그러나 역시 가장 중요한 원인은 선진국·개도국 모두 정치적으로 강력한 이익집단의 보호를 위해 무역장벽의 제거를 주저하고 있기 때문이다. 1999년 시애틀에서 다자간 무역협상의 출범이 불발된 중요한 원인은 근로 조건과 무역제재를 연계하려는 미국의 시도와 농산물의 수출 보조금 철폐 및 보조금 감축과 관련된 미국과 EU의 합의 도출 실패에 있었다.

당시 핵심 노동 기준을 준수하지 않은 국가에 대해 무역제재를 해야 한다는 클린턴 대통령의 발언은 AFL-CIO와 같은 미국 노동단체를 의식한 것이었고 이는 최근 한미 FTA 재협상의 원인이 된 '신통상 정책' 으로 그 맥을 이어오고 있다. 근로 조건과 무역제재의 연계는 저개발국의 근로 조건을 향상시킨다는 명분을 내세우고 있다. 하지만 실질적으로 이러한 조치는 개도국으로부터의 공산품 수출을 제한하는 무역장벽의 기능을 함으로써 개도국 근로자들의 일자리를 빼앗는 결과를 가져온다. EU의 공동 농업 정책에 근거한 막대한 수출 보조금의 지급도 국제 농산물 시장을 왜곡시키는 보이지 않는 무역장벽으로 기능했지만 농민들의 강력한 반발로 철폐에 합의하는 데 수년의 시간이 더 필요했다.

DDA 협상에서의 핵심 쟁점도 농산물의 관세 감축 및 국내 보조금 감축 수준, 그리고 공산품의 관세 인하 공식이다. 선진국 중 EU를 비롯한 농산물 수입국들은 농산물의 관세 인하, 미국은 농업 보조금의 감축에 소극적인 자세를 견지하면서 접점을 찾지 못하고 있다. 양측 공히 선진국에서 정치적으로 막강한 농민들의 영향력을 무시하지 못하고 있는 것이다.

공산품 관세 인하 공식에 있어서도 과감한 관세 인하를 불러오는 스위스 공식의 채택이라는 방향만 제시했을 뿐, 개도국을 대표하는 브라질, 인도 등의 강력한 반발로 조정계수에 대한 합의를 이루지 못하고 있다. 브라질, 인도 등 WTO에서 영향력이 큰 개도국들의 경우, 자국 제조업의 보호를 요구하는 노조 등 이익집단의 목소리를 협상에서 반영하고 있는 것이다.

또한 협상 의제로 채택하는 데 진통을 겪었고 아직 제대로 논의조차 되지 못하고 있는 반덤핑 분야의 경우 미국 등에서 철강산업과 같은 사양 산업의 보호를 위한 비관세 장벽의 기능을 하고 있다는 것은 널리 알려진 사실이다. 결과적으로 선진국의 농업 및 사양 산업을 비롯해 각국의 정치적 영향력이 큰 이익집단의 강력한 로비가 DDA 협상 타결을 어렵게 만들고 있고, 무역자유화의 진전을 통한 세계경제 통합의 가속화에 걸림돌이 되고 있는 것이다.

대외 무역 의존도가 높아 무역자유화의 확대로 많은 이득을 얻게 될 우리나라가 동시다발적 FTA 추진 전략을 채택하여 미국, EU 등 거대 경제권과 FTA를 체결하고 있는 것은 DDA 협상이 지지부진한 상황에서 적절한 선택이라고 할 수 있다. 그러나 양자간 자유무역 협정은 다자간 협정에 의한 무역자유화에 비해 스파게티 그릇 효과(spaghetti bowl effect)에 따른 무역 비용의 상승 등으로 자유무역의 긍정적 효과가 상대적으로 떨어지는 게 사실이다.

따라서 우리나라는 개방의 확대를 위해 일면 FTA를 적극적으로 추진하는 동시에 아·태 자유무역 지대 같은 광역의 무역자유화 논의와 기존의 DDA 협상에서도 적극적이고 주도적인 역할을 할 필요가 있다. 이와 같은 무역자유화를 위한 국제사회에서의 역할 강화와 더불어 자유무역 체제에 적합한 규제 완화 등 경제 시스템 선진화를 이룬다면 우리나라는 21세기 자유무역을 선도하는 선진 통상 국가로 전 세계적 경제 통합에 기여하게 될 것이다. (2007년 8월 28일)

무역조정지원제도 과연 필요한가?

▌ 송원근(한국경제연구원 연구위원)

한미 자유무역협정(FTA)의 비준이 한미 양국에서 모두 표류하고 있다. 총선을 앞둔 한국, 그리고 대선 열기가 점점 뜨거워지는 미국에서 한미 FTA 비준의 필요성을 절실히 느끼고 있는 정치인을 찾아보기란 쉽지 않은 일이다. 대선을 앞둔 미국에서는 그렇다 치더라도 우리나라에서 한미 FTA의 비준을 미루고 있는 이유는 따져봐야 한다.

한미 FTA 비준동의안이 국회에 제출되었을 때, 여야를 막론하고 국회의원들이 이구동성으로 하던 말이 있다. 피해 산업에 대한 보완 대책이 제대로 마련되어 있는지 철저히 따져보겠다는 것이다. 그러나 FTA로 인한 피해 산업에 대한 보완 대책을 한미 FTA 비준동의안이 국회에 제출된 현 단계에서 언급하는 것은 적절치 못하다. 우리나라가 최초로 체결한 한-칠레 FTA 이후 '무역조정지원법', 'FTA 농어업 특별법' 등의 무역자유화에 대한 보완 대책이 이미 수립되었고 한미 FTA 체결 과정을 거치면서 다시 법률의 개정을 통해 보완되었기 때문이다. 그럼에도 또다시 보완 대책 여부가 거론되고 있다. 이는 무역자유화 관련 정책 수립 과정에서 나타나는 우리 정치권의 성격에 기인한다고 볼 수 있다.

FTA와 같은 무역자유화로 인해 피해를 입는 집단에 대한 보상 논리로 등장한 것이 무역조정지원(Trade Adjustment Assistance)제도다. 무역자유화로 인해 경쟁이 심화되면 비효율적인 부문에서 효율적인 부문으로 경제 내의 자원이 재배분되어 경제의 효율성이 증대된다. 또한 경쟁력이 취약한 부문도 경쟁의 압력에 따른 구조조정을 통해 생산성이 향상되는 과정을 거치게 된다. 따라서 무역자유화는 효율성 증대를 통해 전체 후생을 높이고 생산성 향상을 통해 지속적인 경제성장을 촉진시킨다. 그러나 문제는 경쟁력이 취약한 부문의 종사자들이 새로운 상황에 적응하기 위해서는 비용이 든다는 데 있다. 이러한 비용은 정책 변화에 따른 것으로 국가에서 보상해주어야 한다는 것이 무역조정지원제도의 기본 논리다.

무역조정지원제도가 실시되고 있는 대표적인 국가는 미국이고, 그 기원은 다자간 무역협상인 케네디 라운드에서의 관세 인하로 인해 피해를 입는 근로자들을 보상해주기 위해 1962년 수립된 무역조정지원(TAA) 프로그램이다. 무역조정지원 프로그램의 본래 취지는 무역자유화로 인해 어려움을 겪는 산업에 종사하는 근로자들의 전직 및 재취업을 돕는 것이었으나 그 효과에 대해서는 논란이 있다. 오히려 이 프로그램이 소득 보조금으로 기능하여 근로자들의 취업 유인을 제한하고 무역자유화로 인해 실업 상태에 놓인 근로자들의 재취업에는 별 도움이 되지 못했다는 것이 일반적인 평가다.

무역조정지원은 무역자유화에 대한 정치적 반대를 극복하고 보호무역의 정치적 이득을 약화시킬 수 있는 효과적인 방안으로 알려져 있다. 피해 산업에 대한 보상은 대내 협상을 성공적으로 이끌기 위한 최소한의 비용으로 합리적 수준에서 결정되어야 한다. 피해 산업에 대해 과도한 보상이 주어진다면 무역조정지원은 지대 추구 행위를 유발하는 또 하나의 정책 수단이 되고, 무역자유화의 경제적 이득을 반감시키게 된다. 따라서 무역조정지원은 무역자유화 추진 과정에서 대내 협상 수단으로서 의미와 상징성을 갖는 것이 중요하다.

그런데 우리나라에서 무역조정지원제도가 수립되어온 과정을 살펴보면 그 정치적 역할과 존재 의의에 대해 의구심을 갖지 않을 수 없다. 왜냐하면 FTA의 추진 과정에서 피해 산업에 대한 보상 및 보완 대책을 제시하는 대내 협상의 방식이 아니라 FTA 체결 이후 협정 내용에 근거해서 대책을 마련하는 방식이기 때문이다. 예를 들면 'FTA 농어업 특별법'의 경우 한-칠레 FTA 체결 이후인 2004년 3월에 제정되어 협상 과정에서는 제대로 역할을 다하지 못했고, 오히려 비준 과정에서 겪은 진통으로 인해 농업 부문에 대한 과도한 보상이 행해졌다. 또한 '무역조정지원법'도 2006년 제정되었으나, 한미 FTA 후속 대책으로 법을 개정하여 지원 대상을 서비스업 전반까지 확대했다.

이와 같이 우리나라의 무역조정지원은 새로운 FTA의 체결이 있을 때마다 지원 대책이 추가되는 사후적 보상의 성격이 강하며, 사전적 대내 협상 전략이라고 보기 어렵다. 이런 방식은 과도한 보상을 유도하고 경쟁력이 취약한 산업의 구조조정을 저해할 뿐만 아니라 무역자유화에 대한 정치적 반대를 최소화하는 데에도 효과가 없다.

지금과 같이 사후 보상의 수단으로 기능하는 무역조정지원제도가 무역자유화와 그에 따른 원활한 구조조정을 촉진하는 역할을 하기는 어렵다. 또한 현재와 같은 무역조정지원제도의 사후 보상 기능은 무역자유화의 확대를 어렵게 만드는 요인으로 작용할 가능성이 높다. 따라서 무역조정지원이라는 제도에 대해 처음부터 재검토해보는 근본적인 발상의 전환이 요구된다. 그렇지 않으면 통상 정책의 결정 과정에서 무역자유화는 일부 소수의 기득권 세력이나 대기업에만 이득을 주고 다수의 서민과 중소기업, 농업을 벼랑 끝으로 내몰게 된다는 식의 잘못된 포퓰리즘의 영향으로부터 끊임없이 벗어나지 못할 것이다. (2008년 3월 11일)

엔 캐리 트레이드 청산의 위험과 기회

▌안순권(한국경제연구원 연구위원)

2008년 2월 말 중국 증시 폭락의 충격으로 급락했던 아시아 증시가 3월 5일 동반 폭락했다. 한국과 일본, 중국, 대만 등 아시아 주요 국 주가가 급락하고 원·엔 환율이 하루에 21원 이상 급등하면서 6개월 만에 최고치를 기록했다. 아시아 증시의 폭락과 함께 미국, 유럽 등의 증시도 하락세를 면치 못했다. 아시아 증시는 나흘간 급락세를 지속하다 3월 6일 닷새 만에 반등했으나 중국발 쇼크에서 아직 벗어나지 못하고 있다.

세계 금융시장이 요동치고 있는 데는 중국 정부의 긴축 경제 선언, 미국 경제의 성장 둔화와 주택 경기 부진에 따른 금융 부실 우려 등의 원인도 있지만, 주범은 '엔 캐리 트레이드'가 청산될지도 모른다는 우려다. 금리가 낮은 일본에서 엔화를 빌려 금리가 높은 국가에 투자하는 엔 캐리 트레이드는 10년간 지속된 일본의 제로 금리로 인해 가능했다. 전 세계 엔 캐리 자금 규모는 최소 2,000억 달러에서 최고 1조 달러로 추정된다. 최근 수년간 전 세계적으로 주식, 부동산, 원자재 등의 가격이 급등하면서 자산 거품이 발생한 데에는 엔 캐리 거래의 성행이 큰 작용을 해왔다.

중국 증시가 폭락하자 엔화 차입 투자자들은 이를 엔 캐리 트레이드 청산의 신호탄으로 본 것으로 분석된다. 중국, 인도 등 신흥 시장의 증시 과열을 부추긴 엔 캐리 청산이 시작되면 주가가 하락할 것으로 본 것이다. 그동안의 차익을 실현하여 엔화로 빌린 자금을 갚으려는 것은 그다음 수순이 된다. 지난 수년간 엔 캐리 트레이드는 엔화 약세의 주요 요인으로 작용했다. 세계 금융시장에 저금리의 엔화가 대량 공급되니 엔화 가치가 하락할 수밖에 없었다. 그러나 엔 캐리 청산이 시작되면 반대로 엔화 강세 요인으로 작용하게 될 것이다. 중국발 아시아 증시 동반 폭락으로 엔화가 초강세로 돌변하기 때문이다.

'잃어버린 10년'을 보낸 일본의 경제 회생 대책은 초저금리와 엔화 약세 전략이었다. 제로 금리는 일본의 국내 경기를 부양하는 데는 큰 효과가 없었으나 엔 캐리 거래로 인한 횡재를 얻었다. 엔 캐리 거래의 확대 덕분에 엔화 약세가 발생, 일본 기업들의 수출 가격 경쟁력이 제고되는 엄청난 반사 이익을 얻었기 때문이다. 이뿐만이 아니다. 엔 캐리 덕분에 일본은 국내에서 투자로 연결되지 못하고 있는 막대한 유동성을 해외로 돌려 엄청난 투자 수익을 올리고 있다. 그 결과 일본은 상품수지 흑자보다 소득수지 흑자가 더 많은 이상적인 국제수지 구조를 형성하는 데 성공했다.

반면에 엔 캐리 거래는 지나친 엔화 약세라는 부작용을 낳아 국제사회의 원성을 샀다. 미국은 미일 관계의 순항을 고려해 엔화 약세를 묵인해왔으나, 유럽 및 아시아 국가들의 반발이 거셌다. 국제사회의 여론을 무시할 수 없는데다 국내 경기의 회복세 가시화 등을 이유로 일본은 지난 2월 금리를 인상했다. 일본이 기준 금리를 올리기는 했으나 미국 5.25%, 유럽 3.5%에 비해 0.5%에 불과하다. 이 정도의 금리 차로는 엔 캐리 거래가 청산되기는 어렵다는 것이 전문가들의 대체적인 시각이다. 미일 간 금리 차가 3% 이내로 좁혀져야 한다는 것이다.

그러나 그동안 일본 경제의 회복세에 비추어 지나치게 저평가되어온 엔화 시세가 정상적인 수준을 회복한다면 얘기는 달라진다. 현재의 미일 간 금리 차에서도 달러당 113엔 이하의 엔화 환율이면 엔 캐리의 이익은 거의 사라지는 것으로 분석된다. 따라서 엔 캐리 거래의 지속 여부는 엔화 강세의 장기적인 지속 여부와 미국과 일본의 금리 정책의 향방에 달려 있다고 볼 수 있다. 신흥 시장의 주식투자 수익률 급락도 엔 캐리 청산의 요인 중 하나로 작용할 수 있을 것이다. 엔 캐리 청산이 본격화되었다고 보기는 힘들지만 올 하반기쯤 미국이 금리 인하, 일본이 금리 인상을 단행할 가능성이 높은 만큼 엔화 강세는 당분간 지속될 전망이다.

엔 캐리 트레이드 확대는 엔화 약세 및 원화 강세 압력으로 작용해 우리나라의 수출 기업, 특히 중소기업에 큰 부담이 되어왔다. 엔 캐리 거래를 활용한 일부 엔화 대출 자금이 집값 폭등을 조장하기도 했다. 엔 캐리 자금에 의한 증시 부양 효과는 중국, 인도, 베트남 등에 비해 상대적으로 약했다는 분석이다. 따라서 앤 캐리 트레이드가 당장 청산되지는 않더라도 그 세력이 약화되는 것은 우리 경제에 득이 더 크다고 볼 수 있다. 엔·원 환율 상승은 수출 기업의 가격 경쟁력 회복에 기여할 것이기 때문이다.

중국, 인도 등 신흥 시장에서 빠져나온 자금이 그동안 상대적으로 덜 과열되었던 한국 증시로 유입될 경우 주가 반등도 기대해볼 수 있다. 반면에 지난해 엔화 대출 자금에 의한 부동산 투자가 급증한 만큼 엔화 강세 전환은 부동산 시장을 냉각시키거나 내수를 위축시킬 가능성도 없지 않다. 엔 캐리 트레이드 청산에 따른 신흥 시장의 금융 혼란과 환율의 급격한 변동은 거시경제의 안정을 저해할 수 있다. 엔화 대출에 따른 환차손을 줄이기 위한 기업과 개인의 대책도 중요하다. 엔 캐리 트레이드 청산 움직임에 따른 국제 금융시장의 불안에 능동적으로 대처해야 할 때다. (2007년 3월 6일)

물가안정목표제와 통화 정책

▌ **김창배**(한국경제연구원 선임연구원)

2008년 초의 한국 경제는 소위 '이명박 효과'로 경제 활성화에 대한 기대감이 높아진 반면 만만치 않은 위험요인들로 인해 불안감 또한 고조되고 있다.

우선 미국 서브프라임 모기지 부실에 따른 국제 금융시장 불안, 국내 시중 은행 수신 감소 등으로 국내 시중 금리가 가파르게 상승하는 등 금융 불안이 진행되고 있다. 현재의 주택 금융 및 건설 시장의 취약점을 고려할 때, 금리의 상승세는 '한국판 서브프라임 문제'를 발생시키는 뇌관이 될 수도 있다. 고금리로 인해 약 90%가 변동금리 대출인 은행권 주택담보 대출, 전체 대출의 약 12%를 차지하는 저신용 주택담보 대출, 10만 가구를 상회하는 미분양 주택, 80조 5,000억 원에 이르는 부동산 프로젝트 파이낸싱 대출 및 유동화 규모 등의 취약점이 악화될 경우 2008년 실물경제의 위축은 명약관화(明若觀火)하다고 할 수 있다.

또 한편에서는 국제 유가 및 곡물 가격의 고공행진에 따른 물가 급등이 우리 경제를 위협하고 있다. 2007년 배럴당 61달러였던 WTI 국제 유가가 지금은 100달러를 넘나들고 있다. 소맥 가격도 2007년 부셸당 468센트에서 2007년 말에는 885센트로 두 배 가까이 상승했다. 이로 인해 국내 수입 물가는 10월 이후 두 자릿수 증가율을 나타내며 급등했고, 2007년 10월 소비자물가 상승률은 2005년 5월 이후 처음으로 3%대에 재진입했으며 12월에는 3.6%를 기록하며 한국은행의 물가 목표 상한선인 3.5%를 넘어섰다. 물가 상승은 소비 구매력을 떨어뜨려 소비를 위축시키고 기업 채산성 악화 등을 초래해 경제 활성화의 주요 걸림돌이 된다.

이러한 경제 위험 요인들로 인해 통화 당국의 정책 결정이 쉽지 않을 전망이다. 즉 국내 경기 불안, 환율 절상 추세 등을 고려하면 콜금리 목표를 인하해야 하지만 통화 및 대출 증가세 지속, 국내 물가 상승 압력 등의 콜금리 목표 인상 요인도 만만치 않은 상황이다. 실제로 2007년 12월 한국은행은 2008년 소비자물가 상승률을 2004년 이후 가장 높은 증가율이며 물가 안정 목표의 상한선에 근접하는 수준인 3.3%로 전망했다. 반면 성장률은 2007년보다 낮은 4.7%로 전망했다. 정책 금리 결정이 쉽지 않을 것임을 간접적으로 표현한 것이 아닐까? 하지만 진퇴양난의 국면 속에서 중앙 은행의 속성상 통화 정책의 무게중심을 성장보다는 물가 안정에 둘 수밖에 없다는 점을 감안하면 한국은행이 올해 안에 다시 정책 금리 인상을 재개할 것이라는 예측이 가능해진다. 하지만 정책 금리를 인상하기 전에 다음의 몇 가지를 고려해야 한다.

첫째, 2008년 물가 상승률 상한선은 3.5%를 조금 넘어도 여유가 있다는 점이다. 현재 한국은행의 물가 안정 목표는 2007~2009년의 3년 평균 소비자물가 상승률을 3.0±0.5%에서 유지하는 것으로 설정되어 있다. 따라서 2007년 소비자물가 상승률이 2.5%로 상한선보다 1.0%p

낮았기 때문에 2008~2009년에는 연평균 4%까지 수용할 수 있다고 해석할 수 있다.

둘째, 고유가 등 비용 요인에 의한 물가 상승에 대해 통화 긴축으로 대응하는 것은 자칫 실물경기 침체를 동반하는 스태그플레이션 (stagflation)을 초래할 수 있다는 점이다. 특히 현재의 주택 및 건설 시장이 금리 상승에 매우 취약한 구조를 지니고 있고, 그 부정적 파급 효과가 매우 클 수 있다는 점이 고려되어야 한다.

마지막으로 차제에 물가 안정 목표치의 상향 조정을 재검토해야 할 필요가 있다는 점이다. 한국은행의 자료에 의하면 물가안정목표제는 "우리 경제의 기초 여건에 부합되는 적정 인플레이션율 등을 반영… 단기적인 경제 상황 변동에 대응하여 통화 정책을 신축적으로 운영하기 위한 것"이라고 나와 있다. 물가 환경이 급속도로 변화하고 있는 현실에서 3.0±0.5%가 '우리 경제의 기초 여건에 부합' 되는지 살펴보자. 국제 유가의 세 자릿수 시대의 도래가 눈앞에 있고, 중국이 인플레이션 수입국에서 수출국으로 전환하는 것이 현실화되고 있다. 그동안 고유가에도 불구하고 국내 물가가 2~3% 상승에 그친 것은 내수 부진과 환율 절상 때문이다. 이제는 내수 활성화가 핵심 성장 목표가 되고 있으며, 추가적인 환율 절상도 수출 기반을 약화시킬 수 있어 더 이상 지속되기 어려운 상황이 되고 있다. 이러한 현실을 반영하지 않은 채 현재의 무리한 물가 안정 목표를 고수할 경우 '통화 정책을 신축적으로 운영' 하기도 어려워질 것이며, 공공요금 인상 억제 등 무리한 물가 관리 정책도 재등장할 수 있다. 이는 향후 상당한 부담이 될 수 있다.

이명박 대통령 당선자는 7% 경제성장률을 약속했다. 취임 첫해라는 현실을 감안해서인지 최근 2008년 성장률 목표는 6%로 하향했다.

하지만 대다수 연구기관들의 전망치 평균(약 5%)에 비해서 여전히 높은 목표치다. 물가 안정 목표의 재검토를 통한 유연한 통화 정책으로 2008년 성장률 6%가 목표치가 아닌 실적치로 기록되길 바란다.

(2008년 1월 15일)

장기 투자, 과연 안전한가?

▌ **김상권**(한라대 경영학과 교수)

　장기 투자에 대한 관심이 고조되고 있다. 외환위기 때의 주식 폭락과 IT 버블에 대한 기억으로 그동안 주식은 일반인들에게 기피 대상이었다. 더욱이 장기 투자에 대한 관심은 주가지수가 1,000포인트의 벽을 넘어서지 못했던 지지부진한 시장 상황에서 사치였다. 그러나 올해 2007년 주가지수가 1,000포인트를 훌쩍 넘어 2,000포인트에 도달하면서 주식에 대한 관심이 증대됐다. 장기 투자자들이 대박을 터뜨렸다는 사실이 알려지면서 장기 투자 방식에 일반인들의 관심이 집중되기 시작했다.

　장기 투자에 대한 호의적인 주장은 미국의 주식시장에 근거한다. 1990년대 말 IT 버블 시기에 급등락은 있었지만 미국 주식시장은 지속적으로 상승했다. 1980년 110 수준이었던 S&P 500 지수가 2007년에는 1,500대를 기록하면서 장기 투자자들은 고수익을 실현했다. 따라서 장기 투자는 미국인들에게 현명한 선택이었다.

　그러나 장기 투자가 모든 나라에서 안정적 고수익을 보장했던 것은 아니다. 2004년에 발표된 〈비이성적 낙관주의(Irrational Optimism)〉라는 논문은 장기 투자로 수익을 보장받으려면 많은 인내가 필요하다는 것을 실증적으로 보여주었다("Irrational Optimism". Financial Analysts Journal, January/ February, 2004). 16개국의 주식시장을 연구했는데 20년 장기 투자로 마이너스가 아닌 플러스의 실질 수익률을 보장받을 수 있는 나라는 미국, 호주, 캐나다, 덴마크뿐이었다. 플러스 수익률을 보장받기 위해서 일본, 프랑스, 독일, 스페인의 투자자들은 50~60년 동안 투자해야만 하고, 이탈리아와 벨기에의 경우는 그 기간이 더욱 길어져 70년을 기다려야 한다. 즉, 투자자들이 투자 시점을 잘못 선택했을 경우 그만큼의 기간을 기다려야 한다는 것을 의미한다.

장기 투자로 플러스의 수익률 보장받기 위해서는 두 가지 가정이 충족되어야 한다. 첫째는 주식가격이 지속적으로 상승해야 한다는 것이고, 둘째는 강세장의 기간이 약세장의 기간보다 더 길어야 한다는 것이다. 수익률이 플러스가 되기 위해서는 주식가격 상승이 절대적이고, 잘못된 시점의 선택에 따른 손실 기간 축소를 위해서는 강세장보다 약세장이 더 짧아야 하기 때문이다. 그런데 이러한 가정은 일본 주식시장에서 이미 깨져버렸다. 일본의 주가지수인 닛케이 225가 1989년 말 4만선 근처까지 상승했으나, 18년이 지난 올해는 최고치에 절반에도 못 미치는 1만 4,000선을 겨우 유지하고 있기 때문이다.

장기 투자는 안전한 투자 방법이 아니다. 많은 사람들이 장기 투자를 신뢰할수록 더욱 그렇다. 장기 투자를 목적으로 많은 사람들이 주식을 사기만 하고 팔지는 않는다면 버블이 형성되어 장기 투자자들은 이익은 고사하고 손실을 볼 수 있다. 역설적이지만 장기 투자 최대의 적은 '믿음의 쏠림'이다. 버블 역사가 이를 말한다. (2007년 12월 4일)

원자재 가격 상승과 정부와 기업의 대응

▌**이인권**(한국경제연구원 선임연구위원)

현재 진행되고 있는 물가상승은 국제 유가와 원자재 가격 급등에 기인한다. 2007년 미국의 서브프라임 사태 이후 유동성 자산들이 불안한 금융보다 유가와 원자재 등 현물 시장으로 몰리고 있다. 서부 텍사스산 중질유가 배럴당 100달러를 돌파했고, 철광석 가격도 2007년 2월 대비 65% 인상되었다. 유연탄도 2007년 2월 대비 250% 상승했고, 석유화학 제품의 원료인 나프타 가격도 70% 상승했다. 곡물 가격도 줄줄이 급등하고 있다. 이에 따라 3월 소비자물가 상승률은 전년 대비 3.9% 인상되었고, 장바구니 물가인 생필품 위주의 생활물가 상승률은 4.9%에 달했다.

석유와 철광석 등 원자재와 곡물 가격 급등이라는 대외 변수가 물가 불안의 진원지여서 우리 정부의 정책 대응에는 한계가 있다. 유류세 10% 인하, 공공요금 인상 억제, 주택 담보 대출 금리 동결, 고철·철강 등의 매점매석 제재 등 단기적 정책 대응에 그치고 있다. 안정적인 경제성장을 위해서는 물가 안정 기조의 유지가 필수적이며, 고비용 부담을 최소화하는 방향으로 거시경제 정책을 운용할 필요가 있다.

상승 요인이 상대적으로 적은 서비스 요금이나 부동산 가격이 불필요하게 인상되지 않도록 물가 불안 심리 확산을 차단하고, 임금 상승폭이 생산성 범위 내에서 이루어지도록 유도하여 기업의 비용 부담을 최소화해야 한다. 에너지 확보나 사용의 효율성 제고, 대체 에너지 사용 기업에 대한 세제 지원 강화를 통해 에너지 절약 산업으로 구조를 개편하도록 해야 한다. 또 에너지 절약 시설, 대체 에너지 연구 개발 등에 대한 자금 지원을 확대하고 에너지 효율화 기술을 개발해 이를 유류 다소비 업종에 보급할 필요가 있다. 아울러 유류를 포함한 해외 원자재 확보는 국가 전략 차원에서 접근하여 수입 원자재의 안정적인 공급망을 구축해야 한다.

기업은 생산성 향상 등을 통해 비용 인상 요인을 흡수하는 한편, 자원 절약형 산업구조로 변신해야 한다. 기존 사업 부문을 고부가가치화하고 자원을 덜 쓰는 체제로 전환함으로써 외부 환경 변화에 의한 충격을 흡수해야 한다. 특히 고품질·고기술 제품의 비중을 높여 수출 가격의 경쟁력을 확보하고, 에너지 절약적인 첨단 산업·소프트 산업 육성에 주력해야 한다.

경영과 투자 계획을 수립할 때 가장 효과적인 방안은 브릭스(BRICs)와 중동 국가 등 원자재 공급국에 대한 현지 진출 비중을 확대하고, 환율뿐만 아니라 원자재와 관련된 위험관리 체계를 구축하며, 이를 기업 자체적으로 내부화하는 것이다.

원가 및 경영 혁신 등을 통해 원자재가 더 소요됐거나 소재가 비싼 기존 제품에서 낭비 요인을 줄여 원가를 절감하는 지혜가 필요하다. 단기적인 내핍 경영뿐만 아니라 중장기적으로는 안정적인 원재료 확보, 고부가 제품 위주의 시장을 확대하고 산업구조 개선에도 적극 나서야 한다. 유가 인상으로 인해 공장 가동 비용, 자재비 등에 영향을

미처 원가 상승 요인이 될 것에 대비해 사전적인 원가 절감 전략을 구
사해야 한다. 특히 글로벌 물류 체계를 구축하고 부품 현지 소싱, 사업
장별 에너지 절감 등 다양한 원가 절감 정책을 마련함과 동시에 부품
업체 등과 함께 원자재 공동 구매에도 나설 필요가 있다. (2008년 4월 22일)

정부 예산안은 달성 가능한
경제 전망을 기초로 해야

▌유승선(국회예산정책처 경제분석실 경제분석관)

얼마 전 2009년 예산안이 발표되어 우리 정부의 새해 경제 운영에 대한 밑그림을 볼 수 있게 되었다. 그런데 몇몇 언론에서 새해 예산안을 두고 확장 예산이라는 지적이 제기되어 국민들의 관심을 끌고 있다.

정부가 새해 예산안을 수립할 때에는 먼저 새해 경제성장률, 환율, 물가 등을 비롯한 경제 변수들을 예측하거나 혹은 적절한 근거하에 가정하고 이를 기초로 세입 및 세출 예산안의 규모를 결정한다. 그런데 정부가 2009년 실질 경제성장률을 올해 대비 4.8~5.2%로 설정한 것을 두고 미국의 금융위기 등 최근 우리나라를 둘러싼 경제 상황을 볼 때 너무 낙관적이라는 지적이 있다. 또 정부가 국회에 제출한 5개년 동안의 국가 재정운용 계획에서도 2011년과 2012년 경제성장률을 각각 5.8~6.2%, 6.6~7.0%로 예상하고 있는데, 이 정도의 성장세는 경제 전망의 경험이 풍부한 전문가들이라면 일반적으로 무리를 하지 않고는 달성하기 쉽지 않은 수준이라고 생각할 것이다.

정부가 세간의 예상보다 경제성장률을 높게 설정한 것은 기본적으로 세출 예산을 확대하기 위함이다. 물론 이를 정부가 경제성장에 매진하겠다는 의지로 해석할 수도 있다. 예를 들어 어느 기업의 CEO가 새해 기업의 매출 목표를 기업의 능력에 비해 높게 잡았다고 해서 그다지 탓할 일은 아닐 것이다. 추후에 목표에 미달했다 해도 기업의 능력을 십분 발휘했다면 대개 기업의 발전에 긍정적인 결과를 낳을 것이다. 그렇다면 과연 한 국가의 운영에 있어서도 같은 결과를 가져올까?

가장 단순한 예를 들어보자. 정부가 경제를 활성화하려는 정책적 의지를 반영하여 경제성장률을 5%로 설정하고 이를 기초로 세입과 세출 예산을 수립하여 각종 국가사업을 추진했다고 하자. 그런데 의지와는 달리 실제로는 경제성장률이 4%에 그쳤다면 어떻게 될까? 이때에는 보통 정부는 세수 부족이라는 문제에 직면하게 된다. 이때 다행히 비축된 세계 잉여금이 있다면 이것으로 부족 자금을 충당하면 된다. 하지만 그렇지 않을 경우에는 국가사업을 지연하거나 혹은 증세, 국채 발행의 방법을 선택할 수밖에 없을 것이다. 정부는 추진 중인 국가사업의 지연 혹은 적자 국채의 발행 등 상대적으로 손쉬운 선택을 하게 되고, 이는 결국 재정의 비효율성을 발생시킬 것이다. 특히 빈번한 적자 국채의 발행은 국회가 가장 예민하게 문제 삼는 재정의 건전성을 악화시킬 위험이 있다.

반대로 경제성장률을 실제보다 과도하게 낮게 전망하고 이를 기초로 정부 예산을 수립하는 경우에는 국민으로부터 세금을 과도하게 거둬들이는 결과를 초래한다. 이는 정부가 불필요하게 국민에게 납세 부담을 지움으로써 민간의 경제 활동을 제약하는 것이므로 국가적으로 비효율을 발생시킬 수밖에 없다. 결국 정부의 예산안이 정부가 달성하려는 목표 경제성장률보다는 실제로 달성 가능한 경제성장률을 기초로 하여 계획될 때 가장 효율적이다.

그런데 대부분의 국가 행정부는 기본적으로 재정을 확대하려는 속성이 있고, 우리나라도 예외가 아닐 것이다. 이때 재정 확대가 적절히 통제되지 않는 경우 재정의 낭비는 피할 수 없게 된다. 그럼에도 과거 국회는 정부 예산에 대한 충분한 검토와 적절한 통제를 하지 못했다. 방대한 규모의 국가 예산을 분석할 수 있는 전문 인력이 부족했고, 정부 예산의 효율성 분석에는 상대적으로 관심이 적었던 탓도 있다(물론 이는 국회의 정치적 속성 때문이기도 하다).

하지만 이제 국회가 달라지고 있다. 정부 예산의 효율성에 큰 관심을 갖게 되었다. 이는 재정의 건전성이 재정운용 중심으로 자리매김했기 때문이다. 외환위기의 큰 파장이 지나간 2000년 이후 보증채무의 국가채무 전환, 사회보장 지출의 증가 등으로 인해 우리 재정의 유지 가능성 문제가 본격 대두되었다. 게다가 우리 사회가 빠른 속도로 고령화됨에 따라 멀지 않은 장래에 건강보험, 사회보장 등을 뒷받침하기 위한 재정 수요가 크게 증가할 것으로 예상되어 이에 대한 준비의 필요성을 인식하기 시작했다. 특히 현 정부가 종합소득세율, 법인세율, 양도소득세율 등 감세 정책을 예고함에 따라 건전 재정에 대한 관심이 더욱 커질 수밖에 없다.

국회의 정부 예산의 효율성에 대한 관심이 커지면서 건전 재정 기조의 유지와 적절한 국가채무 관리, 법률적 근거 없는 재정 지출 억제를 위하여 2006년 국가 재정법을 제정하는 큰 성과를 낳았다. 국회는 정부 예산 중 지엽적으로 몇몇 지출 항목만을 문제 삼았던 과거의 모습에서 벗어나 정부 재정의 과도한 확대를 억제하기 위해 전체 정부 예산 규모에 대해서도 문제 삼을 것이다. 따라서 앞으로는 전체 예산안 규모의 적정성 여부가 논쟁의 중심이 될 수 있고 이 때문에 예산안 규모 설정에 기초가 되는 경제 전망에 대해서도 국회와 정부 간 토론의 주제가 될 것이다. 높은 경제성장률 전망은 정부의 예산안 확대의 논리 중 가장 중요하기도 하고 가장 쉬운 논리적 근거가 되기 때문이다.

국회와 정부 간 경제 전망에 관한 사전 협의 필요

걱정되는 것은 국회가 재정의 효율성 제고를 명분으로 정부 예산 규모에 대하여 문제 삼기 시작하면 정부도 이에 적극적으로 대응하려 할 것이라는 점이다. 정부 입장에서는 일부 지출 항목의 예산 삭감 정도는 받아들일 수 있겠지만 전체 규모를 조정한다면 사업 일정에 적지 않은 차질이 발생할 것이고, 사업 간에 우선순위와 재정 배분액을 재조정해야 한다. 따라서 정부로선 몹시 불편한 일이 아닐 수 없고, 해를 거칠수록 예산심의 과정에서 국회와 정부 간 대립이 더욱 더 첨예해져 많은 시간과 정치적 에너지를 소진할 가능성이 높다. 사실 미래 경제성장률을 정확히 예측하는 것은 매우 어렵기 때문에 사후적으로 보면 국회의 전망이 옳을 수도 있고 정부가 옳을 수도 있다. 이는 예산안 적정 규모에 관한 심의 과정에서 경제 전망에 관한 토론이 결론을 내지 못하고 소모적이 될 수 있다는 것인데, 이 때문에 앞으로 예산 규모의 적정성에 대한 논쟁을 줄일 방안이 필요할 것이라는 생각이 든다.

필자의 소견으로는 예산 편성 이전에 국회와 정부의 경제 분석 담당 실무자가 한자리에 모여 경제 전망에 대해 합의를 도출하는 것이 좋을 듯하다. 국회와 정부 간 경제 전망에 관한 합의를 바탕으로 세입을 추정하고 다시 세출 예산을 편성한다면 예산 규모에 관한 불필요한 논쟁을 줄일 수 있을 것이다. 실제로 미국에서도 경제 전망에 관해서는 의회의 예산 분석 기관인 의회예산처(CBO)와 행정부의 연방 예산 편성을 담당하는 관리예산처(OMB)가 사전에 경제 전망을 협의하여 경

제 전망의 차이가 지나치게 나타나지 않도록 유의함으로써 의회와 행
정부 간에 불필요한 논쟁을 줄인다고 한다. 그런데 국회와 정부 간 사
전 협의가 가능하기 위해서는 경제 전망을 설정할 때 궁극적으로 목
표 경제성장률이 아닌 달성 가능한 경제성장률을 설정하는 것이 장기
적으로 재정 및 국가적 비효율을 줄인다는 점을 상호 공감해야 한다.
이러한 공감대가 없다면 사전 협의는 실현되기 어려울 것이다.

(2008년 10월 10일)

그래도 '작은 정부, 큰 시장'이 정답이다

▌ **조경엽**(한국경제연구원 선임연구위원)

미국발 금융위기로 시작된 글로벌 경기침체가 장기화될 기미를 보이고 있다. 경기침체로 가계 소득이 감소함에 따라 수요와 생산이 줄어들고 고용과 물가가 동시에 하락하는 전형적인 디플레이션의 발생 가능성이 우려되는 상황이다. 세계 각국은 팽창적 재정 정책을 통해 총수요를 확대함으로써 디플레이션의 악순환 고리를 선제적으로 끊는 전략을 선택하고 있다. 죽은 케인스가 다시 살아온 듯 공급을 중시하던 그동안의 정책 방향을 일거에 바꾸려는 듯하다.

미국, EU, 일본 등 선진국은 물론 중국, 브라질, 인도 등 개발도상국들까지도 막대한 재정 지출을 통해 경기를 활성화하겠다는 약속을 쏟아내고 있다. 그러잖아도 오랜 기간 지속된 미국의 쌍둥이 적자로 인해 유동성 공급 과잉을 걱정하던 세계 경제에 또다시 유동성 폭탄이 쏟아지고 있는 것이다. 공급 능력이 취약한 상태에서 재정 지출 확대가 지속될 경우 1970년대에 경험한 스테그플레이션을 걱정할 날이 머지않아 다가올 것이다. 대공황 이후 약 70년 동안 세계 경제가 겪었던 경제 현상과 정책적 오류들을 향후 3~4년 동안 압축적으로 경험할 가능성이 높다.

우리나라도 현재의 경기침체에 대응하는 전략이 다른 나라와 크게 다르지 않다. 우리 정부는 유동성 경색으로 어려움을 겪고 있는 중소기업과 건설업을 지원하는 한편 적극적인 재정 정책을 통해 글로벌 경기침체에 선제적으로 대응하겠다고 공언하고 있다. 이를 위해 올 상반기에 국회에 제출한 2009년도 예산안을 수정하여 발표했다. 1차 예산안은 경제성장률을 5%로 가정하고 편성한 데 반해 수정 예산안은 성장률을 4%로 가정하고 편성했다. 예산안을 1차에 비해 10조 원 증액하여 283조 8,000억 원으로 수정한 것이다. 정부가 이번 경기침체를 얼마나 심각하게 바라보고 있으며, 정부지출 확대 정책에 대해 얼마나 확고한 믿음을 가지고 있는지를 느낄 수 있는 대목이다.

세계 각국의 생존 경쟁이 한창이다. 금융 부분이 극도로 취약해짐에 따라 실물경제로 흘러가야 할 자금이 막혀 도산하는 기업들이 속출하고 있다. 미래의 발전을 걱정하기보다는 현재의 생존이 중요해 보인다. 그래서 정부가 취약한 부분을 선별하여 선택적으로 재원을 사용할 수 있는 확장적 재정지출 정책이 제격인 듯하다. 이러한 분위기에 눌려 '작은 정부, 큰 시장'을 주장하던 전문가들의 목소리가 잦아들고 있다. 현 상황이 급박하게 돌아가고 미래가 불투명해지고 있기 때문에 '작은 정부, 큰 시장'을 주장하다가는 자칫 '왕따'가 되기 십상이다. 그래도 '작은 정부, 큰 시장'이 정답이다. 고급 인력을 양산하고 규제를 완화함과 동시에 국민의 조세 부담을 완화하여 총공급을 확대하는 정책에 역점을 두어야 한다. 지금과 같이 모든 국가가 앞다투어 재정지출을 확대하는 상황에서 공급 능력이 취약할 경우 스테그플레이션이라는 더 큰 고통을 감수해야 하기 때문이다.

현재 진행되고 있는 경기침체로 과거 외환위기 때 경험했던 것 같은 산업구조 조정이 불가피할 것으로 보이며, 이러한 과정에서 많은 노동자가 일자리를 잃을 것으로 보인다. 따라서 우리 경제의 가장 큰 문제점으로 지적되었던 '저성장-저고용' 이라는 악순환 구조가 고착화될 가능성이 높아지고 있다. 과거 정부가 했던 것같이 정부가 나서서 일자리를 창출하고, 소비성 분야의 지출을 확대하는 정책만으로는 현재의 경기침체를 극복하고 지속적인 성장을 보장할 수 없다. 국가 채무와 조세 부담률이 급속히 증가하고 성장 잠재력이 둔화되며 양극화는 더욱 심화되는 결과를 초래할 수 있다. 따라서 재정지출 확대에 앞서 재정지출 구조를 성장 친화적으로 개선하는 노력이 우선되어야 한다. 재정지출 확대가 꼭 필요하다면 소비보다는 투자 분야에 집중되어야 한다.

세계 경제가 고물가-저성장 시대로 접어들면 모든 나라들이 재정확대 정책에서 해외 자본 유치, R&D 투자 확대, 성장동력 확충 등 국가 경쟁력을 강화하는 방향으로 정책을 급선회할 것으로 보인다. 다행스럽게도 작은 정부와 감세 정책을 통해 성장동력을 확충하고 일자리를 창출하겠다는 것이 우리 정부의 기본 정책 방향으로 자리 잡고 있다. 국회에 제출된 정부의 2008년도 세제 개편안을 살펴보면 소득세·법인세·양도소득세·상속세 인하와 종합부동산세 완화, 그리고 R&D 투자와 중소기업 지원 확대 등 성장동력 확충과 국가 경쟁력 강화에 필수적인 내용을 담고 있다. 따라서 정부의 세제 개편안이 하루속히 국회를 통과해야 한다.

문제의 원인과 결과를 꼼꼼히 살피고 선제적으로 대응한다면, 지금의 글로벌 위기는 우리가 선진국으로 진입하는 기회로 작용할 것이다. 예상치 못했던 현재의 위기에도 불구하고 출범 초기에 천명한 '작은 정부, 큰 시장' 의 정책 기조를 얼마만큼 관철해나가느냐가 관건이 될 것이다. (2008년 12월 4일)

김정일과 베트남의 개혁 · 개방 정책

▍ **정연호**(한국경제연구원 연구위원)

북한이 베트남의 '도이모이(Doi Moi)' 정책에 관심이 많다는 소식이다. 김정일 국방위원장이 2007년 10월 중순 평양을 방문한 농 득 마잉 베트남 공산당 서기장을 만나 베트남의 개혁 · 개방 정책인 '도이모이'를 벤치마킹하겠다는 뜻을 전했다는 것이다. 또한 동남아 4개국 순방에 나선 김영일 북한 내각총리가 지난 2007년 10월 26일부터 베트남을 방문하여 경제 현장을 둘러봤으며, 응엔 떤 중 총리와 회담을 갖고 '농업 · 과학 · 기술 협력에 관한 양해각서' 등에 서명했다고 한다.

우리 대통령이 평양을 방문했을 때만 하더라도 김정일 위원장이 개혁 · 개방에 불쾌감을 표명했다는 뉴스를 접했는데 베트남의 개혁 · 개방에는 자신이 있는 것인지, 아니면 '도이모이'를 잘 모르고 하는 소리는 아닌지 모르겠다.

'도이모이' 정책의 근간은 시장경제 원리다. 베트남은 지난 1986년 '도이모이' 정책을 채택하면서 기본 방침의 핵심으로 "시장경제 원리를 적극 도입함으로써 경제 분권화를 추진한다"고 밝혔다. 그들은 경제 효율성을 강화하는 유일한 방법이 '시장경제 원리의 도입'이라는 사실을 역사적 경험을 통해 깨달았던 것이다. 베트남은 공산당 독재의 정치적 노선을 포기하지 않고 당 주도의 경제 정책을 고수했지만 시장경제 원리를 바탕으로 민간 부문의 공존을 허용하는 경제 개혁을 추진함으로써 경제적 효율성을 강화했다. 김정일 위원장이 염두에 두고 있는 것은 어디까지일까?

'도이모이' 정책의 특징 중에 하나가 외자 유치에 성공했다는 것이다. '도이모이' 정책을 채택한 것은 1986년이지만 외자의 유입이 본격화되기 시작한 1992년 이후까지는 그 효과가 그리 크지 않았다. 1986년부터 1991년까지 베트남의 GDP 성장률은 연평균 5% 정도를 기록했지만 1992년 이후(1997년 외환위기 이전까지) 연평균 8.8%의 고성장을 구가했다. 그 원인으로 '도이모이' 정책에 소요되는 재원의 조달이 원활하게 이루어졌다는 점을 들 수 있다.

베트남이 성공적인 외자 유치를 할 수 있었던 결정적인 계기는 1989년 베트남군이 캄보디아에서 철수함으로써 프랑스, 미국을 비롯한 서방과 관계가 개선되기 시작했다는 데에 있었다. 이후 세계은행, 유엔개발계획 등의 국제 기구가 중심이 된 베트남 지원 국회의가 1993년 11월 개최되었고, 1994년 2월 미국의 경제 제재가 완전히 해제됨으로써 베트남에 대한 국제사회의 자금 지원이 본격적으로 실행되었다. 김정일 위원장도 이 과정을 분명히 이해하고 있어야 한다.

베트남의 '도이모이' 정책을 '개혁·개방 정책'이라 부르는 이유는 1970년대 베트남이 공산화된 이후 유지해오던 중앙계획경제 체제를 시장경제 체제를 통한 분권화로 전환하는 '개혁'이 '도이모이'의 한 축을 이루고, 재원 조달을 위해 캄보디아 주둔군을 철수하고 서방 사회에 손을 내미는 '개방'이 또 다른 한 축을 이루기 때문이다.

김정일 위원장이 베트남의 '도이모이'를 적극 벤치마킹하겠다고 한다면 '도이모이'의 핵심을 잘 이해하고 적용하겠다는 의지가 깔려 있어야 한다. 즉 어떤 방식으로든 북한 경제에 '개혁'과 '개방'의 양 축을 도입해야 한다는 의미다. 정치적 노선을 포기하지 않고 경제 개혁을 이룬다는 측면만을 고려해서는 안 된다는 것이다. 시장경제 원리를 도입하지 않더라도 어떤 식으로든 경제적 효율성을 강화하는 '개혁' 조치는 필요하다. 외국 자본이 들어왔을 때 자유로운 경제 활동이 보장되는 제도적 장치를 마련하는 것이 일례일 것이다.

이에 소요되는 재원을 충당하기 위해 국제사회와의 관계를 개선하기 위한 최소한의 노력도 필요하다. 북한은 2007년 10월 4일 '9·19 공동성명 이행을 위한 제2단계 조치'의 합의와 함께 2007년 안에 핵 불능화 조치 및 핵 프로그램 신고 등의 수순을 밟기로 했다. 이에 상응하는 경제적 지원 및 미국, 일본 등 관련국과의 관계 정상화가 약속되어 있다. '제2단계 조치'의 이행은 그 자체로도 북한에게 상당한 유인을 제공하지만 '개방'을 위한 최소한의 노력이며 국제사회와의 관계 개선을 향한 첫걸음임을 명심해야 할 것이다.

김정일 위원장에게는 지금이 더없이 좋은 기회로 보인다. 어쩌면 이를 알기 때문에 베트남의 '도이모이' 정책을 벤치마킹하겠다고 한 것인지도 모르겠다. 어차피 반드시 지켜야 할 약속을 한 단계 더 나아가는 발판으로 삼을 수 있는 기회이기 때문이다. (2007년 10월 30일)

실속 있는 남북경제협력회의가 되어야

▌ 정연호(한국경제연구원 연구위원)

남북은 2007년 4월 18일부터 22일까지 5일간 평양에서 남북경제협력추진위원회(이하 경추위) 제13차 회의를 개최하고 10개항으로 구성된 합의문을 채택·발표하였다. 이 회의는 2006년 6월 초 제12차 회의 이후 10개월 만에 열리는 회의였다.

통일부는 해설 자료를 통해 '열차 시험 운행과 경공업·지하자원개발 협력 일괄 타결'에 큰 의의를 부여하는 등 회의를 성공적으로 끝마쳤다고 자평하고 있다. 이재정 통일부장관은 이번 경추위 결과 보고를 접하고 "학점으로 따지면 '수'를 주고 싶다"고 언급하기도 했다. 과연 그럴까? 경추위 제13차 회의가 진행되었던 과정과 합의문을 중심으로 몇 가지를 지적하고자 한다.

우선, 2006년 6월 개최했던 제12차 회의에서 도출한 합의문과 비교할 경우 제13차 합의문에서 특별히 새로운 내용은 보이지 않는다. 제13차 합의를 제12차 회의의 합의와 항목별로 비교해보자. 제13차 합의문 제4항(개성공단 건설 활성화)은 지난번 합의문 제3항과 동일하고, 제13차 제5항(남북 공동 진출)은 지난번 제6항과 동일하다. 이러한 식으로 비교하고 나면 남은 항은 제13차 합의문 제9항, '쌀 40만 톤 제공'만이 남게 된다. 특히 제13차 합의문에서 주목받고 있는 제2, 3항, 즉 '열차 시험 운행과 경공업·지하자원 개발 협력 일괄 타결'도 지난번 합의문 제1항과 동일하다. 제13차 합의문이 열차 시험 운행의 구체적인 날짜를 적시했다는 사실 또한 그다지 큰 의미가 없다. 소위 '군사적 보장 조치'가 구체적으로 약속되지 않은 합의에서 날짜의 적시는 의미가 퇴색될 수밖에 없다.

둘째, 합의 사항이 실행될 만한 주변 환경 또한 크게 달라진 것이 없다. 제12차 회의 이후 7월 초 미사일 발사, 10월 핵실험 등의 사건으로 인해 합의 사항을 제대로 실행할 환경이 조성되지 않았다는 주장은 큰 설득력이 없다. 제13차 합의 사항도 지난 6자 회담의 '2·13 합의'에서 명시한 북한의 초기 조치 이행 의무를 수행한 이후에나 실행될 것이기 때문이다. 북한의 초기 조치 이행 의무는 방코델타아시아(BDA)에 동결된 자금을 해결하는 것부터 시작되어야 하며, 바로 이어서 핵 폐기의 수순으로 핵 시설 폐쇄 및 봉인 조치를 취하는 동시에 국제원자력기구(IAEA) 사찰단의 입북을 허용해야 한다. 북한이 과연 이러한 수순을 밟을 준비가 되어 있을까?

셋째, 우리 정부가 너무 조급하게 일을 추진하고 있다는 생각이 든다. 북한이 '2·13 합의' 초기 조치 이행 시한을 넘기는 시점에서도 "남북 간 합의된 일은 반드시 지키는 게 신뢰를 쌓는 일"이라고 강조하며 경추위를 예정대로 추진시킨 것은 우리 정부의 입장을 회담장에 앉기도 전에 다 드러내는 것과 같다. 경추위 합의 사항에서 경공업·지하자원 개발 실무 협의를 5월 2~4일에 개최하겠다고 적시한 것도 성급한 조치다. 열차 시험 운행을 5월 17일에 하기로 결정한 상황에서 그보다 2주 앞당겨 실무 협의를 할 경우 실무 협의의 결과가 북한의 열차 시험 운행 실행 여부에 아무런 영향을 주지 않는다는 보장을 할 수 있겠는가? 혹은 역으로 북한이 열차 시험 운행을 실행할 수 있도록 우리 정부가 실무 협의에서 또 다른 무엇을 약속해야 할 상황이 발생하지 않는다는 것을 어떻게 보장할 수 있는가?

물론 필자가 경추위 합의에 대해 부정적인 측면만 강조한 면도 없지 않다. 가장 좋은 시나리오는 북한이 BDA 해법을 조속히 수용하고 핵 폐기 수순을 밟는 등 '2·13 합의' 초기 조치를 이행함과 동시에 군부의 '군사적 보장 조치'를 취해 열차 시험 운행이 약속대로 이루어지는 것이다. 이렇게 되면 경추위 합의 사항뿐만 아니라 '2·13 합의'가 약속대로 진행되고 '9·19 공동성명'이 지켜지는 결과도 가져온다. 학점 '수'도 함께 취득하게 된다.

이제 공은 북한에 넘어가 있다. 제대로 받아 넘기느냐는 전적으로 북한의 의지에 달려 있다. 북한은 다시 찾아온 좋은 기회를 놓치는 우를 범해서는 안 될 것이다. (2007년 4월 24일)

오바마 당선과 북한의 행보

▮ **정연호**(한국경제연구원 연구위원)

미국 대선에서 민주당의 오바마가 당선된 이후 북한은 발 빠른 행보를 보이고 있다. 2009년 초 오바마의 민주당 정권이 들어서면 북미 관계의 새로운 틀이 형성될 것으로 보고 주도권을 차지하려는 계산 아래 선제적 행동을 취하고 있는 것으로 보인다. 이에 동조하여 일각에선 우리 정부의 대북 정책도 전면적으로 바뀌어야 한다고 주장하고 있다.

북한이 밝힌 최근의 조치 중 가장 주목할 만한 것은 2008년 12월 1일부터 군사분계선을 통한 모든 육로 통행을 엄격히 제한, 차단하겠다는 것이다. 이는 개성공단을 겨냥한 조치이며, 우리 정부의 대북 정책에 대한 불만의 표출이다. 이는 남한 내 갈등을 조장하는 등의 위기 의식 고조 전략을 통해 오바마 신정부와의 협상 전 분위기를 유리하게 만들겠다는 포석으로 볼 수 있다. 이때 얻는 것은 무엇이며, 잃는 것은 또 무엇인가?

개성공단은 2004년 12월 처음 제품 생산을 시작한 후 2008년 8월 현재까지 누적 생산액이 4억 4,000만 달러에 달하는 대표적인 남북 경제

협력 사업이다. 남한의 자본과 기술, 북한의 노동력과 토지를 결합한 가장 이상적인 남북 간 상생의 경제협력 모델을 구축한 것으로 평가받아왔다. 또한 개성공단은 남북 화해와 평화 분위기를 조성하는 상징적인 사업으로 비무장 지대를 가로지르는 경의선 도로를 통해 매일 1,000명이 넘는 인원과 600대가 넘는 차량이 드나드는 곳이다.

개성공단 사업은 비단 남북 간 경제협력 사업에만 그치는 것이 아니다. 국제적인 관심이 이미 집중되고 있는 사업이고 향후 북한이 개방하여 외국의 자본을 유치할 경우 외국의 잠재적 투자자들이 벤치마킹할 수 있는 유일한 사업이다.

그런데 이 개성공단 사업이 여기서 중단된다면 개성공단에 진출한 남측 기업들만 낭패를 보는 것이 아니다. 지난 수년간 남북 화해와 평화 분위기를 조성하기 위해 노력했던 남북 당국의 노력도 물거품이 된다. 물론 이제 겨우 미국으로부터 테러 지원국 해제 성과를 거두어 본격적으로 해외 자본 유치를 눈앞에 둔 북한도 외국 투자자들에게 신뢰를 잃게 된다. '믿을 수 없는 나라' 라는 낙인이 찍힌다면 경제적으로 재기할 수 있는 유일한 방안인 외자 유치에 치명적일 수밖에 없다.

북한의 입장에선 향후 있을 오바마 신정부와의 협상에서 더 큰 것을 얻어내면 되지 않을까? 이에 대한 답은 역시 "Too risky!"이다.

우선 미국의 대북 정책이 오바마 신정부의 최우선 과제일 수가 없다. 특히 경제위기 탈출 등 현재 시급하게 해결해야 할 사안들이 산적해 있는 상황에서 대북 문제를 단기간에 해결해야 할 이유가 전혀 없다는 것이다. 또한 지난 55년간 지속되어온 한미 동맹이 오바마 신정부에서 일거에 무너질 수 있는 가벼운 관계는 더더욱 아님을 북한은 이해해야 한다.

북한은 아마 클린턴 정부 말기에 올브라이트 미 국무장관이 평양을 방문해 춤까지 춰가며 화해 무드를 만들고 클린턴 전 대통령의 임기 말 방북을 꿈꾸던 상황을 생각하고 있을 것이다. 부시 행정부가 임기 내내 대북 강경 정책을 고수하다가 지난 10월 테러 지원국 해제를 강행하며 북미 관계를 개선하기 위한 노력을 기울인 것에 상당히 고무되어 있을 가능성이 있다. 이제 오바마 신정부가 들어서면 모든 것이 자신들의 뜻대로 될 것으로 한껏 장밋빛 희망에 부풀어 있을지도 모르겠다.

그러나 북한은 미국의 클린턴, 부시의 임기 말 정책과 오바마 신정부의 임기 초 정책이 근본적으로 차이가 있을 수밖에 없다는 것을 간과했다. 임기 말 모종의 성과를 거두기 위해 서두르는 정책과 임기 초 우방국과의 관계를 재정립하는 미국의 전통적 외교 정책 간의 차이를 말이다.

또한 우리 정부의 대북 정책 '비핵, 개방, 3000'은 오바마 신정부가 추구할 대북 정책과 그 차이를 분별할 수 없는 수준이다. 오바마 신정부의 외교·안보 분야 교과서라 불릴 만한 '피닉스 이니셔티브(Phoenix Initiative)'는 전 세계 차원의 비핵화를 신정부 외교 정책의 핵심으로 제시하면서 그 구체적인 방안으로 자국 내 7,000여 개의 핵무기를 1,000개 정도로 감축하겠다는 의지를 표명했다. 오바마 신정부의 비핵화에 대한 의지는 지금의 부시 정부보다 오히려 더 확고한 입장을 표명하는 것으로 확인됐다.

그렇다고 우리 정부가 그저 손 놓고 있어서는 안 된다. 미국의 전통적 동맹 정책만 믿고 미국이 우리 정부의 정책을 당연히 최우선적으로 참조할 것이라는 자세는 위험할 수 있다. 오바마 신정부의 외교 정책, 특히 한반도를 포함한 동북아 정책을 정확히 파악하고 이해하는 것이 우선이다. 이와 함께 우리 정부의 대북 정책이 어떻게 오바마 신정부의 한반도 정책과 공조를 이룰 수 있을지에 대해 확실한 입장을 견지하고 있어야 한다. 이를 전제로 우리 정부는 오바마 신정부와 한미 동맹에 관해 논의해야 한다. 미국은 우리가 기여할 수 있는 부분을 요구할 것이고, 우리는 적어도 미국의 한반도 정책에 있어서는 우리 국가의 입장을 우선적으로 반영할 것을 요구할 수 있을 것이다.

북한이 최근 대내외 정세를 기회로 즐기는 것은 이해할 수 있다. 그러나 상황을 정확히 이해하고 향후 남북 관계 및 북미 관계가 어떻게 전개될지 바른 예측을 해야만 한다. 오판으로 인해 일을 그르친다면 모두가 불행해질 수밖에 없다. 우리 정부도 북한의 이해를 돕기 위해 최선을 다해야 할 것이다. (2008년 11월 19일)

미국의 대북 식량지원과 우리의 자세

▌ **정연호**(한국경제연구원 연구위원)

미국이 다음 달부터 1년여에 걸쳐 북한에 50만 톤의 식량을 지원하기로 결정했다. 지난해 가을부터 계획했던 식량지원이라고 강조한다. 하지만 최근 북한이 6자 회담에서 합의한 핵 폐기 프로세스에 성의를 보인 것에 대해 미국이 화답 차원으로 취한 조치임에 분명하다. 우리 정부는 이에 어떻게 대응해야 할지 심각한 고민에 빠져 있다.

이명박 정부는 정권 출범과 함께 최근까지 '인도적 식량지원은 조건 없이 하겠지만, 먼저 북측의 요청이 있어야 한다는 게 원칙'이라는 입장을 견지해왔다. '조건 없이', 즉 인도적으로 지원한다는 것은 핵 문제와 연계하지 않고 정치적 문제와는 관계없이 추진하겠다는 것을 의미하며, 단 북한이 먼저 지원을 요청하는 것을 전제조건으로 삼겠다고 천명한 것이다. 그런데 북한은 우리 정부에 인도적 식량지원을 요청하기는커녕 핵 폐기 프로세스와 연계하여 미국의 식량지원을 이끌어내는 데 성공했다. 그런데 급기야 여당과 정부 내 일각에서 "북한의 식량 상황이 매우 심각하다고 확인되거나 북한에 심각한 재해가 발생할 경우 요청이 없더라도 식량지원 추진을 검토하겠다"는 의견이 개진되었다. 원칙보다는 주도권 상실이라는 명분을 더 중요시하겠다는 것이다.

　사실 북한에 식량을 지원해야 하는지는 이슈가 아니다. 우리 정부가 국제 공조에서 주도권을 잃게 될 것인지도 큰 문제가 되지 않는다. 중요한 점은 정권 초기 온 국민이 이명박 정권이 어떻게 대북 정책을 펼쳐나가는가 지켜보고 있다는 것과 북한 또한 우리 정부의 대북 정책이 어떻게 진행될 것인가를 예의 주시하고 있다는 점이다. 남북 관계가 일거에 장밋빛으로 환하게 다가오는 것은 아니다. 이명박 정부의 대북 정책은 지난 10년 동안 우리 정부가 북한에 보여준 것과는 다르다는 것을 말로만 보일 것이 아니라 행동으로 보여줄 필요가 있다.

　대북 식량지원은 남북 관계 역사에서 번번이 중요한 역할을 해왔다. 남북 관계가 경색 국면에 처할 때마다 이를 극복하는 과정에서 항상 등장했던 중요한 도구였고, 남한에 대한 북한 주민들의 인식을 점진적으로 바꾸어놓는 역할을 하기도 했다. 그러나 식량지원이 남북 관계에 있어서 항상 긍정적인 역할만 한 것은 아니다. 북한에 지원되는 식량의 분배 모니터링은 남북 관계에서 항상 첨예한 갈등 소재였고, 우리 사회에서도 '대북 퍼주기'라며 종종 비난의 대상이 되기도 했다. 식량지원은 인도적 지원의 대명사로서 인류의 보편적 가치를 추구하는 차원에서 추진되어야 할 사안임에도 늘 정쟁의 중심에 서 있었던 것이다.

　우리 정부는 대북 식량지원과 관련하여 좀 더 의연하게 장기적 관점에서 대처할 필요가 있다. 지금까지 그랬듯이 앞으로도 많은 경우 대북 식량지원이 남북 관계에 큰 역할을 할 것이 분명하다. 그러나 대북 식량지원이 더 이상 남북 관계 진전에 걸림돌이 되도록 해서는 안 된다. 우리 정부의 대북 식량지원은 이미 천명한 원칙대로 조건 없이 진행되어야 하며, 동시에 북한 정권이 남북 관계에 전략적 도구로 이용하지 못하도록 해야 한다. 그러기 위해서는 원칙이 제대로 지켜져야 할 것이고, 예측 가능하게 추진된다는 교훈을 적절히 드러내는 것이 바람직하다. 이것은 이명박 정부가 원칙에 철저하겠다고 천명한 대북 정책의 첫 시험대가 될 수 있다.

북한은 이미 미국으로부터 식량 50만 톤을 확보한 상태고, 급박한 고비는 넘길 것으로 보인다. 미국도 이미 식량지원을 약속한 상태다. 우리 정부가 뒤늦게, 그것도 천명한 원칙을 바꿔가며 식량지원을 추진할 필요는 없다. 우리 정부가 대북 협상 및 국제 공조에서 주도권을 상실한 것인지를 논할 문제는 아니다. 서로의 역할과 그 역할이 좀 더 효과적으로 발휘될 시기가 다르게 나타날 따름이다. 지금은 미국의 전략적 행동이 북한의 핵 폐기 프로세스에 더 효과적으로 작동할 수 있는 시기인 것이다. 우리 정부가 나서야 할 시기는 조만간 다가올 것이고, 우리 정부의 역할이 효과적으로 발휘될 수 있도록 준비하고 있어야 한다. 그 시기가 닥쳤을 때를 대비하여 어떻게 준비를 해야 할 것인지에 대해 논하는 것이 더 중요하다. (2008년 5월 20일)

Chapter 2

금융시장과 금융제도

자본시장통합법과 금융 규제의 개선 과제

▌김홍기(부산대 법대 교수)

2007년 7월 3일 국회를 통과한 '자본시장과 금융투자업에 관한 법률'(흔히 '자본시장통합법'이라 불리며, 시행일은 2009년 2월 4일이다)상의 자본시장 규제 체계는 현행법상의 자본시장 규제 체계와 커다란 차이가 있다.

현행 자본시장 규제 체계는 증권회사, 선물회사, 자산운용회사, 신탁회사 등 금융기관의 종류별로 규제법령이 별도로 존재하고, 각 법률은 규제 대상 금융기관이 영위할 수 있는 금융업무를 구체적으로 열거한다. 각 법률의 규율 대상인 규제 대상 금융업에 대해서는 독자적인 업규제(진입 규제, 영업행위 규제, 건전성 규제 등)가 행해지고 있다.

자본시장통합법은 증권거래법, 선물거래법 등 자본시장의 주요법령들을 통합하고, 금융투자 업무의 영위 주체들을 금융투자회사로 일원화하며, 금융투자업 상호 간의 겸영을 원칙적으로 허용함으로써 우리나라의 자본시장 규제 체계를 대폭 개편했다. 자본시장통합법의 주요 내용은 다음과 같다.

첫째, 현행 금융관련법에서는 금융 상품 거래에 관한 규정들이 각 업법에 산재해 있어서 명확하고 통일적인 규제가 이루어지지 않는다.

자본시장통합법은 증권거래법, 선물거래법, 신탁업법, 간접투자자산 운용업법 등 자본시장의 주요 법령들을 통합함으로써 자본시장에 관한 규제를 일원화했다. 자본시장의 중요한 법령들이 자본시장통합법으로 통합됨에 따라 금융 혁신을 유발할 수 있는 제도적 기반이 구축되었다.

둘째, '열거주의(positive system)'를 취하는 현행 금융관련법에서는 금융기관이 취급할 수 있는 금융 상품이 각 업법에 개별적으로 열거되어 있어서, 복합 금융 상품이나 신종 파생 상품의 출현 등 급변하는 금융 시장의 현실에 제대로 대응하지 못하는 실정이었다. 자본시장통합법은 규제 대상인 '금융투자 상품'의 개념을 설정하고, 명칭과 형태를 불문하고 '원본손실 가능성'(즉 투자성)이 있으면 금융 투자 상품에 해당하는 것으로 포괄적으로 정의하고 있다. 이처럼 자본시장통합법이 '포괄주의(negative system)'를 채택함에 따라서 현행 열거주의하에서는 취급할 수 없었던 새로운 금융 상품의 개발에 대한 법률적 장애가 상당 부분 제거되었다.

셋째, 현행 금융 관련법은 전업주의를 원칙으로 하고, 금융기관의 겸영을 원칙적으로 금지하고 있다. 예컨대 증권회사의 경우 본업인 증권업 이외에 다른 업무의 겸영은 원칙적으로 제한된다. 자본시장통합법은 금융 겸업화의 세계적인 추세에 따라서 금융투자업 상호 간의 겸영을 원칙적으로 허용함으로써 금융투자 회사의 업무 범위를 확대하고 있다. 다양한 금융투자 업무를 수행할 수 있는 대규모 금융회사 설립의 제도적 기반이 마련된 것이다.

넷째, 자본시장통합법은 '자연적·환경적·경제적 현상 등에 속하는 수치화 가능 위험' 까지 거래 대상 기초 자산의 범위를 확대하고 있다. 이에 따라 탄소배출권 거래 등 환경 관련 선물·옵션, 전력 등 에너지 관련 선물 · 옵션 등의 장내 거래가 가능해졌으며, 재난, 재해, 범죄 발생률, 강수량, 강설량, 일조량 등 평가 가능한 모든 위험을 대상으로 금융투자 상품의 설계가 가능해졌다.

위의 내용에서 알 수 있듯이 자본시장통합법의 제정으로 금융 혁신을 위한 제도적 기반이 마련되었다고 평가할 수 있다. 그러나 금융법제의 전체적인 틀에서 보면 개선할 점도 있다. 우리나라 금융산업의 경쟁력을 강화하기 위해서는 다음과 같은 제도 개선이 수반되어야 할 것이다.

첫째, 은행 · 보험 · 증권 등 주요 금융업종 간에 형평성 · 일관성 있는 규제 체계가 마련되어야 한다는 것이다. 자본시장통합법은 주로 증권 관계 법령들을 통합한 것이어서 은행업 · 보험업 등 통합 논의에서 제외되었거나 여신전문 금융업법 등 통합 대상에 포함되지 않은 타 금융업과의 관계에서 규제의 형평성 문제가 제기될 수 있기 때문이다. 예컨대 은행업과 보험업의 경우에는 현행 기관별 규제 체계와 열거주의가 여전히 유지되고 있다. 사견으로는 금융업종 간 규제 차이를 해소하고 형평성 · 일관성을 달성하기 위해서는 자본시장통합법이 채택한 기능별 규제 체계, 포괄주의에 기초해서 금융시장 전체에 동일한 규제 원칙을 적용하는 방안을 모색해야 한다고 본다. 다만 은행업 · 보험업 · 증권업 등 각 업권의 칸막이를 모두 없애는 것은 세계적으로 사례를 찾기 어렵고 투자자 보호, 건전성 규제 등에서 위험성이 크다고 볼 수 있으므로 각 금융권역 단위로 규제 체계를 정비하되 가능하면 금융법 전체를 통하여 동일한 규제 원칙을 적용하는 것이 타당하다고 본다.

둘째, 중복 규제를 방지하기 위해 명확한 규제 체계를 갖추어야 한다. 자본시장통합법의 포괄주의에 의하면, 타 금융권이 취급하는 금융 상품이라도 '투자성'이 있다면 금융투자 상품으로 간주되어 자본 시장통합법의 규제를 받게 된다. 가장 문제되는 것은 독자적인 규제 체계를 갖고 있는 은행이나 보험회사와의 관계다. 예컨대 이자율 하락 시 손실 이자를 보상하는 옵션형 이자율 파생 상품은 보험회사가 취급하는 금융 재보험과 매우 유사하다. 에너지, 날씨 파생 상품 등이 출현할 경우에는 자연 재해 보험 등 보험 상품과 기능적 유사성이 더욱 높아질 것으로 보인다. 사견으로는 중복 규제의 가능성이 있는 금융 상품에 대해서는 은행법이나 보험업법 등 관련법령에서 '명시적 포함' 또는 '명시적 제외' 규정을 두어서 중복 규제의 가능성을 명확하게 방지할 필요가 있다고 본다. (2008년 5월 27일)

금융 혁신은 금융 발전의 원동력

▌한광석(포항공대 인문사회학부 교수)

선진국 금융 발전의 원동력은 무엇보다도 새로운 금융 상품을 만들어내는 금융 혁신(financial innovation)에 있다고 할 수 있다. 그런데 우리나라에서는 금융 혁신과 금융 발전 사이의 이런 관계가 제대로 인지되지도, 구현되지도 않는 것 같다. 다양한 투자자들의 선호를 충족시킬 수 있는 금융 상품의 공급이 기대에 미치지 못하는 현실은 그 추측을 사실로 받아들이게 한다. 이런 상황을 반전시키기 위해서는 금융 상품에 대한 기존의 엄격한 규제를 풀고, 새로운 금융 상품을 개발하는 데 필요한 고도의 금융 기술(Financial Technology: FT)을 축적해야 한다.

정보통신(IT), 생명공학(BT), 나노 기술(NT) 분야에서 우리나라는 이미 선진국 수준에 도달해 있다. 그런데 유독 금융 기술 분야의 수준만은 낙후되어 있다. 국가 발전을 위해서는 물론 상기한 분야의 산업도 중요하지만, 금융 기술 분야 역시 중요도에 있어서 그것들에 결코 뒤지지 않는다. 실물 기술로부터 얻은 이득을 잘못 투자하여 손실을 본다면 실물 기술의 발전은 아무런 의미도 없을 것이기 때문이다. 금융 기술의 부족이 초래한 가슴 아픈 사례는 여러 가지가 있다. IMF 당시 우리나라 금융회사들은 모건 스탠리(Morgan Stanley)가 만든 다이아몬드 펀드(Diamond Fund)에 자금을 투자했다가 막대한 손해를 입기도 했고, 근래 재정경제부는 환율시장에 개입하면서 20조 원이 넘는 평가 손실을 기록하기도 했다. 또한 최근 우리나라 금융시장에서 호평을 받았던 주가지수 연계증권(Equity-Linked Securites: ELS)과 주가지수 연계예금(Equity-Linked Deposit: ELD)이라는 금융 상품은 우리 기술에 의한 것이 아니라, UBS, 모건 스탠리 등 외국계 은행들이 만들어서 국내 증권사와 은행에 로열티를 받고 판매한 것들이다. 우리는 이런 복잡한 금융 상품을 설계하기 위한 고도의 금융 기술을 갖추고 있지 않기 때문에 외국계 금융회사에 의존할 수밖에 없는 것이다.

금융 기술을 발전시키기 위해서는 금융 전문 인력을 대학이나 전문기관을 통해 양성해야 한다. 더불어 양성된 금융 전문 인력들이 자유롭게 새로운 금융 상품을 개발하여 금융시장에 판매할 수도 있어야 한다. 그러나 우리나라의 현실은 이런 것에 우호적이지 않다. 우리나라가 법령에 정해진 금융 상품만을 시장에서 거래할 수 있도록 하는 열거주의(positive list system) 규제를 채택하고 있기 때문이다. 금융 감독 당국이 금융 상품에 대해 열거주의 규제를 선택한 것은 감독의 편의성 때문일 것이다. 사실 금융 감독 당국이 잘 알지 못하는 수많은 금융 상품을 감독하는 것은 실제로 어렵고, 만에 하나 그런 상품으로 인해 금융 사고가 발생한다면 당연히 책임 문제가 수반된다. 하지만 이런 규제가 실질적이면서도 효용성 있는 금융 상품의 창출을, 그리고 금융 기술의 발전 자체를 저해한다면 그런 규제는 폐지해야 한다.

정부는 IT, BT, NT 분야의 전문 기술 인력이 새로운 것을 만들어내는 것을 적극적으로 장려한다. 예를 들어 우리가 생활 필수품처럼 사용하고 있는 휴대폰의 경우, 새로 만들어지는 휴대폰의 형태나 기능에 대한 규제가 없다. 따라서 개인들의 다양한 선호를 반영하기 위해 기업들은 기술 개발에 전력을 다하고, 그에 따라 다양하며 새로운 휴대폰을 시장에 공급하고 있다. 상품 개발에 대한 규제가 거의 없기 때문에 기술이 발전하는 것이다. 동일한 논리를 금융 기술에도 적용해야 한다. 즉 금융시장에서도 금융 기술의 발전을 위해서는 금융 상품에 대한 열거주의 규제 대신 몇몇 예외적인 경우를 제외한 모든 금융 상품을 허용하는 포괄주의(negative list system) 규제를 채택해야 할 것이다.

이러한 측면에서 금융 상품에 대한 규제를 기존의 열거주의에서 포괄주의로 전환하는 것이 주요 골자 중의 하나인 자본통합법이 작년 말 국무회의를 통과한 것은 매우 다행스러운 일이다. 이제 자본통합법이 올해 국회의결을 통과하게 되면 우리나라는 금융 발전의 중요한 전환점을 맞게 될 것이고, 결과적으로 자본통합법은 우리나라 금융 기술의 발전에 혁신적인 기여를 할 것으로 예상된다. (2007년 1월 23일)

'먹튀 자본', 과연 논란의 대상이어야 하나?

▌ 김학수(한국경제연구원 연구위원)

외환위기 이후 외국계 자본이 국내에 투자한 후 많은 수익을 챙겨서 떠난다고 하여 이름 붙여진 소위 '먹튀(먹고 뛴다) 자본'이 또다시 논란의 대상이 되고 있다.

최근 외환은행 및 극동건설 등을 인수했던 미국계 사모펀드 론스타가 주식 양도를 통해 막대한 차익을 챙겨 떠날 것 같다는 보도가 있었다. 잇달아 우리 정부가 론스타의 주식 양도차익에 대해 과세방침을 정하고 다방면으로 과세 가능성을 검토하고 있다는 소식도 들려왔다. 국부 유출 방지 등의 명분을 위해 국가 간에 체결된 조세조약에 의해 세금을 부과하기 어려운 외국계 법인의 주식 양도 차익에 대해 과세하겠다는 것이다.

이번 외환은행이나 극동건설의 주식 양도의 경우는 자산 가치에서 부동산이 차지하는 비중이 50%를 초과하는 스타빌딩의 경우와는 다를 것으로 보인다. 이러한 경우의 주식 양도 차익에 대한 과세 방침의 근거로는 크게 두 가지를 들 수 있다.

첫째, 론스타코리아를 론스타의 국내 고정 사업장으로 판단하고 과세하는 것이다. 이를 위해서는 국세청이 나서서 론스타코리아가 벨기에나 미국 소재의 론스타 사모펀드를 대신하여 계약을 체결할 권한을 가지고 그 권한을 반복적으로 행사했는지 여부에 대한 증거를 제시해야 할 것이다. 이에 대해 론스타는 법인세법과 국가 간 조세 조약에 명시한 바와 같이, 한국 기업에 투자하는 과정에서 론스타코리아의 역할을 벨기에나 미국 소재의 론스타 법인의 사업 수행상 예비적이며 보조적인 성격에 불과할 뿐 고정 사업장이 아니라고 주장할 수 있다. 결국 론스타코리아가 해외에 소재한 론스타라는 법인의 국내 고정 사업장이라고 입증할 만한 증거를 국세청이 얼마나 많이 확보하는지에 따라 과세 가능 여부가 결정될 것이다.

게다가 국세청의 노력으로 론스타코리아가 해외에 소재한 론스타 사모펀드의 국내 고정 사업장이라는 증거를 확보한다 하더라도, 론스타코리아에 과세할 수 있는 소득은 해외에 소재한 론스타 펀드의 자산을 관리·운용한 데 대한 성과 보수로 론스타코리아에 귀속된 소득으로만 한정될 가능성이 크다. 다시 말해, 론스타 사모펀드의 주식 양도 차익 전부가 과세 대상이 아니라 론스타 해외 법인을 대신하여 론스타코리아가 론스타 해외 법인의 자산을 대신 운용해준 대가로 받은 성과 보수만이 과세 대상이 되어 과세 실효성은 크지 않을 수 있다는 것이다.

둘째, 벨기에처럼 조세 조약의 혜택을 볼 수 있는 지역의 페이퍼 컴퍼니를 통해 국내에 투자하고 수익을 챙기는 경우 실질적인 수익의 소유자는 해당 조세 조약 국가의 거주자로 볼 수 없다는 수익의 실질적인 소유자 개념을 고려하는 경우다. 과거 쌍용투자증권을 인수한 후 신한증권에 되팔아서 2,000억 원가량의 수익을 챙긴 것으로 알려진 H&Q아시아퍼시픽의 경우에 국세청이 실질적 수익의 소유자 개념을 적용하여 과세를 시도했으나 세금 추징 여부에 대해서는 아직 밝혀지지 않고 있다. H&Q아시아퍼시픽 관계자에 따르면 추징 세액에 대해서는 공개할 수 없고 단지 실질적인 수익의 소유자 개념에 대한 법리적인 해석에 이견이 있었다는 것만 확인된다고 알려졌다. 벨기에나 미국은 우리나라와 조세 조약이 체결되어 있기 때문에 자산 가치의 50% 이상을 부동산이 차지하는 법인의 주식 거래가 아닌 경우 우리에게 주식 양도 차익에 대한 과세 권한은 없다. 벨기에의 론스타 관련 법인이 페이퍼 컴퍼니이고 국내 외환은행 등의 주식 매각 차익의 실질적인 소유자는 벨기에의 거주자가 아닌 미국의 거주자라고 본다면 론스타의 주식 양도 차익에 대한 과세 권한은 미국 IRS(Internal Revenue Service)에 있다. 수익의 실질적 소유자 개념을 적용하는 경우 우리 스스로 우리에게 과세권이 없음을 보여주는 결과를 초래할 수 있다.

외국계 사모펀드에 대한 과세로 조세 수입이 늘고 국부 유출이 방지되는 효과는 있겠지만 관련법 적용의 실질적인 어려움이나 과세표준의 현저한 감소 등으로 과세의 실효성은 회의적이다. 고용과 기술 이전을 촉진하는 양질의 외국인 직접투자만 허용하고 소위 '먹튀 자본'은 근본적으로 차단하겠다는 것이 외국 자본에 대한 국민적 합의라면 외국계 사모펀드에 가능한 한 모든 법을 적용해 엄정히 과세하는 것이 마땅할 것이다. 또 '먹튀 자본'이 들어오는 것을 애초부터 막아야 할 것이다. 그러나 그럴 경우 과거 외환카드사 문제로 인해 외환은행을 매각하기로 결정했던 것처럼 급하게 외국 자본이 필요한 시기에 '먹튀 자본'마저 우리에게 등을 돌릴 수도 있을 것이다.

한편 론스타 주식 양도 차익에 대한 우리 정부의 과세에 대해 미국 과세 당국이 조세 조약 체결국 간의 이중 과세의 부당성을 이유로 상호 합의 절차를 요구하는 등 양국 간의 조세 마찰이 유발될 우려도 있다. 한국계 '먹튀 자본'을 보호해야 한다고 주장하는 것은 아니지만, 우리 기업들이 해외에서 론스타와 같은 방식으로 투자하고 수익을 얻고 있다면 우리 정부의 이러한 과세 방침은 우리 기업에 부메랑으로 되돌아올 수 있으며, 그때에는 우리 정부가 다른 국가의 과세 당국에 이중 과세 부당성 등을 이유로 상호 합의 절차를 요구해야 할지도 모른다. 그렇게 된다면 얼마나 모순된 행동인지 생각해봐야 할 것이다.

론스타 주식 양도 차익에 대해 과세가 가능한지, 또 얼마나 많은 세금을 추징할 수 있을지에 큰 관심을 가질 필요가 없어 보인다. 단지 국가 간에 체결한 조세 조약에 따라 처리하면 그만이다. 오히려 우리가 관심을 갖고 따져 물어야 할 것은 보다 근본적인 문제들이다. 외환은행이 정말 부실 은행이었는지 아니었는지의 여부, 미국계 사모펀드 회사가 인수할 수 있었던 배경, 특히 우리나라의 기업들은 금산 분리 원칙에 의해 금융회사와 건설회사를 동시에 지배할 수 없음에도 외국계 사모펀드는 이러한 규제의 대상이 되지 않았던 이유 등에 대한 명확한 정부의 해명이 필요하다. 또한 사모펀드의 속성상 투자 기간이 직접투자에 비해 상당히 짧고 배당 소득 및 주식 양도 차익을 극대화한 이후 떠날 것이라는 점과 조세 조약에 의해 주식 양도 차익에 과세할 수 없다는 점들이 계약자 선정 시점에서는 문제되지 않은 이유는 무엇인지에 대한 책임 있는 설명도 필요하다. 론스타가 외환은행을 인수하기 전에 일본에서 탈세 혐의 등으로 세금을 추징당했던 사실이 왜 외환은행 인수자 자격 심사에 걸림돌이 되지 않았는지도 국민의 한 사람으로서 매우 궁금하다.

'먹튀 자본'의 국적을 떠나 '먹고 튈 수 있는 여건'이 제도적으로 허용되는 상황에서 기업들에게 '먹고 튀지 말라'고 강요하는 것은 '이윤 극대화'라는 기업 행동의 뿌리를 '적당히 벌자'로 바꾸라고 강요하는 것과 같다. 모든 경제 주체는 시장 참여에 앞서 시장의 규칙을 살펴보고 그 시장에 적용되는 규칙 안에서 이윤을 극대화하기 위해 노력하는데, 시장 진입 시점과 이윤을 극대화하고 다른 시장으로 이동하려는 시점에서 규칙의 해석과 적용이 크게 달라진다면, 이는 시장이 그만큼 불투명하다는 것을 보여주는 것이다. 만약 '먹튀 자본'을 포함한 외국 자본들이 우리 시장이 불투명하다고 인식한다면 외국 자본의 유치에 어떤 영향을 줄지 우려하지 않을 수 없다. (2007년 7월 10일)

금융 허브 실현,
인종적·문화적 다양성 선행돼야

▌ 이태규(한국경제연구원 연구위원)

성장 정체기에 접어든 우리나라의 새로운 성장동력으로 금융 산업을 많이 꼽는다. 현 정부도 금융산업의 중요성을 인식하고 동북아 금융 허브로의 성장을 주요 정책 과제로 삼고 추진해왔다.

금융 허브란 결국 세계 유수 금융회사와 그 인력들의 집적으로 형성된다. 금융업의 핵심 투입 요소는 인력이고, 그 인력들이 불편 없이 비즈니스를 영위할 수 있는가의 여부가 금융 허브 실현의 아주 중요한 요소다. 이 때문에 외국인을 위한 교육·의료 등의 생활환경 개선을 금융 허브 실현을 위한 중요한 과제로 삼고 있다. 하지만 필자는 이러한 하드웨어적인 생활환경 개선 못지않게 금융 허브를 잉태하고 성장시킬 수 있는 소프트웨어적 환경 조성도 매우 중요하다고 생각한다. 여기서 소프트웨어적인 환경이라 함은 다양한 인종 및 국적을 가진 사람들의 근로 및 생활 여건을 둘러싼 사회적·문화적 환경이라 할 수 있다.

현재 금융 허브라 불리는 도시들은 대부분 코즈모폴리턴(cosmopolitan)적이라 할 수 있다. 코즈모폴리턴적인 환경에서는 다양한 인종과 문화가 공존하며 외국인이 편리하고 안정적으로 생활할 수 있다. 우리나라도 과거에 비해 외국인 거주자가 늘었고, 경제뿐만 아니라 사회적 · 문화적 개방 정도가 상당히 진척되었지만 아직 우리 사회가 코즈모폴리턴적이라고 하기에는 부족함이 많다.

지난 8월 유엔 인종차별철폐위원회는 보고서를 통해 한국 사회에 인종적 우월감이 널리 퍼져 있다고 우려하면서 '단일 민족국가' 라는 점을 강조하는 것은 우리 영토 내에 거주하는 타 민족과의 관계 증진에 장애가 될 수 있다고 지적했다. 또한 유엔은 한국 내의 모든 다른 인종이나 민족, 국적을 가진 사람들 간의 이해와 관용, 우의 증진을 위하여 교육, 문화, 정보 등의 분야에서 적절한 조치를 취할 것을 권고했다.

그동안 우리 사회에 혼혈이나 이주 노동자 등에 대한 유 · 무형의 차별이 있는 것은 이미 잘 알려진 사실이고 이 배경에는 잘못된 '순혈주의' 도 한몫하고 있기 때문에 이 같은 유엔의 지적은 우리의 아픈 곳을 찌른 셈이다. 한 연구에 따르면 우리나라 초등학교 사회 교과서가 지나치게 민족 중심으로 서술되어 있으며 우리 민족 문화의 우수성을 강조하기 위해 타 민족을 폄훼하는 대목도 많다고 한다. 이 같은 교육은 어린이가 코즈모폴리턴적 사고를 가진 시민으로 성장하는 것을 저해할 뿐만 아니라 우리 사회의 문화가 개방화 시대에 부적합한 방향으로 흐를 수 있는 요인을 제공할 수 있다. 경제성장에 있어서 문화적 요소(cultural factor)의 역할에 대해 다수의 연구를 통해 그 중요성이 인식되고 있다. 따라서 개방화 시대에 역행하는 사회적 · 문화적 환경으로 인해 성장 잠재력이 저해되어서는 안 될 것이다. 이런 차원에서 유엔의 지적과 권고는 우리의 인권 신장의 측면뿐만 아니라 경제적 측면에서도 중요한 의미를 지닌다.

금융 허브 실현뿐만 아니라 '동북아 중심 국가', '선진 통상국가' 등의 비전이 단순히 구호에 그치지 않고 실현 가능한 목표가 되기 위해서는 인종적·문화적 다양성을 수용할 수 있는 사회적·문화적 환경이 조성되어야 하고, 이것이 향후 우리나라의 경쟁력 제고에 있어 중요한 요소임을 인식해야 할 것이다.

세계 최고의 투자은행 가운데 하나인 골드만삭스는 직원 2만6,000여 명의 국적이 150개국에 이르고, 이들은 무려 84개의 서로 다른 언어를 구사한다고 한다. 골드만삭스 최고경영진은 언론 등을 통해 우수한 인재를 확보하기 위해 이 같은 다양성을 추구하고 유지하는 노력이 중요한 요소임을 여러 차례 밝혔다.

금융 허브를 지향하는 우리의 경우 골드만삭스와 같은 다양성을 추구하는 기업 문화가 정착되어 있다고 자신 있게 말할 수는 없다. 금융 허브란 결국 다양한 배경의 고급 인력들이 금융 부문에서 최고의 능력을 발휘할 수 있는 기회를 제공하는 역할을 한다고 볼 수 있으며, 이를 위해서는 다양성을 수용할 수 있는 사회적·문화적 여건이 필수적이다. 우리나라가 아시아의 '인종 용광로(melting pot)'로 불릴 수 있도록 인식의 전환과 많은 노력이 필요한 시점이다. (2007년 11월 6일)

자산 부족의 시대

▌ **송정석**(중앙대 상경학부 교수)

최근 모건 스탠리의 이코노미스트인 스티브 로치(Steve Roach)나 MIT 대학 경제학과의 리카도 카발레로(Ricardo Caballero) 교수는 세계적인 자산 공급 부족 현상이 지금의 세계경제를 설명하는 핵심 요인이라고 언급한 바 있다. 특히 카발레로 교수는 글로벌 불균형(global imbalance)이나 최근 서브프라임 사태와 같이 잊을 만하면 다시 불거지는 금융시장 위기 역시 '자산 부족'(the shortage of assets) 현상에 그 근본적인 원인이 있다고 지적했다. 그렇다면 현재의 자산 수요가 그동안 일반적으로 알려진 수준보다 과도한 것일까, 아니면 자산 공급이 전례 없이 부족한 것일까? 어느 쪽이 옳다 해도 결국 초과수요라는 갭을 조정하지 못하는 오늘날 글로벌 자산시장에 문제가 있다는 얘기인데, 왜 자산의 수요와 공급은 일치하는 방향으로 조정되지 않는 것일까?

한편 국내에서는 증시 상황이나 부동산 문제와 관련해 유동성 과잉이 원인이니 이자를 올려야 한다는 의견도 많다. 과연 왜 그 많은 유동성이 실물경제에 기여하는 생산적 자본과 관련된 자산보다 자본 이익만을 노리는 투기적 자산 수요에 몰리는 것인지 등에 관한 질문에 대해 생각해보고자 한다.

먼저, 오늘날의 생산과정은 과거와 비교할 때, 생산에 투입되는 생산 요소로서 자본의 양이 줄어들었다는 점을 들 수 있다. 구글이나 MS사에서 필요로 하는 건물, PC 등 물리적 자본의 규모는 그 회사들이 창출하는 수익 규모에 비해 낮다. 이는 과거 포드 자동차회사나 보잉 항공사가 자동차나 비행기 생산을 위해 대규모 부지에 공장을 건설하고 생산된 항공기나 자동차를 보관하고 운반하는 물류 시스템을 건설하던 점을 고려할 때 잘 알 수 있다. 지식이나 인적 자본이 설비나 공장 같은 물리적인 자본을 대체하고 있는 것이다. 어쩌면 우리는 과거에 투입되던 물리적 자본 생산요소의 작은 부분만으로도 필요한 생산활동을 충분히 영위할 수 있을지 모른다. 따라서 과거에는 대출을 받아 사업용 설비나 시설을 장만하려는 동기가 강했는데 이제는 물리적인 설비나 시설의 생산성이 향상하여 자본의 절대적 양을 늘릴 필요가 없거나, 혹은 업종에 따라서는 그러한 시설·설비에 대한 필요성 자체가 과거에 비해 줄어들었다. 따라서 자본이라는 생산요소의 조달을 위해 공급되던 자산도 감소하게 되었다.

반면 1990년대 중·후반 소위 '뉴 이코노미(New Economy)' 시절 이후 생산이 크게 늘어남에 따라 소비하고 남은 잉여 역시 크게 증가했으며, 이처럼 증가한 잉여 생산이 재원인 투자 수요 역시 크게 늘었다. 그럼에도 생산적 자본의 조달을 위한 자산 공급은 줄어들면서 자산의 초과수요가 발생했다. 결국 순수한 의미에서의 생산적 자본이 아니더라도 투자 대상이 될 만한 다양한 형태의 자산에 대한 수요가 늘어나게 되었다.

다음의 그림은 미국 (은행을 제외한) 주요 금융사들의 대출에서 용도별 비중을 나타낸 것이다. 1985년 10%에도 못 미치던 부동산 취득 용도

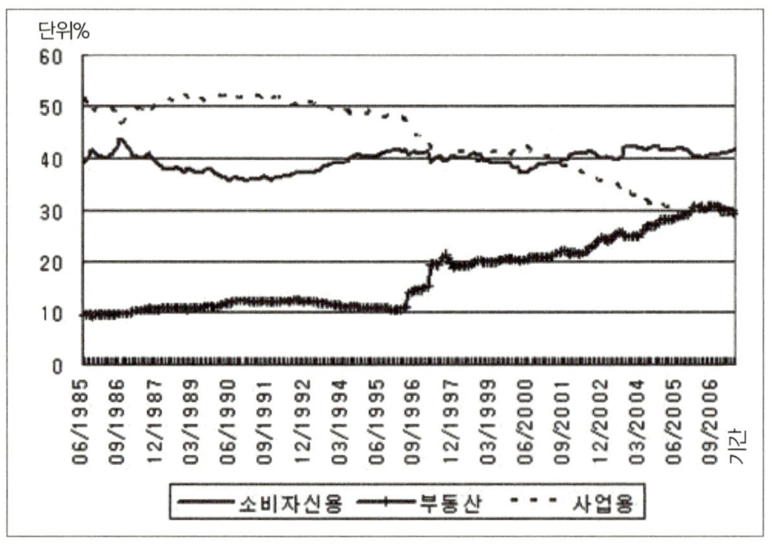

자료: 미국 연방은행 통계 (http://www.federalreserve.gov/releases/)

대출 비중이 최근 2007년 6월에는 3배가량 증가한 30%를 기록했다. 반면 같은 기간 중 소비자 신용 용도 대출은 지난 20여 년 동안 40% 내외로 안정적이며, 사업용 용도 대출은 50%에서 30%로 하락했다. 이 그림에 따르면 부동산 용도 대출 비중은 특히 1996년과 1997년에 현저히 증가하여 이후 상승세를 유지하고 있다. 이는 간접적이나마 사업용 투자 수요와 부동산 투자 수요에 대한 비중이 역전됨을 보여주는 증거라 할 수 있겠다. 그리고 이는 바로 생산요소로서의 자본과 상관없는 자산, 즉 주택이나 부동산 등에 대한 투자수요가 1990년 후반 들어 증가했음을 보여준다.

사실 이러한 점을 고려할 때, 1990년대 후반 이후 글로벌 경제 불균형(global imbalance) 문제도 버냉키 의장이 표현한 아시아 경제의 과도한 저축(gluttonous savings) 만의 문제는 아닐 것이다. 즉, 어느 특정 지역경제의 지출이 부족한 탓에 그 지역의 잉여 생산을 미국이 다 처치했다기 보다는 투자할 만한 것이 존재하면 대상과 지역을 가리지 않고 미국의 자본이 이동한 것이 오늘날 세계경제 불균형의 한 원인이라고 할 수 있다. 즉 자국의 자산공급이 자산수요를 채워주지 못하고 그 초과수요를 아시아 등 외국 지역 경제에서 채우려 했다고 볼 수 있다. 몇 년 전 실수요와 상관없이 움직이던 국제 원자재 가격 변동이나 1990년대 이후 이머징 마켓에서의 증시 붐은 미국계 사모펀드과 같은 거대한 자본이 특정 품목과 지역으로 이동한 결과라고 생각된다.

그렇다면 자산에 대한 초과수요는 비단 미국의 문제인가? 외환위기 이후 주춤했지만 한국의 자본 역시 투자할 대상을 찾는 데 열중해 왔다고 본다. 물론 외환위기 이후 기업의 생산을 위한 재투자 부족과 같은 현상을 어떻게 설명할 것인가라고 반문할 수 있다. 물론 환란 이후 영미식 기업 재무 구조로 전환하는 추세 속에 건실한 재무 구조와 주주 입장에 초점을 맞춘 나머지, 소극적 경영에 따른 재투자 부족이라는 특수한 상황을 감안해야 할 것이다. 그러나 소위 부동산, 건물, 골프 회원권 등을 대상으로 한 투기적 성격의 '투자' 까지 포함한다면 한국의 투자 수요는 오히려 1990년대 중·후반 이후 증가했을 수 있다. 또한 원화 가치 하락으로 가격이 떨어진 한국의 각종 자산이 앞서 언급한 대로 마땅한 투자 대상을 찾던 미국 자본을 끌어들였음을 쉽게 짐작할 수 있다.

앞서 지적한 대로 자산에 대한 투자 수요가 급증한 반면 구조적으로 생산적 자본 조달을 위한 자산공급이 부족했다면 자산시장이 과연 제대로 작동했는지에 대한 의심을 품지 않을 수 없다. 경제원론 교과서대로라면 초과수요가 발생했으니 가격은 하락하고, 따라서 자산수요가 줄어들고 공급은 늘어나서 결국 수요와 공급이 균형을 찾아가야 하기 때문이다.

그러나 교과서의 경우와 달리 다음과 같은 문제가 발생할 수 있다. 앞서 언급한 배경 하에서 투자 수요의 투기적 성격이 강해질 경우, 초과수요로 가격이 오르면 가격 상승에 따른 가격 차익을 노린 수요가 오히려 더욱 증가하는 경향이 강하다는 점이다. 물론 이 경우에 있어서, 가격 상승을 노렸으나 가격이 하락하는 등 리스크가 존재한다. 그리고 기대 이익 극대화 차원에서 리스크는 투기성 자산에 대한 수요를 줄일 수 있었다.

그런데 각종 파생 금융 상품을 이용한 리스크 관리를 통해 투자자들은 리스크를 줄일 수 있다고 믿게 되면 투기적 수요를 멈추지 않을 가능성이 있다. 아이러니하게도 오늘날 각종 파생 상품 시장은 오히려 리스크 예방 차원에서 한 걸음 더 나아가 파생 상품 자체가 또 하나의 가격 차익의 원천이 되어버렸다. 2008년 9월 〈포춘〉지 역시 자본 시장의 발달과 함께 나타난 파생 상품 시장이 오히려 리스크를 가중하는 원인이 되었다고 논평했다.

투자 수요를 지닌 자본가와 자본 생산요소를 필요로 하는 생산주체를 연결시켜주는 금융시장 본연의 기능보다는 가격 차익 실현을 더 용이하게 해주는 측면이 더 강해지고 있다. 그리고 이러한 저변에는 생산성 증가에도 불구하고 자본 생산요소에 대한 필요성은 감소하는 어쩔 수 없는 구조적 측면도 작용한다. 실제로 미국 전 재무장관이며 시티그룹 회장인 로버트 루빈은 얼마 전 방한하여 아직도 세계 금융 시장은 리스크에 주의를 기울여야 한다고 지적한 바 있다. 그리고 이러한 리스크의 저변에는 (1) 생산 프로세스의 구조적 변화와, (2) 가격 차이를 노린 자산 거래를 용이하게 해주는 현대의 금융시장 시스템에 더 근본적인 원인이 있다고 할 수 있다.

　그렇다면 유동성을 통제하기 위한 이자율 상승과 같은 정책은 이자
율 상승에 대한 거시경제적 비용까지 고려할 때 카발레로 교수의 표
현대로 '조건반사적인 반응(knee-jerk reaction)' 수준에 머무는 방법이 아닐
까라고 자문해본다. (2007년 10월 2일)

금융위기 재발 방지를 위해
화폐제도 개혁해야

▌ **안재욱**(경희대 경제학과 교수)

시장경제는 가격 시스템에 의하여 움직인다. 가격 시스템이 잘 작동하지 않으면 경제성장이 저하될 뿐만 아니라 경제가 불안정해진다. 가격 시스템이 잘 작동하기 위해서는 사유재산권과 자유경쟁뿐만 아니라 화폐 가치의 안정이 꼭 필요하다. 모든 재화와 용역의 가격이 화폐로 표시되기 때문에 화폐 가치가 안정되지 않으면 가격 시스템에 왜곡이 생기고 그로 인해 경제 발전과 경제의 안정성에 문제가 발생한다. 사실 최근 전 세계적으로 겪고 있는 금융위기 역시 통화관리를 잘못해서 생긴 결과다.

경제 침체를 우려한 미국의 연방준비은행(Federal Reserve Bank, 이하 연준)은 2001년부터 초저금리 정책을 썼고, 초저금리 정책으로 인한 과잉 유동성이 주택시장으로 흘러들어가 주택시장을 과열시켰다. 인플레이션을 우려한 연준이 2005년부터 금리를 올리기 시작하자 주택시장의 거품이 꺼지면서 모기지 대출이 잇달아 부도났다. 그리고 그에 따라 금융기관들이 파산하면서 오늘날의 금융위기를 겪게 된 것이다.

최근의 금융위기와 비교되는 1930년대 대공황도 통화 정책의 잘못에서 촉발되었다. 1920년대 미국 정부는 통화 팽창 정책을 썼다. 연준은 1921년 중반에서 1929년 중반까지 통화 공급을 60% 이상 늘렸다. 이러한 통화 증가로 이자율이 떨어졌고, 주가가 상승하면서 경제가 붐을 이루었다. 그러나 통화량 증가로 인해 인플레이션이 발생하자 1929년 후반에 들어 연준은 인플레이션을 막기 위해 통화량을 줄이기 시작하여 3년에 걸쳐 30%가량을 줄였고, 갑작스러운 통화 공급 감소로 경제가 침체에 빠졌다. 이러한 현상은 비단 미국뿐만 아니라 다른 나라에서도 통화관리를 잘못했을 경우에는 여지없이 나타났다.

현재와 같이 화폐(현금) 발행을 독점하고 있는 중앙 은행 제도에서는 중앙 은행이 통화를 재량적으로 공급하는 한 금융위기는 계속 발생할 것으로 보인다. 따라서 금융위기의 재발 방지를 위해서는 중앙 은행을 통한 정부의 불환 지폐 제도(fiat money system)를 개혁할 필요가 있다.

사실 중앙 은행을 통한 정부의 불환 지폐 제도는 시장에서 진화한 제도가 아니다. 민간 은행들이 화폐를 경쟁적으로 공급하게 하는 자유 금융(free banking)의 민간 화폐 제도는 18세기에서 20세기 초까지 약 300년 동안 60여 개 국가에서 매우 안정적으로 시행되었다. 안정적이고 비교적 광범위하게 채택되었던 민간 화폐 제도가 20세기에 들어와 중앙 은행 모형으로 대체되면서 사라졌다. 민간 화폐 제도가 소멸된 이유는 제1차 세계대전과 대공황 등의 역사적 사건을 빌미로 은행을 통제하여 정부의 영향력을 키우려는 정치적 동기 때문이었다.

민간 화폐 제도는 매우 안정적이었다. 1791~1821년 동안 잉글랜드는 300개 이상의 은행 실패를 경험했지만, 같은 기간 민간 화폐 제도를 실시했던 스코틀랜드는 단 하나의 은행 실패도 없었다는 사실이 이를 증명한다. 뿐만 아니라 미국의 연방 준비 제도(Federal Reserve System)가 설립된 후 1931~1933년에 9,000여 개의 미국 은행들이 실패했는

데, 이는 중앙 은행이 없었던 그 이전보다 심각했던 것이다. 그리고 동일한 기간에 민간 화폐 제도를 실시하고 있었던 캐나다에서는 은행 공황(bank panic)을 전혀 경험하지 않았다.

자유 금융의 민간 화폐 제도는 성공적으로 실시되었던 역사적 경험도 있기 때문에 기술적으로 실현 불가능한 제도가 아니다. 다만 그것을 시행하고자 할 때 현상 유지를 원하는 기존 이익집단들이 크게 반대할 것이며, 아마 정부가 앞장서서 반대할 것이다. 민간 화폐 제도가 실시되면 인플레이션 조세(시뇨로지)를 잃고 통화 정책에 대한 정부의 영향력이 사라지기 때문이다. 민간 화폐 제도가 화폐 가치와 경제를 안정시키는 바람직한 제도임에도 강력한 반대 때문에 그것의 시행은 현실적으로 매우 어렵다.

따라서 민간 화폐 제도가 사실상 실행되기 어렵다면 우리는 현 중앙 은행 체제에서 화폐 가치 안정과 경제의 불안정성을 최소화할 수 있는 방법을 찾는 수밖에 없다. 이를 위해서는 중앙 은행의 독립성과 준칙에 의한 통화 정책이 필요하다. 중앙 은행의 독립성을 유지할 수 있는 제도를 마련할 필요가 있고, 밀턴 프리드먼(Milton Friedman)의 통화량 공급 준칙이나 명시적인 인플레이션 목표제를 추진해야 한다. 인플레이션 목표제를 선택할 경우에는 현재의 소비자 물가지수를 대상으로 삼기보다는 다른 재화나 자산을 포함시키는 지수를 개발하여 보다 포괄적인 물가지수를 사용하는 것이 바람직하다. 지금의 소비자 물가지수가 포함하는 재화의 범위는 너무 좁아 통화 증가의 영향을 제대로 반영하지 못하기 때문이다. (2008년 10월 21일)

은행 영업 시간의 단축은
금융 선진화에 배치돼

▌ 이태규(한국경제연구원 연구위원)

국내 은행들은 대부분 외환위기 이후 공적 자금을 지원받아 강도 높은 구조조정을 한 결과 현재 수조 원의 이익을 거두고 금융 선진화를 향해 나아가고 있다. 하지만 은행들의 실적 개선이 금융 소비자에 대한 서비스 개선으로 연결되지 않는다면 혈세를 투입하여 부실 은행들을 살린 의미가 퇴색할 수밖에 없다. 즉, 금융산업의 경쟁력 개선이 소비자들에게 보다 나은 금융 서비스로 되돌아와야만 의미 있는 금융 선진화도 가능한 것이다.

이러한 관점에서 볼 때 최근 전국금융산업노동조합(금융노조)이 추진하고 있는 은행 영업 1시간 단축 방안은 소비자가 바라는 금융 선진화의 기대에 정면으로 배치되는 것이다. 인터넷, 전화, 자동화기기 등을 이용한 금융 업무의 비중이 크게 늘고 있지만 아직도 소비자들에게는 창구에서의 업무가 중요한 부분을 차지한다. 특히 창구 업무 시간을 단축할 경우 기기 사용이 익숙하지 않은 계층은 큰 불편을 겪게 되고, 은행 창구는 더욱 혼잡해져 서비스의 질이 저하될 것이 분명하다. 또한 일반 고객뿐만 아니라 법인 고객의 업무에도 지장을 주어 다른 산업의 경쟁력에도 부정적 영향을 미칠 것이다.

산별 교섭을 통해 대고객 업무 시간을 은행권 전체가 일률적으로 단축하는 것은 일종의 담합으로 은행 간 경쟁을 제한하여 금융산업의 발전에도 도움이 되지 않는다. 소비자들이 체감하는 금융 서비스의 질은 개선되지 않은 채 은행의 이익만 증가한다면 이는 경쟁을 제한하고 누리는 과점적 이익이나 다름없다. 일부 금융 선진국의 경우 24시간 영업은 물론 휴일에도 영업을 하는 은행이 등장하고 있다. 노조의 주장대로 과도한 업무로 인한 열악한 근무 환경이 문제라면 인력 충원, 업무 프로세스의 개선 등을 모색하는 것이 올바른 해결 방법이다.

금융 서비스를 제공하는 은행 등을 왜 '금융기관'이라고 부르는지 상기해볼 필요가 있다. 때로는 은행에 대한 불필요한 규제 및 보호마저 '기관'이라는 단어로 합리화되는 부작용도 있지만 지급 결제 등의 공적 기능을 이유로 이익을 추구하는 회사임에도 '기관'이라는 단어를 붙이는 것이다. 금융노조는 그동안 한미 FTA는 물론 그 이전의 여러 형태의 금융시장 개방에 대해 '금융기관의 공공성'을 이유로 반대해왔다. 그런 노조가 영업 시간 단축에 대해서는 왜 그 공공성을 고려하지 않는지 모를 일이다.

금융노조의 은행 영업 시간 단축 방안은 개방화 시대의 노동조합의 의제(議題)로도 대단히 부적절하다. 한미 FTA 체결로 우리나라 금융산업은 한층 더 개방되고 경쟁적인 환경에 직면할 것이다. 이 같은 상황에서 대고객 업무 시간 단축은 장기적으로 노동자의 고용보장 및 일자리 창출에도 오히려 부정적인 영향을 미친다. 이는 노동조합도 고용의 안정성을 위해 회사의 경쟁력 및 고객 서비스 향상 방안을 고민해야 하는 시대가 왔다는 것을 의미한다. 아직도 우리나라의 영향력 있는 대형 노조는 '투쟁을 통한 쟁취'에서 존재의 의의를 찾는 경향이

다분하다. 이 같은 노동운동의 성향이 바뀌지 않는다면 경쟁적 시장에서 노조의 장기적 생존은 보장되지 않는다. 달리 표현하면, 노조의 이익이 회사 또는 소비자의 희생을 전제로 얻어지는 것이라면 이것은 단기적 이익에 지나지 않을 것이며, 장기적으로는 투쟁의 대상마저 시장에서 퇴출되어 노조 자체가 존립할 수 없는 상황에 이르게 된다.

일부 조사에 따르면 서울의 금융 경쟁력이 세계 주요 46개 도시 중 43위라고 한다. 스위스 국제경영대학원(IMD)이 발표한 국제 경쟁력 보고서 또한 한국 금융 인력의 경쟁력이 '최하위 수준'이라고 밝힌 바 있다. 이는 현재 은행들이 누리는 높은 수익에도 불구하고 그 경쟁력은 보잘 것 없다는 것을 말해준다. 이 같은 국내 금융산업의 취약점을 극복하지 못하면 금융 허브의 목표는 물거품이 될 것이며, 국내 금융 회사들의 생존마저 위협당하는 상황에 닥칠지 모를 일이다. 훗날 우리나라 금융노조의 근시안적 노동운동이 반면교사(反面敎師)로 널리 회자되지 않기를 바라는 마음 간절하다. (2007년 4월 17일)

금융위기와 규제 개혁의 방향

▌ 이태규(한국경제연구원 연구위원)

금융산업은 규제 산업이다. 이는 어떤 정부도 금융산업이 '자유방임' 하도록 놓아두지 않는다는 의미다. 다만 한 나라의 금융 발전 정도, 역사적 배경 등 여러 요인에 따라 금융 규제의 정도가 다를 뿐, 그 양상도 시대에 따라 변화한다.

특히 요즘 같이 금융위기를 맞으면 시스템의 결함을 교정하기 위해 금융 규제도 변화하기 마련이다. 문제는 그 변화의 방향과 폭이다. 최근의 금융 혼란에 대해 일부에서는 '이제 신자유주의는 종말을 고해야 할 때' 라는 평가를 내리기도 하지만 이는 이념적 공세의 성격이 짙고 생산적인 대안을 만드는 데는 별 도움이 되지 못한다. 거품이 생성·확산되고 터지면서 생기는 금융위기는 자본주의의 역사상 여러 차례 겪었던 일이다. 또 시장은 그러한 위기에 대응하면서 진화해왔다. 향후 규제의 변화, 특히 문제가 된 파생 상품 관련 규제에 대해서는 '사전적(事前的) 규제 강화'와 '사후적(事後的) 규제 강화'의 두 견해가 충돌할 가능성이 크다.

미국의 경우 대선 주자인 민주당의 오바마는 더 엄격한 규제 도입의 필요성을 역설해 사전적 규제 강화에 무게중심이 있는 듯하며, 공화당의 매케인은 투명성 강화 쪽에 초점을 맞추고 있어 사후적 규제 강화를 더 중시하는 것으로 보인다. 결국 누가 대선에서 승리하느냐에 따라 규제 개혁의 방향이 많이 달라질 것이다.

필자는 규제 강화가 사전적 규제와 사후적 규제 간의 선택이라는 차원보다는 거시금융 차원에서 금융감독의 효율성 제고에 대한 고민이 우선되어야 한다고 생각한다. 즉 특정 금융 상품 또는 금융회사의 행위에 대한 규제의 개선 측면이 아니라(물론 그것도 의미가 있지만) 금융위기의 발생과 그 전이 과정에서 금융감독의 역할 강화가 보다 중요시되어야 한다는 것이다.

이번 금융위기의 원인을 살펴보면 표면적으로는 서브프라임 모기지 부실과 파생 상품에 대한 감독 실패를 들 수 있지만, 보다 근원적으로는 전 세계적으로 과잉 유동성이 발생했고 이를 방치한 데 대한 '시장의 복수'가 현실화된 것이라고 할 수 있다. 과잉 유동성으로 인한 자산 가격 거품은 결국 터질 수밖에 없고 이번의 경우에는 파생 상품을 통해 그 충격파가 세계적인 금융회사들로 전이된 것이다. 금융회사들의 위기 이전에는 항상 거시금융 차원에서 이상 징후가 있게 마련이다. 이러한 이상 징후에 대한 감독과 선제적인 정책 대응이 강화되지 않고서는 개별 금융회사 또는 개별 상품에 대한 규제는 한계를 가질 수밖에 없다.

또한 국제적 금융 불안을 야기하는 요인을 사전에 인지하고 이를 제거하는 데 있어 국가 간 협력이 반드시 필요하다. 이번 혼란의 경우에도 과잉 유동성의 배경인 글로벌 불균형(global imbalance)에 대한 우려가 지속적으로 제기되어왔음에도 국가 간 이해관계로 인해 이를 해소하지 못한 것이 중요한 원인 중의 하나다.

미국의 경상수지 적자는 경상수지 흑자국에 대한 달러의 공급 증가로 나타난다. 인위적인 환율 개입이 없다면 경상수지 흑자국의 통화 가치가 올라가고, 이는 적자국 상품 가격 하락과 흑자국 상품 가격 상승을 통해 경상수지 불균형을 해소하는 조정 과정을 겪게 되는 것이 정상이다. 하지만 수출에 의존하여 성장을 추구하는 경상수지 흑자국들은 자국 통화의 가치가 상승하는 것을 원하지 않았으며 이를 허락하지도 않았다. 최근 논의의 필요성이 제기된 국제 금융 시스템의 개혁, 글로벌 차원에서의 금융감독 등도 이 같은 국제적 협력의 중요성을 반영한 것이다.

금융 규제 강화는 시장에 직접적 영향을 준다는 측면에서 현 상황에서 선호되는 정책 선택일 수 있다. 우리나라에서도 이번 금융위기의 원인이 느슨한 금융 규제에 있다고 보고, 현 정부의 금융 규제 완화 정책을 즉각 중지해야 한다는 의견이 일부에서 제기되고 있다. 하지만 이번 금융위기의 배경을 살펴보면 단순히 미시적 규제 강화라는 측면에서만 접근해서는 효과적인 예방책이 될 수 없다. 규제를 통해 시장의 모든 리스크를 회피할 수도 없다. 거시금융 차원에서 발생하는 금융 불안 요인을 인지하고 이를 제거하려는 노력 없이 금융 규제만을 강화할 경우 규제의 편익보다 비용이 더 클 수도 있다. 즉, 규제 강화로 인한 산업의 효율성 감소에 비해 금융 안정의 효과는 적을 수 있다는 것이다. 위기를 맞아 혼란스러울수록 정책의 비용과 편익을 고려하는 냉철한 시각으로 현 상황을 극복하고 미래를 준비하는 자세를 가져야 할 것이다. (2008년 11월 4일)

선진 회계 시스템 도입을 서두르자

▌송인만(성균관대 경영학부 교수)

정보화 시대에 좋은 정보의 중요성은 아무리 강조해도 지나치지 않다. 현대 자본주의 사회에서 기업은 경제활동의 가장 중요한 주체라고 볼 수 있다. 이러한 기업에 관한 주요 재무 정보가 대부분 회계 시스템에서 산출된다. 따라서 적절한 회계 시스템의 운영은 매우 중요하다.

회계는 기업에서 발생한 사건 및 사상을 객관적인 수치로 측정하여 기록하고, 이를 일정한 형태로 분류하여 간략한 보고서로 요약한다. 이를 대차대조표와 손익계산서로 대표되는 재무제표라고 한다. 한걸음 더 나아가 회계는 여기에서 산출된 정보를 기업의 이해관계자들에게 적절한 양식을 이용해 적시에 전달하고, 필요한 경우에는 관련 내용을 이해할 수 있도록 해석하는 기능도 있다. 회계가 초보 단계일수록 과거 역사를 기록하는 기능만을 강조하지만, 사회가 발전하고 복잡해질수록 미래 의사결정에 사용될 정보의 기능을 더욱 중요시한다. 우리나라는 회계를 정보를 산출하는 시스템으로 인식하는 정도에 그치고 있다.

우리가 경험한 외환위기나 코리아 디스카운트에 대한 책임의 상당 부분이 투명하지 못한 회계 정보에서 비롯되었다고 할 수 있다. 우리나라 회계에 대한 신뢰도가 국제적으로 최저 수준이라면 회계전문가뿐만 아니라 경제 주체 모두가 부끄러워해야 한다. 물론 이러한 현상이 우리나라 사회 전체적으로 윤리 의식이 선진국에 비해 상대적으로 낮은 데 기인함을 부정할 수 없다. 그러나 이러한 현상을 언제나 불투명한 사회 탓으로만 돌리기엔 석연치 못한 점이 많다. 특히 이러한 상황에서 회계 정보에 의존하여 사회적으로 중요한 자원을 배분해나가기에는 뭔가 크게 부족하다는 느낌을 지울 수 없다. 또한 코리아 디스카운트의 상당 부분이 회계에 기인하고 있다면 회계 시스템의 개선을 위한 투자를 마냥 늦출 수만은 없다.

정부는 우리나라를 아시아 금융 허브로 만들겠다는 야심찬 계획을 추진해나가고 있다. 우리나라는 기본적으로 우수한 인적 자원을 보유하고 있으므로 매우 적절한 정책 방향이라 여겨진다. 그러나 한편으로는 금융 허브의 중요한 인프라가 바로 회계라는 사실을 올바로 인식하고 있는지 의심이 생긴다. 회계 시스템을 제대로 갖추지 않으면 금융 허브 건설 계획을 성공시키기 어렵다. 이는 우리보다 금융 선진국이라고 할 수 있는 홍콩과 싱가포르에서 회계 전문가를 키워내는 데 엄청난 투자를 하고 있다는 점에서 알 수 있을 것이다.

우리나라에서는 회계에 대한 관심과 투자가 기대만큼 충분히 이루어지지 않고 있는 것 같다. 단적으로 부실 감사에 대한 논란이 그치지 않으면서도 1,500여 개의 상장 기업이 회계 감사에 드는 총수임료가 연 2,000억 원에도 미치지 못한다면 뭔가 잘못되고 있다는 느낌이다. 이는 미국과 같은 회계 선진국의 10%에도 미치지 못하는 수준이다. 회계 담당자들이 전문가로서의 의식이 미흡하고, 특히 기업 내부에 전문가라 지칭할 수 있는 회계 담당자가 부족한 것도 적절한 회계 정보가 산출되지 못하는 큰 걸림돌이 된다. 질이 높은 회계 정보를 산출함으로써 회사가 얻게 되는 효익에 대한 경영자의 이해와 적절한 내부 통제 제도의 운영이 회계 선진화를 달성하는 데 초석이 될 것이다.

우리나라에서도 회계의 선진화를 달성하고자 최근 몇 년간 여러 가지 제도를 도입했다. 가장 중요한 것이 증권 관련 집단소송 제도이다. 또 내부 고발 제도를 비롯한 내부 회계관리 제도, 공정공시 제도, 감리 제도의 선진화 그리고 최근에는 국제 회계 기준까지 도입하는 등 많은 제도적인 개혁이 이루어졌다. 그러나 무엇보다도 중요한 것은 회계에 대한 전반적인 인식이 바뀌어야 한다는 점이다. 회계는 단순히 발생한 사실을 기록하는 기능을 수행하는 것이 아니라 우리 사회의 중요한 자원을 배분하는 데 필요한 기초 자료인 기업에 대한 정보, 즉 재무 정보를 산출하는 사회의 주요 인프라로 인식해야 한다. 다시 말하면 엄청난 코리아 디스카운트를 해소하고 금융 허브를 만드는 데 기반이 되는 회계 시스템에 대한 투자를 아까워해서는 안 된다는 것이다.

우리 사회가 보다 과학적인 사고를 선호하게 되면 회계에 대한 인식이 크게 개선될 것으로 기대된다. 금융기관의 대출 의사결정, 재무 분석가의 기업 가치 평가, 경영자의 기업 경영 관리, 정부의 자원 배분 정책 등 모든 분야에서 회계 시스템이 산출하는 재무 정보가 이용되는 선진 사회를 기대해본다. 예를 들면 정부의 모든 회계 관련 정책 결정에 회계 전문가의 참여는 필수이다. 이는 우리 사회를 한 단계 업그레이드하는 데 크게 기여할 것이다. 이를 위해서 회계 제도를 보다 선진화하고 기업과 관련된 이해관계자들의 의사결정에 실제로 도움이 되는 회계 정보가 산출될 수 있도록 관심을 기울여야겠다. (2008년 7월 8일)

국제회계기준(IFRS) 적용을 유연하게

▌ 강선민(한국경제연구원 선임연구원)

마치 영어가 만국 공통어로 사용되고 있는 것처럼 기업의 언어인 회계도 하나로 통일되어가고 있다. 2007년을 마감하는 지난 12월 21일 회계 기준위원회는 오랜 산고 끝에 '한국 채택 국제회계기준(K-IFRS)'을 공표했다. 이는 국제회계기준(International Financial Reporting Standards: IFRS)이 우리나라의 기업회계기준, 즉 일반적으로 인정된 회계원칙(Generally Accepted Accounting Principles : GAAP)으로 채택되었음을 의미하는 것으로서 향후에는 국제회계기준의 도입 여부가 아닌 그 적용 시기와 적용 범위 등 보다 구체적이고 현실적인 문제들만을 남겨두게 되었음을 의미한다.

국제회계기준은 자본시장 개방 등으로 국제적으로 통일된 회계 기준의 필요성에 대한 요구로 생겨났고, 이러한 요구에 부응하여 국제회계기준위원회(IASB)에서는 IFRS를 제정하려는 노력을 기울여왔다. 이러한 결과로 EU 국가들은 2005년부터 IFRS를 전면 도입했으며, 현재 회계 선진국가로 자부하는 미국도 국제회계기준의 선택적 적용을 검토하고 있는 상황이다.

우리나라는 2007년 3월 국제회계기준 전면 도입을 위한 로드맵을 공표하기에 이르렀다. 이에 따르면 국제회계기준 적용을 희망하는 기업들에 대해서는 2009년부터 이를 허용하되, 2년 후인 2011년에는 코스닥을 포함한 모든 상장 기업에 대하여 국제회계기준을 강제 적용하도록 하고 있다. 다만, 비상장 기업은 회계 처리 방법이 간명한 회계기준을 제정·적용함으로써 기업 부담을 경감시킬 방침을 언급하고 있다. 또한 우리나라의 주요 재무제표를 개별 재무제표에서 연결 재무제표로 전환하는 과정에서 기업 능력 등을 고려하여 분·반기 연결 재무제표에 대해서는 자산 2조 원 이상 기업은 2011년, 2조 원 미만 기업은 2013년부터 작성하도록 하는 것이 주요 골자다.

IFRS 도입은 우리나라 회계 정보의 투명성 제고를 통한 국제 자본 시장에서의 코리아 디스카운트(Korea discount) 해소, 재무제표의 국제적 신뢰성과 국가 간 비교 가능성 제고, 해외 경제 활동의 비중이 높은 기업들의 이중적 재무 보고 작성 비용 경감 등의 필요성에 따라 강조되었다. 또한 호주 등에서 보는 바와 같이 국제회계기준을 전면 수용하는 경우 국내회계기준의 제정 작업에 소요되는 비용을 절감하여 그 절감된 비용을 국제회계기준 제정 과정에 대한 영향력 강화를 위해 사용할 수 있다는 의견도 있다. 국제회계기준 도입은 이제 거스를 수 없는 세계적 흐름인 것만은 사실인 것 같다. 그러나 그 도입 과정에 우리가 너무 성급한 것은 아니었을까?

2001년 미국의 PwC(Pricewaterhouse Coopers)가 전 세계를 대표할 수 있는 35개국을 대상으로 한 투명성에 대한 설문조사에서 우리나라는 회계 분야에서의 불투명 지수가 조사 대상국 35개국 중 최하위로 평가된 바 있다. 이 당시 우리나라 회계기준은 1997년 외환위기의 경험을 통한 정부의 개선 노력으로 이미 회계기준 및 공시기준은 국제적 수준으로 개정된 상태였음에도 불구하고 PwC의 조사 결과는 시사하는 바가 크다.

즉 우리나라의 회계 투명성이 신뢰받지 못한 원인은 회계기준이 존재하지 않아서, 혹은 잘 정비된 회계기준이 없었기 때문 아닐까? 우리나라의 회계 불투명성은 잘 정비된 회계기준 및 제도가 존재할지라도 이를 제정 의도대로 제대로 적용했는가의 문제였다는 사실을 많은 사람들이 공감하고 있다. 따라서 국제회계기준의 도입이 우리나라의 회계 투명성 제고에 얼마나 기여할지는 여전히 의문이다. 도리어 광범위한 시가주의 적용 및 보험 수리적 방법에 의한 퇴직 급여 추정 등의 내용이 포함되어 있는 국제회계기준을 회계 인프라스트럭처가 제대로 형성되지 않은 상태에서 무리하게 도입할 때 그것이 제대로 적용되지 못할 경우에는 우리나라의 회계 신뢰성이 국제적으로 다시 한번 추락하는 결과를 초래할 수 있다.

한편 재무제표의 국제적 신뢰성과 국가 간 비교 가능성을 제고할 수 있다는 국제회계기준의 또 다른 도입 근거와 관련하여 과연 우리나라의 국제적 비교 가능성의 대상이 되는 기업이 몇 개나 되는지도 여전히 생각해볼 문제다. 2005년 말 953개 코스닥 상장 기업 가운데 중소기업의 비율은 86%이며, 총자산 규모가 500억 원 미만의 기업은 596개 사(약 63%)로 집계되고 있다. 또한 주권 상장 기업이라 할지라도 중소기업의 범주에 속하는 기업은 37%에 달해 우리나라의 많은 상장 기업들의 규모가 크지 않다는 것을 알 수 있다. 지난 2007년 11월 전국경제인연합회의 국제회계기준 도입에 대한 설문조사에서 181개 응답 기업 중 약 49%에 해당하는 업체가 IFRS 도입과 관련한 비용을 10억 원 이하로 예상했지만, 기업에 따라서는 국제회계기준의 도입으로 200억 원 이상이 소요될 것이라는 응답 결과도 있었다. 이어서 12월에 상장회사협의회는 '국제회계기준 적용 시 상장 회사에 미치는 영향 및 대응 방안' 이란 연구에서 2011년 IFRS 도입을 위해서는 대기업은 늦어도

2008년부터, 중소기업은 2009년부터 IFRS로의 전환 작업에 착수해야 한다고 지적하고 있다. 따라서 상장사들은 당장 2008년 중순부터 IFRS 도입에 따른 새로운 시스템 구축을 서둘러야만 하며, 이와 관련하여 은행권의 경우에는 6~8개월이 소요되는 1단계 컨설팅 비용으로 25억~30억 원이, 2단계 구축을 위해서는 1년 정도의 기간에 150억 원이 소요된다는 구체적인 내용을 담고 있다. 또한 IFRS 도입은 단순한 회계 분야의 변화가 아닌 기업 조직 및 시스템 전반에 영향을 미치는 중대한 변화라고 설명하고 있다. 최근 IFRS 도입으로 관련 업계의 특수가 기대된다는 신문지상의 글들은 결과적으로 기업들에게는 IFRS 도입이 시간적으로나 비용 면에서 상당한 부담으로 작용할 것이라는 예측을 가능하게 한다. 물론 상장 기업이라는 것은 규모의 크고 작음보다는 공적 부담을 지는 이해관계자가 많은 기업으로서 올바른 재무 정보를 제공할 의무가 비상장 기업과는 다른 점이 무시될 수는 없으나 획일적인 강제 적용은 제도 집행의 실효성에 문제를 제기하지 않을 수 없다.

정부는 국제회계기준을 도입하면서 유럽연합 등 100여 개 국가들이 이미 국제회계기준을 도입했다고 홍보했다. 그러나 국제회계기준을 개별 재무제표까지 전면적으로 도입한 나라들을 살펴보면 키프로스, 에스토니아, 그리스, 몰타 등에 불과하다. 반면 연결 재무제표에 대하여 IFRS 적용을 의무화한 독일, 프랑스의 경우 개별 재무제표에 대해서는 IFRS가 아닌 자국의 회계기준을 적용하도록 하고 있으며, IFRS의 산파 역할을 한 영국조차 개별 재무제표의 작성에는 단지 국제회계기준의 적용을 허용할 뿐 강제화하지 않았다. 나아가 미국, 일본, 중국 등 세계 무역 대국인 국가들마저 국제회계기준의 적용을 검토할 뿐인 것이지 아직 도입을 확정한 것이 아니다. 우리가 선진 제도의 도입에 뒤떨어질 필요는 없지만, 회계기준을 제정할 능력이 있음에도 IFRS 적용이 미칠 재무적 충격이 무엇인지에 대한 체계적인 연구조차 이루어지지 않은 상태에서 미리 앞서 도입을 결정해야 했는가라는 아쉬움이 남는다.

국제회계기준이 우리나라 회계기준으로 대체되면 우리나라 회계기준 제정 비용을 감소시켜 이러한 비용을 국제회계기준 제정 과정에 영향력을 행사할 수 있다는 기대도 사실 막연하다. 도리어 우리는 국제회계기준의 단순 소비자로 전락할 수 있으며, 우리나라의 상황이 반영되지 않은 국제회계기준의 변화에 적응하기 위하여 보다 더 많은 비용을 지불하게 될 수도 있다.

회계는 기업 환경의 소산이다. 그런데 한 국가의 기업 환경은 곧 그 국가의 역사, 가치관, 정치적·경제적 제도 등에 의해 형성된다는 점을 간과해서는 안 된다. 이와 같은 논리로 영어가 만국 공통어로 자리 잡은 지 오래지만, 여전히 많은 국가들이 자국의 언어를 잃지 않고 있다는 점을 생각해보아야 할 것이다. (2008년 1월 9일)

글로벌 신용 경색에 따른
채권금리 급변동과 스와프 시장 간의 관계

▌ **한재준**(인하대 경영학부 교수)

2007년 이후 경제 관련 뉴스에 서브프라임, 글로벌 신용 경색, 선물환매도 그리고 통화 스와프(Cross Currency Swap: CRS), 이자율 스와프(Interest Rate Swap: IRS) 거래와 같은 낯선 용어들이 자주 등장하고 있다. 2007년 11월 중 금리 폭등과 2008년 들어서 외국인들의 채권매수에는 CRS, IRS 거래가 연계되어 있으며, 이로 인한 채권시장의 불안정성은 당분간 지속될 것이라는 분석이 나오고 있다. 최근 국내 채권시장의 동향과 더불어 CRS, IRS 거래 및 스와프 베이시스를 순차적으로 설명하고 상호 간의 관계를 설명함으로써 최근 채권시장에 대한 독자들의 이해도를 높이고자 한다.

먼저 국내 채권시장의 동향이다. 지난 2년간 회사채 금리에 비하여 상대적으로 낮은 수준을 유지해왔던 국고채 금리는 2007년 11월 들어 급등한 바 있다. 이는 '글로벌 신용 경색과 외화자금 조달난→ CRS 거래 금리 급락→ IRS 거래 금리 급락→ 채권 보유의 평가손 발생→ 손절매→ 채권 가격 폭락→ 금리 급등'의 악순환에 기인한 것이었다. 이후 외국인은 CRS 금리 하락과 미국 연준리(FRB)의 기준금리 인하 등으로 2007년 12월부터 2008년 2월 기간 중 대규모로 국고채를 매입했으며, 이 덕분에 국채 금리는 신속히 안정되는 양상이다. 다만, 신용 경색 우려가 제기될 때마다 손절매성 매물이 나타나는 불안정성은 간헐적으로 반복될 것으로 전망된다.

두 번째는 CRS 거래다. 이 거래는 거래 당사자들이 계약 기간의 시점과 종점에 이종 통화의 원금을 교환하는 동시에 계약 기간 중 이자를 교환하는 거래다. CRS 수취(receive)란 계약 시 원화를 지급하고 그 대가로 달러를 수취하는 것을 말한다. 이때 거래 당사자들은 상대에게 지급하는 통화를 대출로 간주하고 이에 대한 금리를 수취한다. 즉 CRS 수취자는 지급 원화에 대하여 CRS 금리를 수취하고 상대방에게는 리보(London Inter-Bank Offered Rates: Libor)를 지급한다. 이때 CRS 금리는 외환시장 수급을 반영하여 고정금리로 결정되고 3개월 변동부 리보는 해외 금융시장에서 결정된다. 외화 유동성 부족 시 CRS 수취자인 국내 금융기관이 청구하는 CRS 금리는 대개 하락하게 된다.

한편 CRS 지급(pay)은 달러를 지급하고 대신 원화를 수취하는 거래이며, CRS 지급자는 지급 달러에 대해 리보 금리를 수취하고 상대방에게 CRS 금리를 지급한다. CRS 지급자는 수취 원화로 국내 채권을 매입하여 운용하게 된다. 외국인의 국내 채권 매입도 동일한 방식으로 이루어지는데 '달러 차입+CRS 지급+국고채 매입' 거래가 바로 그것이다. 외국인은 리보로 조달한 달러를 CRS 지급을 매개로 원화로 전환한 뒤 국고채 등을 매입한다.

이 경우 달러 차입 비용은 CRS 지급에서 수취한 리보로 상쇄되므로, 실질적 이자는 CRS 금리가 된다. 지난 2년간 국고채 금리가 CRS 금리보다 높은 관계가 지속됨에 따라 이때의 거래는 이자 차익을 발생시킨 것으로 보인다. 지난 2년간 외국계 은행 국내 지점의 국채 보유량이 증가한 것도 이러한 차익 거래에 상당 부분 기인한 것으로 추정된다.

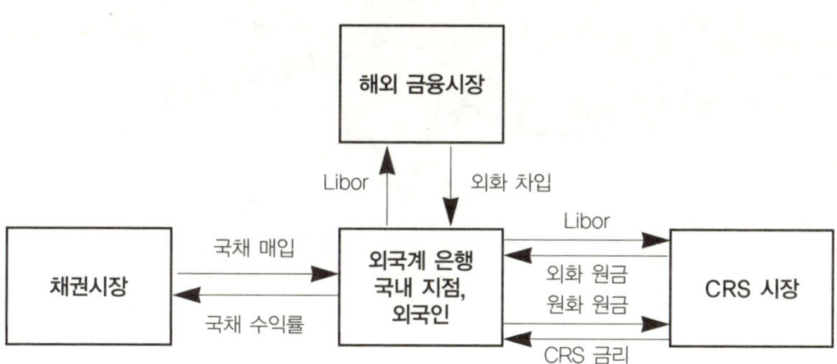

〈그림 1〉 CRS 지급을 통한 차익 거래

이런 와중에 2007년 11월 들어 CD 및 은행채 금리 상승 여파로 국고채 금리가 상승세로 전환된 데 따른 평가손과 CRS 금리 급락에 따른 기존 CRS 지급계약의 평가손이 이 거래를 수행해온 금융기관에 집중되었다. 나아가 신용 경색으로 유동성 확보 필요성이 커지자 이들 기관들은 보유 채권의 손절매를 단행한 것으로 추정된다. 손절매는 기존 포지션을 청산(unwinding)하는 방식인 '달러 상환+CRS 수취+국고채 매도'로 이루어짐에 따라 이는 추가적인 CRS 금리 하락과 국고채 폭락 요인으로 작용했다.

세 번째는 IRS 거래다. 해외에서 자금을 차입하여 국채에 투자할 때 사용되는 기법이 CRS 지급이라면, 국내에서 차입할 경우에 적용되는 기법은 IRS 지급이다. IRS 거래란 고정금리와 변동금리(예, CD금리)를 교환하는 거래다. IRS 수취(receive)는 고정금리를 수취하고 CD 변동금리를 지급하는 것을 의미하며, 상대방의 금리 흐름은 IRS 지급(pay)이라고 한다.

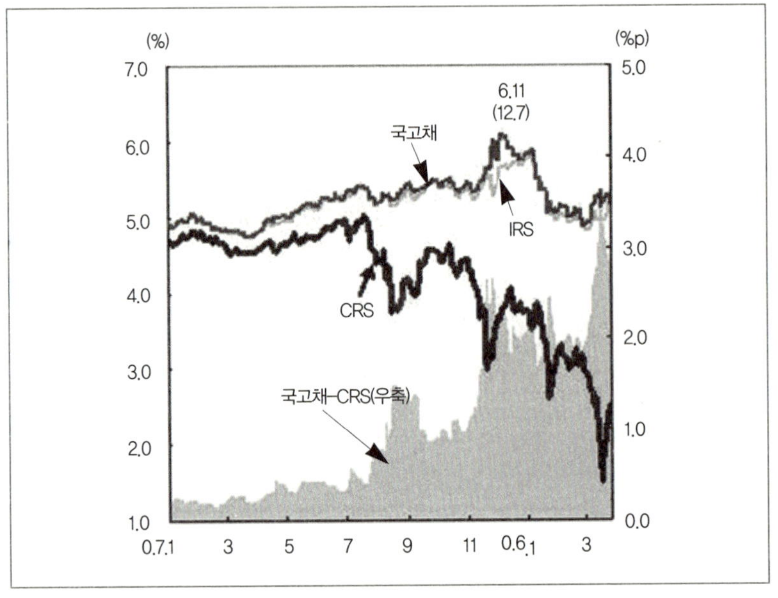

〈그림 2〉 국고채 수익률, CRS 금리 및 IRS 금리 추이

정상적인 경우 은행 간 거래에 적용되는 금리인 IRS 금리는 거래 기관의 신용도를 반영하여 국채 수익률보다 높은 수준에서 결정되어야 한다. 그러나 우리나라에는 구조적인 IRS 수취 수요 우위로 2004년 후반 이후 IRS 금리가 국고채보다 낮은 수준을 지속해왔다. 이 결과 '국채 수익률−IRS 금리'의 차익을 노리고 외국계 은행 국내 지점 등은 '원화 차입+IRS 지급+국고채 매입' 거래 규모를 증대시켜왔다. 즉, 콜 시장에서 자금을 조달하여 국채를 매입한 뒤에 IRS 지급 계약을 체결하는 것이 바로 그것이다. 이때 콜 차입 비용은 IRS 지급에서 수취된 CD 변동금리로 지급하고 보유 국고채에서 발생하는 이자는 IRS 금리 지급에 사용될 수 있어, 금융기관은 자기 자본 없이, 그리고 금리 위험도 헤지된 상태에서 안정적인 차익을 얻을 수 있게 된다.

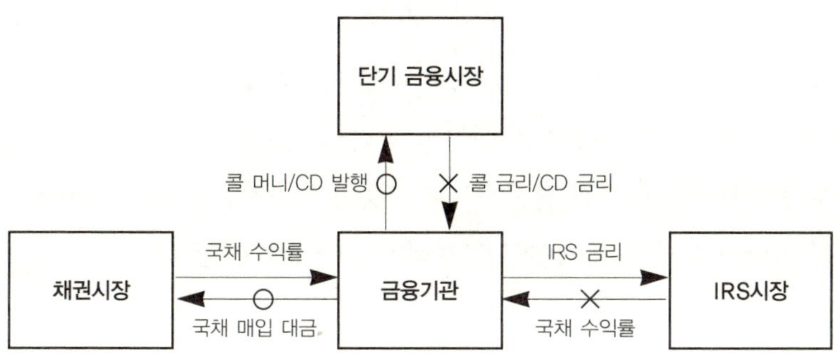

네 번째는 스와프 베이시스 거래다. 스와프 베이시스란 IRS 금리와 CRS 금리 간의 차이를 말한다. 그리고 이에 대한 거래를 스와프 베이시스 거래라고 한다. 일시적으로 스와프 베이시스(IRS-CRS 금리)가 벌어질 경우 시장에서는 향후 축소를 예상하고 스와프 베이시스 지급(IRS 수취/CRS 지급)이 증가한다. 반대로 일시적으로 이러한 베이시스가 축소될 경우 스와프 베이시스 수취(IRS 지급/CRS 수취) 거래가 증가한다. 그리고 이러한 재정 거래 메커니즘은 일시적으로 이탈된 스와프 베이시스를 균형 수준으로 회복시킨다. 2007년 11월 중 발생한 CRS 금리 하락은 위의 스와프 베이시스를 매개로 IRS 금리를 하락시켰고, 이 결과 IRS 지급을 통하여 국고채를 매입한 기관도 CRS 지급을 통해 국고채를 매입한 기관과 유사한 원리로 평가손이 발생했다.

최근 차익 거래 목적의 외국인 국채 매수세 확대 내지는 이들의 손절매가 초래하는 국채시장의 불안정성의 배경을 개략적으로 살펴보았다. 결국 최근의 국고채 금리 급등락은 글로벌 신용 경색과 더불어 IRS 금리 왜곡 및 달러 수요 초과에 따른 CRS 금리 하락 등에 기인한다. 이러한 IRS 금리 왜곡 및 CRS 금리 하락은 국내 채권시장 및 외환

시장에서의 구조적인 수급 불균형에 기인한 것이어서 향후에도 이러한 불균형이 해소되기는 어려울 전망이다. 그렇다고 이러한 왜곡 현상을 외화 차입 규제, 선물 환매도 자제 요청과 같은 수량적인 접근과 같은 미봉책으로 해결하는 데는 궁극적으로 한계가 있다. 따라서 정부는 이보다는 장기적 관점에서 수급상의 구조적인 불균형 요인 해소를 위한 미시적 조정 방안을 고려해야 한다. (2008년 4월 1일)

주택 금융시장 위험요소 진단 및 전망

▌ 남영우(KB국민은행연구소 연구위원)

　　외환위기 이후 우리나라의 주택 담보대출은 주택 가격 상승 및 거래 활성화와 결합하여 급격하게 성장하면서 가계 대출의 증가를 주도했다. 이러한 유동성 증가에 따른 가격 상승 현상은 이미 미국에서도 나타난 바 있다. 그런데 최근 미국의 금융위기가 주택 가격 하락에 따른 서브프라임 모기지의 부실이 원인이 되어 유발되면서 우리나라에서도 주택시장의 버블이 붕괴되고 금융위기로 이어질 수 있다는 우려의 목소리가 제기되고 있다. 특히 2007년 이후 지속적으로 상승하고 있는 주택 담보대출 금리에 따른 가계 부담 증가도 이러한 주장을 뒷받침하고 있다. 게다가 2007년 분양가 상한제 도입 등 강력한 규제 정책으로 미분양이 증가했고 이로 인해 건설업체에 제공된 PF 대출의 부실이 표면화되면서 주택 담보대출보다 더 큰 위험이 될 것이라는 우려도 제기되고 있다.

　　이에 반해 우리나라 주택 담보대출의 특성이 미국과 다르고, 최근 부동산 경기 회복으로 위해 규제 완화 정책을 발표하고 있으며 PF 대출도 전체 금융시장 규모에 비해 상대적으로 작으므로 우리나라의 주택 금융시장이 미국과 같은 심각한 위기 상황으로 전개되지 않을 것이라는 주장도 제기되고 있다.

어쨌든 정도의 차이는 있겠지만 미국발 금융위기는 우리나라 경제 전반에 영향을 미칠 것이 명확하고 특히 주택 금융시장에 미치는 영향은 더욱 클 것으로 예상된다. 따라서 본고에서는 우리나라 주택 금융시장의 위험 요소를 진단하고 향후 전망을 제시하고자 한다. 우리나라의 주택 담보대출은 외환위기 이후 금융시장 자율화와 금융기관의 가계 대출에 대한 선호 증가로 민간 부문의 규모가 크게 확대되었다. 주택담보 대출의 활성화는 주택시장에 자금의 유동성을 확대시켜 주택 거래의 활성화 및 주택 가격의 상승에도 기여했다.

2000년 이후 2006년까지 매년 큰 폭으로 증가한 주택 담보대출은 참여정부의 강력한 주택시장 및 금융에 대한 규제로 2007년에 증가 폭이 감소했다. 그러나 2008년 상반기에 서울 강북지역 등 국지적으로 강세를 보이는 시장 등의 주택 가격이 상승하고 거래가 활성화되면서 증가 폭이 다시 커졌다.

2000년 이후 주택 담보대출의 급증은 최근 주택시장의 전반적인 침체 및 주택 담보대출 금리의 증가 등 주택 금융시장의 여건이 악화되면

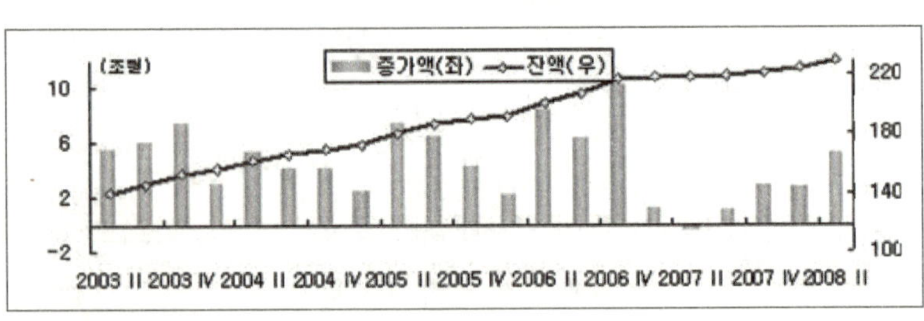

〈그림 1〉 은행의 주택 담보대출 잔액 및 증가액

자료: 한국은행 매월 금융시장 동향

서 우리나라도 미국과 같이 주택시장으로부터 시작된 금융위기의 가
능성이 일각에서 제기되고 있다. 그러나 우리나라의 주택 담보대출은
금융 규제의 강도가 높고 유동화 비율이 낮아 미국과 같이 금융위기로
까지 이어지기는 어렵다. 우리나라는 2005년 8.31 대책 등을 통해 주택
담보 인정 비율(LTV)과 총부채 상환 비율(DTI) 등 건전성 규제를 강화했
다. 그 결과 은행권의 주택 담보대출에 대한 LTV는 2008년 1월 현재
49.1%로 80~90% 수준인 미국과는 큰 차이가 있다. 따라서 주택시장이
지속적으로 침체되어 가격이 하락하더라도 은행이 채권을 회수하지
못할 가능성은 높지 않을 것으로 판단된다.

〈표 1〉 금리 변화와 대출금 연체율 추이[1]

(단위: %)

| | | 2006년 | | 2007년 | | | | 2008년 | | |
		3Q	4Q	1Q	2Q	3Q	4Q	1Q	2Q	3Q
금리	은행 가계대출[2]	5.96	5.88	6.26	6.34	6.52	6.82	7.02	6.96	7.35
	주택 담보	5.81	5.75	6.16	6.14	6.38	6.66	6.83	6.79	7.16
	일반 신용	6.97	6.82	7.24	7.42	7.42	7.75	7.91	8.19	8.76
	CD금리	4.65	4.64	4.94	5.01	5.20	5.50	5.45	5.37	5.69
은행 주택 담보대출 연체율		0.8	0.6	0.6	0.5	0.5	0.4	0.6	0.4	0.4

주: 1) 금리는 분기 평균(2008년 3Q는 8월 말 기준), 주택 담보대출 연체율은 분기 말 기준
　　(2008년 3Q는 7월 말 기준)
　　2) 은행의 대출 금리는 신규 취급액 기준의 가중평균 대출 금리
자료: 한국은행 경제통계 시스템(ECOS), 주택금융공사 주택금융

또한 DTI를 40% 이내로 규제함으로써 차입자의 소득 대비 원리금
상환 금액이 과다하여 은행이 원리금 회수를 하지 못할 가능성도 낮
아졌다. <표 1>에서 보듯이 주택 담보대출 금리의 지속적인 상승에서
연체율이 1% 이하로 낮게 유지되고 있는 것도 정부의 금융 규제로 주

택 담보대출의 건전성이 높아졌기 때문으로 판단된다.

금리 상승으로 인한 원리금 상환액 부담의 증가는 당장 주택 담보대출의 부실화로 나타나지는 않더라도 우리나라의 주택 담보대출이 대부분 변동금리로 이루어지는 점을 고려할 때 가계의 가처분 소득을 감소시켜 경기회복을 어렵게 하고 주택 구매 의욕을 감소시켜 건설경기에도 악영향을 미칠 수 있다. KB국민은행에서 최근 3년 이내 주택 담보대출을 통해 주택을 구입한 485가구를 분석한 결과 이자율이 2% 상승할 경우 소득이 2.5% 감소하는 것으로 나타났으며, 소득 분위가 낮은 서민계층일수록 소득 감소 효과가 큰 것으로 나타났다.

<표 2> 금리 조건별 은행권 주택 담보대출 현황

(단위: 조원, %)

구분		2006년 9월 말	2006년 말	2007년 6월 말	2007년 말
변동형		201.5(97.4)	205.8(94.8)	203.4(93.4)	203.2(91.7)
혼합 · 고정형		5.5(2.6)	11.3(5.2)	14.4(6.6)	18.4(8.3)
	혼합형	3.2(1.5)	8.7(4.0)	11.1(5.1)	13.5(6.1)
	고정형	2.3(1.1)	2.6(1.2)	3.3(1.5)	4.9(2.2)
합계		206.9(100.0)	217.0(100.0)	217.8(100.0)	221.6(100.0)

자료 : 금융감독원. 2008년

건설회사에 대한 PF 대출의 부실화 우려도 주택 금융시장의 위험요소로 제기되고 있다. 2006년까지의 주택시장 활성화로 PF 대출이 꾸준히 증가한 가운데 2008년 7월 기준의 미분양 주택 수는 약 16만 호로 외환위기 때의 11만 6,000호를 이미 크게 상회하는 상황이다. 여기에 미국발 금융위기 및 국내 경기침체 등 대외 여건도 좋지 않아 당분간 미분양 물량의 해소가 쉽지 않을 전망이다.

2008년 6월 말 현재 전체 부동산 PF 대출 잔액은 78조 9,000억 원이며, PF 대출을 유동화한 ABS와 ABCP는 18조 2,000억 원에 달한다. 이 중 ABCP의 경우 만기가 1년 이내로 단기이고 보유자들도 다양하게 분포되어 있어 상환 부담이 상대적으로 크므로 중요한 위험 요소로 지목되고 있다. 특히 2008년 12월 ABCP 만기 도래액이 1조 원에 달하는 등 2008년 말부터 2009년 초까지의 상환 도래액이 클 것으로 예상되어 PF발 금융위기설이 지속적으로 나오고 있다.

최근 정부에서는 10.21 대책을 발표해 대주단 협약을 통한 PF 대출과 ABCP 만기 연장을 유도하고 건설사의 보유 토지를 매입하기로 하는 등 건설업계의 유동성을 지원하기 위한 정책을 발표했다. 따라서 부동산 PF 대출 및 PF 대출 유동화 증권과 관련하여 우려되던 금융위기 가능성은 일단 낮아진 것으로 판단된다. 그러나 이번 대책은 발등의 불을 끈 수준으로, 건설업계의 유동성 문제가 근본적으로 해결되었다고 보기는 어렵다. 결국 근본적인 유동성 문제의 해결은 수요 심리의 회복으로 시장에서 미분양 물량이 해소되어야 가능하므로 상당한 시간이 필요할 것으로 예상된다.

우리는 작금의 위기상황을 주택금융의 체질을 개선할 수 있는 계기로 삼아야 할 것이다. 즉 이번 위기로 우리나라 주택금융의 문제로 지적되었던 주택 담보대출의 고정금리 적용 비율 증가 및 개발 사업에 대한 철저한 사업성 분석과 장기적인 수요 예측 기법 개발 등에 대한 필요성을 절감하게 되었으므로 이를 위한 제도 개선 및 전문 인력 양성에 박차를 가해야 할 것이다. (2008년 11월 6일)

이제 정책금융은 재고되어야

▌ **한광석**(포항공대 인문사회학부 교수)

정책금융은 정부의 의지를 구현시키거나 관철시키고자 할 때 사용된다. 우리나라에서 정책금융은 특수한 경제적 여건으로 인해 정당화되었으나, 근래에는 시장에서 생성되는 결과가 정부의 판단에 합당치 않을 때 작동되는 경우가 많았다.

국책 은행을 통한 정책금융은 고도 성장기에 대규모 산업화를 위한 시장에서 자금 조달이 어려울 때 사용되기도 했다. 하지만 그런 경제적 특수성이 사라진 현재, 정책금융을 지속하는 것은 유용성보다는 유해성이 더 크다. 정책금융은 정책의 오류 가능성이 있고 특히 시장의 공정 경쟁을 저해하기 때문에 장기적으로 볼 때 사라져야 할 것이다.

한미 FTA 협상에서 현안 중 하나로 정책금융 문제가 제기된 것은 정책금융이 시장에서 공정 경쟁을 저해한다는 유해성이 지적되었기 때문이었다. 미국 협상팀은 외환위기 당시 하이닉스에 대한 산업은행의 자금 지원을 예로 들어 정책금융을 통한 한국 정부의 금융시장 개입 중단을 요구하고 있다. 미국이 이것을 요구한 이유가 정의감 때문이 아니라 자국의 이익 때문이기는 하지만 이번 한미 FTA 협상을 계기로 정책금융의 존재에 대해 다시 생각해볼 필요가 있다.

왜 우리나라에서 정책금융이 지금까지 유지되어왔을까? 어떤 경제적 특수성이 그것을 가능하게 한 것일까? 경제개발계획 시대의 경우 무엇보다도 필요로 했던 것은 고도 성장을 가능하게 할 자본의 집중적 투자였다. 그리고 그것은 실제로 한국산업은행, 기업은행 등 국책은행을 통한 정책금융에 의해 가능했다. 즉 가난으로부터 벗어나야 한다는 성장목표가 국책 은행을 통한 정책금융을 정당화한 것이다. 그 결과 기업들은 정부와 국책 은행들의 지원을 받아 세계적인 기업으로 성장하기도 했다.

하지만 IMF 금융위기 이후 우리가 직면하고 있는 경제적 현실은 그때와는 전혀 다르다. 외국의 압력으로 인해 정부는 시장에 대한 규제를 많이 완화했을 뿐만 아니라 기업의 자금 조달 방식도 변화되었다. 과거에는 자본이 부족한 환경에서 대형 자금의 조달을 위해서는 은행의 대출, 특히 국책 은행의 정책자금에 의존했던 반면, 현재는 국내 자본뿐만 아니라 외국 자본이 풍부한 환경하에서 기업은 언제든지 일정한 조건만 갖추면 다양한 형태로 자금을 조달할 수 있기 때문에 기업은 정부나 국책 은행에 전적으로 의존할 필요가 없게 되었다.

이처럼 경제 상황이 변했음에도 불구하고, 정부는 불리한 시장 상황을 개선시키기 위해 여전히 정책금융을 사용하고 있다. 정책금융은 무엇보다도 특정 기업이나 산업을 선별적으로 지원하기 때문에 국내외 시장에서 공정 경쟁을 저해한다는 문제점을 갖고 있다. 좋은 예가 LG카드 사태의 처리 과정에서 정부가 개입함으로써 관련 이해 당사자들이 자신들의 내린 결정에 상응하는 책임을 지는 것을 막은 경우다. 금융권 전체가 불안해지는 것을 막기 위해 불가피했다는 주장은 설득력이 모자란다. 카드사 하나의 부실 처리가 금융 시스템 전체를 파국으로 몰고 간다면 외환위기 이후 엄청난 노력을 기울여 구축한 금융감독 시스템이 유명무실했음을 인정하는 것이다. 정부가 시장을 믿지 못하고 정책금융 등을 통해 시장에 힘을 발휘할 수 있는 시대는 지났다. 정부가 시장의 힘을 인정하고 시장의 공정성을 유지하는 데 노력을 경주해야 하는 시대인 것이다. 일본은 이미 이것을 인식하고 고이즈미 정권 시기에 정책금융에 대한 개혁에 성공하여 현재 추진 중에 있다.

미국 측의 요구가 아니더라도 시장에서의 공정 경쟁을 위해서 국책은행을 통한 정책금융을 폐지하는 것이 바람직하다. 따라서 이번 한미 FTA 협상에서 우리 협상팀이 정책금융을 우리 협상력을 높이기 위한 협상 카드로 사용하는 것은 찬성하지만, 한미 FTA 협상을 계기로 앞으로 정부의 자의적 판단에 의해 좌우되는 정책금융은 종식되어야 할 것이다. (2007년 2월 6일)

미국의 구제금융안 합의 의미와 전망

▌ 안순권(한국경제연구원 연구위원)

미국 정부와 의회가 금융위기 타개를 위한 구제 금융 협상을 우여곡절 끝에 타결했다. 이제 미국 정부는 7,000억 달러에 달하는 사상 최대 규모의 공적 자금을 투입, 부실 채권을 매입하여 부실 금융기관의 회생을 도모할 수 있게 됐다. 미국의 금융 시스템에 대한 신뢰의 위기가 해소될 수 있는 발판이 마련되었다고 할 수 있겠다. 구제 금융의 규모가 사상 최대인데다 대부분의 금융 부실을 처리하겠다는 의지가 매우 강해 전 세계 금융 시장은 일단 안정을 되찾을 것으로 예상된다.

지난해 8월 서브프라임 모기지(비우량 주택 담보대출) 사태 발발 이후 금융 시장의 불안이 지속된 것은 부실 규모와 대상을 정확히 알 수 없는 불확실성에 기인한 바가 크다. 거미줄처럼 얽힌 서브프라임 모기지 관련 파생 금융 상품의 특성상 새로운 부실이 계속 터져 나왔기 때문이다. 국제통화기금(IMF)을 포함한 주요 금융기구의 서브프라임 모기지 관련 추정 부실 규모는 계속 늘어나 초기의 5,000억 달러에서 최근에는 2조 달러 이상으로 늘어났다.

올 들어 미국이 수시로 발표한 구제금융 규모는 이번의 7,000억 달러를 포함, 총 2조 달러에 육박한다. 규모 못지않게 중요한 것은 구제 방법인데 이번 방안은 경제의 혈맥에서 막힌 부분을 도려내는 외과적 수술 성격이 짙다. 그동안 베어스턴스, 리먼브러더스, 양대 국책 모기지 업체 및 AIG 등 개별 금융기관에 대한 임시 방편적인 구제 금융의 한계를 직시하고 근본적인 처방을 제시한 것이다. 남아 있는 대부분의 부실 금융기관도 정리하여 금융 시스템에 대한 신뢰를 회복하려는데 초점을 맞추고 있다.

민간 금융회사의 경영 부실을 국민의 세금으로 구제한다는 도덕적 해이 논란을 잠재우기 위해 역경매 방식에 의한 부실 채권 최저가 매입, 구제 대상 금융회사의 최고경영자 연봉 제한, 부실 자산 매입 규모에 비례한 수수료 징수 등 부실 경영에 대해 책임을 묻기로 한 것도 의미가 적지 않다.

이 정도의 공적 자금으로 과연 미국의 금융 시스템이 정상화될 수 있을지는 여전히 의구심이 남지만 성공 여부는 미국 정부의 공적 자금 관리 능력에 달려 있는 것으로 보인다. 게다가 연방준비제도이사회(FRB)의 다른 선진국 중앙 은행과의 공조를 통한 효율적인 통화 신용 정책 조율 능력도 관건이다.

그러나 부실 금융기관 매입에 필요한 자금을 국채 발행으로 조달함으로써 늘어나는 재정 적자는 미국 경제에 큰 짐이 될 전망이다. 미국의 재정 적자가 확대될 경우 달러 가치의 하락 요인이 되며, 달러 약세가 되면 투자 자금이 원유 및 상품시장으로 쏠려 인플레이션 압력이 높아진다. 물가 상승 압력이 높아질 경우 미국 경제의 경기침체를 유발하게 되며, 이는 세계경제의 성장 둔화 추세를 가속화시킬 것이다.

이런 부작용에도 불구하고 미국 정부가 이번 구제 금융안을 추진하기로 한 것은 금융 시스템의 정상화가 경제 헤게모니 유지의 핵심 전제 조건이기 때문이다. 미국으로선 외국 자금을 환류시켜 막대한 재정 및 무역적자를 메워야 하는데 금융 불안이 해소되어 미국 금융 시스템의 신뢰 회복이 이루어져야 미국에서 나간 달러화가 다시 미국으로 돌아올 수 있다. 달러화의 리사이클링(재환류) 체제가 정상화되어야 달러화의 기축통화로서의 위상 붕괴도 막을 수 있다. 역으로 달러화의 기축통화 지위를 지켜야 달러화의 리사이클링 체제 유지도 가능하다.

금융 시스템의 신뢰 회복이 미국 경제 회복의 실마리다. 금융이 안정되어야 실물경제의 회복이 가능하고, 실물경제가 회복되면 내년 하반기쯤 부동산 경기도 바닥을 칠 수 있기 때문이다. 부동산 경기가 회복되어야 부동산 거품 붕괴에 따른 서브프라임 모기지 사태의 해결도 가능하다. 이번 대책으로 재정 적자가 크게 늘어나기는 하나 일단 경제가 살아나야 세수가 늘어나 재정 적자가 줄어들 수 있다. 헐값에 사들인 부실 금융회사들의 회생 작업이 실효를 거두어 주식가격이 크게 오르면 수년 후에는 재정 적자 감축에 한몫을 할 수도 있을 것이다.

미국은 또 금융 부실로 인한 막대한 손실을 금융 부문에서 만회하려 할 가능성이 매우 높다. 금융 부문의 강점은 최대한 살리되 이미 발표한 주식공매도 제한 등 약점을 보완하는 개혁 작업을 추진할 것으로 예상된다. 이번 사태를 교훈삼아 무분별한 대출 관행 및 금융감독에 대한 규제를 강화할 것이다. 그러나 금융 상품에 대한 규제는 가급적 하지 않을 것으로 보인다. 창의적인 금융 상품의 개발로 전 세계 금융시장에서 떼돈을 벌어들인 미국 금융회사들의 손발을 왜 미국 정부가 스스로 묶으려고 하겠는가. 골드만삭스, 메릴린치 등은 상업 은행과 제휴하는 은행지주회사 전환을 계기로 세계 시장에서 경쟁력이 더욱 강화될 것이다.

지난해 이후 지속된 미국발 금융위기는 미국 정부의 구제 금융안 확정으로 큰 고비를 넘겼다. 그러나 부동산 거품 붕괴로 인한 금융부실이 정리되는 데는 1~2년 정도가 소요될 것이고, 실물경제에 불어 닥친 냉풍이 온풍으로 바뀌는 데도 상당 시일이 필요할 것이다. 그 과정에서 세계경제의 흐름 변화와 글로벌 금융 질서의 재편 향방에 능동적으로 대응해야 선진 경제 도약이 가능하다. 위기관리 능력 및 경제 체질 강화를 위한 내부 개혁과 경제 리더십 제고가 절실하다. (2008년 9월 29일)

서브프라임 모기지 사태의 전망과 교훈

▌ 안순권(한국경제연구원 연구위원)

세계 금융시장을 강타했던 미국발 신용 경색 위기인 서브프라임 모기지(비우량 주택 담보대출) 사태가 진정 국면을 보이고 있다. 선진국 중앙 은행들의 긴급 유동성 공급과 미국 연방준비제도이사회(FRB)의 재할인율 인하는 신용 경색에 대한 시장의 불안을 잠재우는 데 크게 기여한 것으로 평가된다. 벤 버냉키 FRB 의장의 모기지 개혁안과 의회에 대한 세제 개편 요구 의지, 부시 대통령의 모기지 차환 대출 지원책 발언 등도 증시의 심리적 불안을 완화하는 데 도움을 준 것으로 보인다.

그러나 시장에서는 아직도 불안감이 가시지 않고 있다. 수많은 파생 금융 상품과 얽혀 있는 탓에 연루된 금융기관과 펀드의 손실을 정확히 파악하기 어려운 서브프라임 모기지의 특성상 리스크가 불확실성을 안고 있기 때문이다. 최근의 안전 자산 선호 및 부분적 신용 경색이 완화되기까지는 3개월에서 6개월 정도가 소요될 것이라는 분석이 우세하다. 서브프라임 부실 확산의 여파로 미국 경제의 성장세 둔화 조짐이 뚜렷해지고 주택 시장의 상황이 개선될 기미가 보이지 않을 경우 FRB가 금리를 인하할 가능성이 높을 것으로 전망된다.

　서브프라임 사태가 아직 해결된 것은 아니지만 이 단계에서 그동안의 사태 진전과 대응 과정이 주는 교훈이 무엇인지 살펴보자. 우선, 이번 사태는 글로벌 경제의 금융 불안의 신속한 전염성과 과민성에 대한 경종을 울렸다. 지난 3월 서브프라임 리스크로 국제 금융시장이 가벼운 홍역을 앓았으나 그것이 8월에 쓰나미로 다시 찾아올 것으로 본 전문가들은 거의 없었다. 적도에서 발생한 태풍은 아열대 지역의 해수면 온도가 예년보다 높을 경우 크기가 급속히 커진다. 마찬가지로 서브프라임 사태는 글로벌 유동성의 과잉, 엔 캐리 트레이드 및 파생 금융 상품의 확대와 세계 금융의 통합화 등 새로운 금융 환경의 뜨거운 바다를 타고 초대형 태풍으로 돌변했다. 금융시장의 통합이 가속화됨에 따라 미국발 금융위기가 한국 시장에 미치는 시간과 경로가 더욱 단축될 것임이 새삼 확인되었다.

　둘째, 이번 사태는 금융시장의 위기 경고 시스템 가동과 파생 금융 상품에 대한 리스크 관리의 중요성을 새삼 일깨워주었다. 이번의 경우 아시아 국가들의 서브프라임 관련 상품 투자가 적은데다 중국의 자본 시장이 상대적으로 덜 개방되어 충격이 적었다고 볼 수 있다. 그러나 앞으로 상황이 바뀌면 아시아 국가들은 미국발 금융위기에 훨씬 더 크게 노출될 가능성이 높다. 금융시장의 불안을 미리 알리는 시스템이 제대로 가동되어 충격을 줄여야 한다. 금융기관은 파생 금융 상품에 대한 리스크 관리 기법이 발전하더라도 전체 리스크가 줄어드는 것은 아니라는 점을 직시하고 투자 위험 분산을 위해 노력해야 한다.

　셋째, 이번 사태는 금융 불안 상황에서 초기 대응과 국제 정책 협조의 중요성을 새삼 일깨워주었다. 금융불안 사태가 발생할 경우 정부의 초기 대응에서 가장 중요한 것은 시장의 불안 심리를 해소하는 것이다. 이런 점에서 이번 사태의 경우 정부의 초기 대응은 비교적 적절했다고 할 수 있다. 우리 금융기관의 서브프라임 투자 규모가 적어 파급 효과가 제한적이며, 신용 경색 조짐이 나타날 경우 긴급 유동성을 공급하겠다고 한 것은 시장의 동요를 잠재우는 데 상당한 효과가 있었던 것으로 보인다. 이번 사태에서 선진국 중앙 은행들은 미국발 신용 경색 위기가 유럽 등 다른 지역으로 확산될 조짐을 보이자 대규모 긴급 유동성을 공급하는 공조 체제를 보여 위기 수습의 물꼬를 텄다. 만일 아시아에서 금융위기 발생 가능성이 높아질 경우 한국, 중국, 일본, 동남아 등 주변국 정부와 중앙 은행들의 정책 협조가 무엇보다 중요하다. 주변 국가들과 평소에 정책 협조 체제를 구축해놓아야 한다.

마지막으로 이번 사태는 선제적 유동성 관리와 부동산 가격 연착륙의 중요성을 보여주었다. 서브프라임 모기지 위기는 2002년 이후 저금리 기조에 따른 글로벌 유동성 확대와 2004년 이후 연속적인 금리 인상에 따른 거품 붕괴가 부동산 시장에 미친 충격의 후유증으로 볼 수 있다. 과다한 신용 확대와 자산 가격 거품 발생을 사전에 방지하는 데는 물가 안정을 최우선 목표로 단기금리를 운용하는 현행 통화 정책만으로는 한계가 있다. 자산 가격 상승과 금융 불안정 위험에 적극적으로 대응할 수 있는 통화 정책 운용 방식을 개발할 필요가 있다. 유동성 관리에는 단기금리 조절뿐 아니라 금융감독 당국과의 협조 체제 강화도 중요하다. 최근 수년간 부동산 담보대출 규제를 강화한 것이 서브프라임 위기가 국내 부동산 대출 시장에 미치는 충격을 줄이는 데 기여했다고 볼 수 있다. 부동산 시장의 침체가 장기화되면 금리 인상에 따른 대출 원리금 상환 부담 증가와 겹쳐 부동산 담보대출의 부실이 심화될 수 있다. 금융감독 당국은 금융업계의 부실 실태 및 리스크 점검을 강화하여 서브프라임 모기지 부실로 인한 글로벌 금융 불안의 확산을 차단하는 데 중점을 두어야 할 것이다. (2007년 9월 4일)

외국의 미국 국채 보유 문제와 관련된 미국 내의 견해

▌송정석(중앙대 상경학부 교수)

최근 제기된 미국 국채 문제와 시각 차이

뉴욕 주 상원의원인 힐러리 클린턴은 2007년 3월 1일 미국 재무장관인 헨리 폴슨과 연방준비위원회 의장인 벤 버냉키에게 보낸 편지에서 "지금과 같이 일본과 중국이 막대한 규모의 미국 국채를 보유한다면, 미국은 상하이와 도쿄에서 내려지는 경제적 의사결정의 인질이 될 수 있다"라고 언급했다. 또한 클린턴 상원의원은 서한을 보낸 직후 CNBC와의 기자회견에서 "미국 국채의 대외 보유 규모에 상한선을 두자는 의미는 아니다. 그러나 미국은 앞으로 재정 적자 규모를 좀 더 줄이고 대외 부채 규모가 GDP의 25%를 초과할 경우 정부로 하여금 조치를 취할 것을 요구할 수 있는 법안이 필요하다"라고 말했다.

이에 대해 폴슨 미국 재무장관은 3월 4일 ABC TV와의 회견에서 미국 경제는 아직 견고하며, 현재 외국이 보유하고 있는 미국의 국채 규모 4조 3,000억 달러 가운데 일본과 중국이 가지고 있는 규모는 1조 달러가량이긴 하나, 이는 미국 채권 거래량의 이틀분에 불과하며 우려할 수준은 아니라고 했다. 그는 오히려 외국의 미국 국채 보유 확대는 미국 경제에 대한 신뢰에 따른 것으로 긍정적일 수 있다고 말했다.

중국과 일본 등 외국의 미국 국채 보유 비중은 폴슨 재무장관의 말대로 미국 경제에 대한 신뢰에 따른 것일 수도 있으나 확실한 것은 이들 두 국가의 미국 국채 보유 비중이 2006년 12월 말 현재 전체 외국 보유 비중의 45%에 육박했다는 사실이다. 특히 지난 1년간 추세를 살펴보면 중국의 미국 국채 보유 규모는 3,496억 달러로 전체 외국의 미국 국채 보유 중 15.7%를 차지하며, 이는 지난 2005년 말 이후 10% 이상 증가한 규모다.

경상 적자를 줄여야 한다면서
대외 부채를 줄이는 데는 관심이 부족한 미국

중국의 미국 국채 보유 비중 증가는 몇 가지 중요한 이슈를 제기한다. 사실 중국의 미국 국채 보유 확대도 따지고 보면 1) 근본적으로 지나치게 평가절하된 위안화로 인해 미국의 대중 적자가 증가했으며, 2) 이 과정에서 중국이 대미 흑자를 재원으로 미국 국채를 사들인 데 따른 것이다. 그러나 소위 '달러 리사이클링(dollar recycling)'이라는 용어에서도 암시되듯이 외국의 미국 국채 보유 확대에 따른 미국 내 자본 유입 증가는 미국의 소비를 부추겨 경상 적자를 더욱 확대하는 측면이 분명히 존재하는데, 미국은 이러한 자본 유입이 그리 싫지 않은 기색이다.

하버드 대학의 맨큐(Mankiew)나 펠트슈타인(Feldstein) 등 전통적으로 공화당 경제 정책 노선과 방향을 같이 해온 경제학자들은 그간 미국의 과도한 경상 적자에 대해 우려해왔다. 힐러리 클린턴이 폴슨 재무장관과 버냉키 연방준비위원장에게 보낸 편지에 대해 맨큐 교수는 "힐러리 클린턴의 중국·일본 등의 높은 미국 국채 보유 비중에 대한 우려는 과도한 것(excessively alarmist)이며, 한편으로는 일종의 외국인에 대한 병적인 기피증(xenophobia)에 가깝다"라고 논평하였다. 중국의 과도한 미국 국채 보유에 대한 우려에 대해 동의할 수 없다는 것이다. 그러나 경상수지 흑자(적자)는 기본적으로 그 나라의 국내 저축과 국내 투자의 차이, 즉 해외로의 자산 순유출(해외로부터의 자산 순유입)과 같다는 경제원론적 내용을 상기할 때, 경상 적자에 대한 우려는 부각하면서 경상 적자라는 동전의 또 다른 면인 자본 유입에 대한 걱정은 괜한 것이라는 맨큐 교수의 논조는 놀랍지 않을 수 없다(적어도 맨큐 교수가 세계에서 가장 많이 읽히는 경제학 교과서의 저자인 점에서 더욱 그렇다).

우리는 여기서 최근 미국으로의 자본 유입에 대한 속성을 들여다볼 필요가 있다. 여타국에 비해 높은 미국의 생산성이라는 긍정적 요인에서 비롯된 자본 유입이 아니라는 점이다. 오히려 높은 생산성과 잠재력을 노린 주식 매입을 통한 자본 유입은 중국·인도 등 소위 이머징 경제권에서 나타나고 있는 실정이다. 1986년부터 2005년까지 한국, 중국, 대만, 홍콩, 말레이시아 등 아시아 국가들의 미국 금융 자산 추이를 살펴보면, 1990년대 후반 동아시아 외환위기 이후 미국 국채, 회사채 등 채권을 통한 미국 내 자본 유입은 증가세인 반면, 미국 주식 매입을 통한 자본 유입은 1990년대 초 소위 신(新)경제(New Economy) 기간을 제외하고는 감소세임을 알 수 있다.

지난 2년간 중국의 위안화 절상 속도를 볼 때 중국은 미국이 만족할 수준으로 위안화를 당장 절상하지 않을 것으로 보인다. 당장 중국 위안화 절상이 따라 주지 않는 한 미국의 대중국 무역 적자 역시 쉽게 줄어들지 않을 것이다. 설령 중국 위안화 절상이 미국이 원하는 수준으로 이루어진다 해도, 제조업 비중이 다른 나라에 비해 급속히 감소하고 있는 미국 경제의 구조를 감안할 때, 미국의 경상 적자는 쉽게 개선되지 않을 수 있다. 이러한 상황에서 중국이 무역 흑자로 벌어들인 달러로 계속해서 미국 국채를 사들인다면, 중국의 미국 국채 보유는 더욱 증가할 수 있다. 실제로 2005년 12월 이후 지난 1년 동안 중국의 미국 국채 보유 비중 증가세라면, 올해 연말쯤에는 중국은 3,700억 달러를 초과하는 미국 국채를 보유할 것으로 예상된다.

미국은 재정 적자를 줄이고
좀 더 신중히 대외 부채를 관리해야

그렇다면 이러한 상황에서 미국이 앞으로 해야 할 일은 무엇인가? 우선 재정 적자를 줄이고, 국채 발행 등에 신중해지자는 접근은 빚을 내서 지출을 늘리고 그에 따른 무역 적자 증가라는 현재의 연결 고리에 상당히 적절한 대응 방안이라고 생각된다.

아마도 미국은 발달된 금융산업을 바탕으로 자국으로 유입된 자본으로부터 좀 더 많은 잉여를 창출하고, 이를 이용해 제조업 물자를 수입해 쓰는 현재의 구조를 원할지도 모른다. 다만, 이 과정에서 보호무역 색채가 강한 미국 내 일부 산업 종사자들의 불만이나 무역 적자가 중국 한 나라에 치중된 데 따른 우려가 부담 요인으로 작용하고 있는 것일 수 있다. 그렇다면 결국에는 미국의 대외무역 적자 지속을 부추기는 미국으로의 자본 유입은 경계하지 않으면서, 인위적인 위안화 절상으로 소폭이나마 대중국 적자 축소를 바라는 모순된 태도가 작금의 미국 경제 저변에 깔려 있지는 않나 하는 의구심을 떨칠 수 없다.

물론 이번 클린턴 상원의원의 지적에 대한 헨리 폴슨 재무장관의 반응은 방중(訪中)을 앞둔 미합중국 재무장관으로서의 어쩔 수 없는 공식적인 의사 표명이었을 수 있다. 그러나 헨리 폴슨 재무장관은 결국 힐러리 클린턴 상원의원의 이번 편지의 의미를 조만간 한번쯤 다시 생각해볼 필요가 있다고 본다. 왜냐하면 저명한 하버드 대학 경제학 교수의 교과서 한 권보다 전(前) 백악관 퍼스트레이디의 편지 한 통에서 오늘날 미국 경제가 처한 문제의 실마리를 발견할 수 있을지 모르기 때문이다. (2007년 3월 13일)

Chapter 3

시장경제의 활성화

기업 이윤, 기술 혁신에 대한 보상으로 인식되어야

▌ 김학수(한국경제연구원 연구위원)

"요즘 고유가로 인한 국내 물가 상승이 심각한 수준에 이르렀다", "세계 경제 침체에 대한 우려와 함께 심화된 물가 상승 압력과 순탄치 못한 국내외 정치 상황으로 인해 한국 경제가 외환위기 이후 가장 어려운 시기를 겪고 있다" 등의 답답한 뉴스가 거의 매일 전해진다. 더구나 이러한 경제 난국이 단기간에 끝날 것 같지 않다는 뉴스는 국민들을 더욱 답답하게 만든다. 그나마 150달러를 육박하던 유가가 며칠 동안 하락하며 130달러를 하회해 잠시 숨을 돌릴 수 있었지만 대부분의 전문가들이 완전한 하락세로 보지 않으므로 여전히 마음을 놓을 수는 없다.

이처럼 해외 요인에 의해 물가가 급등하며 지속되고 있는 어려운 경제 상황에서 벗어날 수 있는 대책은 어디에서 찾아야 할까? 단기적으로는 '버텨야 한다'는 것이 필자뿐만 아니라 여러 전문가의 견해다. 우리처럼 석유 한 방울 나지 않는 나라에서 급등하는 유가로 인한 공급 충격에 단기적으로 대응할 수 있는 방안은 '에너지 절약'밖에는 없다. 유가 급등에 의해 같은 가격으로 공급할 수 있는 재화와 용역이 감소하여 한국 경제의 공급곡선이 왼쪽으로 이동한 것이므로 재정 지출 확대 등에 의한 수요 진작을 꾀하는 대책은 물가 상승을 더욱 부채질할 것이다.

그렇다면 물가를 자극하지 않고 경제성장을 달성하기 위해 왼쪽으로 이동한 공급곡선을 다시 오른쪽으로 이동시키는 것은 어떨까? 수요곡선에 이동이 없는 한, 공급곡선을 다시 오른쪽으로 이동시키면 생산량은 늘어나고 가격은 하락한다. 어떻게 해야 이렇게 만들 수 있을까? 원유 가격이 급등 이전의 수준으로 하락하면 가능할지도 모른다. 그러나 단기간에 유가가 급등 이전 수준으로 되돌아갈 가능성은 매우 낮아 보일 뿐만 아니라 우리가 유가에 미칠 수 있는 영향력은 없다. 그렇다면 우리가 할 수 있는 다른 방안은 무엇인가? 그 해답은 기술 혁신에서 찾아야 하고, 이를 위해서는 오랜 시간과 노력이 필요하다.

단기적으로 기술 혁신을 이룰 수 있는 방안은 없다. 현재의 기술 혁신 수준은 과거 수년에 걸쳐 기업들이 수행한 연구 개발 투자의 결과다. 같은 제품을 보다 싼 가격에 생산할 수 있는 기술, 과거에 생산할 수 없었던 제품을 생산할 수 있는 기술, 석유 연료를 대체할 수 있는 새로운 에너지 발굴 등 많은 신기술의 개발은 오래전부터 꾸준히 노력해오지 않았다면 거의 불가능한 일이다.

현재의 공급 충격을 극복하고 경제를 호전시키기 위해서는 단기적 시각보다는 중장기적 시각에서 기술 혁신에 총력을 기울이는 자세가 필요하다. 다시 말해, 해외 요인에 의해 나빠진 경제 상황을 단기적으로 타개하겠다고 무리한 수요 정책을 남발하는 것은 엉킨 실타래를 더욱 꼬이게 할 뿐이다. 단기적으로는 주어진 여건 속에서 '버티면서', 중장기적 성장 잠재력을 확충하는 방향으로 나아가야 할 것이다.

그러나 기업가 정신이 뒷받침될 때 과감한 연구 개발 투자가 이루어지고 장기간에 걸친 지속적 연구 개발의 결과로 기술 혁신이 나타난다. 결국 공급 충격을 극복하고 어려운 경제 상황을 타개하기 위해서는 기술 혁신을 이룰 수 있는 기업가 정신을 고양할 수 있도록 제반 정책을 가다듬어야 한다.

기업이 추구하는 이윤은 기업가 정신에 의해 달성된 기술 혁신에 대한 보상이어야 한다. 기술 혁신으로 경쟁에서 승리한 기업이 차지하는 이윤은 정당한 것이고, 그 정당한 이윤을 극대화한 기업은 사회적 지탄의 대상이 아닌 축하와 격려의 대상이어야 한다. 그러므로 어떤 정책보다도 기업 이윤에 대한 이러한 사회적 공감대가 먼저 사회구성원의 머리와 가슴속에 뿌리내려야 한다. 이를 위해서 기술 혁신을 담당해야 할 기업은 부단한 연구 개발 투자와 함께 기업 활동의 투명성과 신뢰성을 회복하여 기술 혁신에 의해 창출된 정당한 이윤을 정경유착 또는 부정한 행위의 산물로 오해받는 일이 없도록 해야 한다.

정부가 해야 할 중요한 정책 과제 중 하나는 경쟁의 결과에 근거하여 기업을 시장 지배적 사업자로 판단하고 처벌하며 인위적으로 시장구조를 개편하는 일이 아니라 기업들이 공정한 경쟁을 펼칠 수 있는 구조적 틀을 마련해주는 것이다.

끝으로 국민들은 과거 정부와 기업들의 행태로 인해 고착된 좋지 않은 시선으로만 기업들을 바라봐서는 안 된다. 기술 혁신을 통해 많은 이윤을 창출하는 기업에 박수를 보낼 수 있어야 한다. 또한 기술 혁신에 의해 변화된 생산방식에 적합한 인적 자본을 배양할 수 있도록 자신의 능력 개발을 통해 기업의 변화된 인력 수요에 적극 대처해야 할 것이다. (2008년 7월 28일)

기업가는 소중한 자산이다

▌ **김영용**(전남대 경제학부 교수, 한국경제연구원 초빙연구위원)

삼성그룹 경영 쇄신 방침의 일환으로 이건희 회장이 일선에서 퇴진했다. 흔히 '경영 일선'에서 퇴진했다고 하는데 틀린 말은 아니다. 경영자로서의 역할도 했기 때문이다. 물론 자본가로서의 역할도 했다. 그러나 더 본질적으로는 기업가로서의 역할을 접었다고 해야 할 것이다. 기업가와 경영자 그리고 자본가는 수행하는 기능 측면에서 서로 다른 개념이며, 이건희 회장의 고유 기능은 기업가이기 때문이다.

현실 세계에서 자본 없는 순수 기업가는 존재하지 않으며 기업가 정신이 없는 순수 자본가도 존재하지 않는다. 두 기능은 정의상 다르지만 하나처럼 뒤섞여 있기 때문이다. 그런 점에서 로스바드(Rothbard)는 커즈너(Kirzner)와는 달리 기업가-자본가(entrepreneur-capitalist)라는 용어를 사용한다.

시장경제는 경영에 의해 작동하는 것이 아니고, 투기·중재 등의 위험을 떠맡는 행위를 의미하는 기업가 정신에 의해 작동한다. 기업가란 불확실한 상업 세계에서 미지(未知)의 이윤 기회를 찾아 나서는 능동적인 행동인(acting man)을 의미하기 때문이다. 그리고 기업가는 경영자가 수행할 업무를 결정한다. 기업의 설립과 폐쇄, 생산 라인의 신설과 폐쇄를 결정하는 사람은 기업가이지 경영자가 아니다. 기업가의 이런 기능을 강조하고 혼동을 피하기 위해 미제스(Mises)는 프로모터(promoter)라는 용어를 사용한다.

시장가격은 각 개인의 가치와 행동에 의해 결정되는 과정(process)의 산물이며, 이러한 과정을 주도하는 사람이 바로 기업가다. 기업가는 이윤을 얻기 위해 시장의 움직임을 역동적으로 주도한다. 이윤을 추구하는 기업가는 아직 채워지지 않은 소비자들의 욕구를 충족시키기 위해 행동하며, 이런 일을 잘 수행하는 기업가들이 더 큰 영향력을 행사함으로써 많은 이윤을 얻고 효율적인 자원 배분을 촉진한다.

시장경제에서 자원 배분이 효율적으로 이루어지려면 잘 작동하는 자산 시장이 있어야 한다. 생산요소에 대한 사유재산권이 없으면, 자본재에 대한 시장가격이 없고, 기업가가 여러 가지 생산 기술들의 상대적 효율성에 대해 판단할 수 없다. 소비재 시장이 존재하더라도 그러한 소비재를 생산하는 데 투입되는 자본재에 대한 의미 있는 가격을 설정할 수 없다. 기업가가 소비자의 요구에 부응하기 위하여 생산 구조를 조정해나가는 수단이 되는 이른바 경제 계산 문제가 해결될 수 없다. 따라서 시장경제 체제의 진정한 기초는 상품 시장이나 노동 시장 또는 경영 시장이 아니라 기업가의 판단이 실행되고 의사결정이 이루어지는 자본 시장이다.

상업 세계를 비롯한 인간 세계에는 물리학의 세계에서처럼 규칙적인 함수관계가 존재하지 않는다. 그러므로 기업가 정신은 과학적 지식의 문제가 아니라 불확실한 미래에 대한 통찰력의 문제며, 기업가적 행동의 결과인 이윤이나 손실은 미래에 대한 통찰력 여부에 따라 결정된다. 기업가가 예리한 통찰력으로 불확실성을 성공적으로 떠맡으면 이윤을 얻고 실패하면 손해를 본다. 이윤과 손실은 기업가가 소비자의 만족에 공헌한 평가를 반영하며, 따라서 기업가의 성공과 실패를 궁극적으로 결정하는 주체는 소비자다. 성공한 기업가에게 자원 사용이 집중되는 것은 자연스러운 현상이다. 물론 경제학에서는 금전적 이윤에 더 많은 관심을 보이는 게 사실이지만, 이윤은 금전적인 것만이 아니라 종전의 상태보다 더 높은 만족을 가져오는 심리적 요인을 포함한 것임을 유의할 필요가 있다.

그럼에도 우리 사회에서 기업가의 본질에 대한 이해는 아직 부족하다. 고작 경영자 정도로 이해한다. 때로는 기업 지배 구조 개선이라는 이름 아래 전문 경영자의 역할을 강조하기도 한다. 그러나 미제스는 강력한 힘을 지닌 경영자들의 출현은 방해받지 않은 시장에서 나온 것이 아니라 정부 정책의 결과라고 설파한 바 있다. 로(Roe) 역시 강력한 경영자는 시장 과정에서 진화한 현상이 아니라 기업의 소유와 지배에 관한 법적 제약 때문에 생긴 것이라고 지적한다.

삼성그룹이 당면한 문제는 경영자의 퇴진이 아니라 기업가의 퇴진이라는 데 있다. 성공적인 기업가의 행동의 결과로 나타나는 경제력 집중 현상과 기업 지배 구조 등을 둘러싼 불필요한 소모적 논쟁을 불식하기 위해서는 상업 세계를 주도하는 기업가에 대한 인식을 새롭게 해야 한다. 그리고 그것은 기업가를 우리 사회의 소중한 자산으로 인식하는 것이다. (2008년 10월 14일)

배임죄와 기업 활동의 자유

▎**이재교**(인하대 법대 교수 · 변호사)

기업의 경영자가 경영상의 판단에 따라 어떤 사업을 했다가 뜻하지 않게 기업에 손실을 끼쳤을 경우 배임죄의 책임을 묻는 경우를 종종 볼 수 있다. 경영자가 사익(私益)을 도모하려는 과정에서 기업에 손실을 끼쳤다면 범죄로 처벌받는 것이 당연하겠지만, 단순히 손실이 발생한 사실만 들어 수사기관이 조사에 착수하고 나아가 처벌까지 하는 일이 있는데, 이는 선뜻 받아들이기 어렵다.

배임죄는 기업의 사무를 처리하도록 위임받은 자(흔히 대표이사)가 그 위임의 취지를 배신하여 재산상의 이익을 얻고 그 결과 회사에 손해를 가한 경우에 성립된다. 특이하게도 배임죄는 고대 로마나 중세 유럽에는 존재하지 않던 유형의 범죄였다. 1813년 독일 바이에른형법에서 배임죄가 최초로 등장했고, 우리 형법이 이를 도입한 것이다. 그래서 전통적으로 사적 자치의 영역에 대한 국가의 통제를 백안시하는 영미법계는 현재도 배임죄가 존재하지 않는다. 따라서 배임죄가 없는 나라가 꽤 있다.

배임죄는 기업 활동의 자유를 위축시킨다는 점이 문제다. 기업 활동에는 위험이 상존(常存)하고(no risk no return), 기업가는 이러한 위험을 감수하면서 기업 활동을 벌여 이익을 실현해야만 한다. 그런데 의도와는 달리 기업 활동의 결과로 손해가 발생할 경우 기업가에게 배임죄의 책임을 묻는다면, 기업가는 위험을 회피한 채 소극적이고 방어적인 경영에만 매달리게 된다. 이렇게 기업 활동의 자유가 위축되는 사회에서는 기업의 발전은 물론 사회의 발전도 기대하기 어렵다.

이러한 면에서 우리나라의 경우 법원이나 검찰이 배임죄를 지나치게 폭넓게 인정하는 현실을 우려하지 않을 수 없다. 법원은 '일단 손해의 위험을 발생시킨 이상 사후에 담보를 취득했거나 대출이 회수되더라도 배임죄가 성립하고(대법원 2002도5679판결)', '조합의 임원이 한도액을 초과하여 대출한 경우에는 대출금 회수 가능성 여부에 관계없이 배임죄가 성립된다(대법원 84도1436판결)'고 판결했던 것이다.

이와 달리 미국은 '경영 판단의 원칙(the business judgement rule)'을 판례법으로 발전시켰다. 이 원칙은 이사의 민사상 불법행위 책임의 성립 여부를 판단하는 기준이다. 이에 따르면 기업의 이사가 합리적인 정보를 바탕으로 기업의 이익을 위해 신중하게 판단하고 집행한 경우라면 비록 결과적으로 회사에 손해를 입히더라도 법원은 그 이사의 경영 행위를 위법으로 인정하지 않는 것이다. 다만, 기업과 그 이사 사이에 기망·위법·이익 충돌이 없어야 한다는 전제가 붙는다. 경영 판단의 원칙은 민사상 불법행위 책임을 배제하는 법리라는 점을 주목할 필요가 있다.

민사 책임과 형사 책임은 차원이 다르다. 민사 책임은 금전 배상에 불과하지만 형사 책임은 범죄인 것이다. 범죄는 어느 사회에서 도저히 용납할 수 없는 행위를 한 자에게 제재를 가하는 게 그 본질이다. 따라서 형사 책임의 범위가 민사 책임의 범위보다 훨씬 더 좁은 것이다.

우리 법원·검찰이 배임죄로 처벌한 사안 중 적지 않은 사례가 경영 판단의 원칙에 의하면 민사상의 책임도 묻지 않을 만한 일이었다. 우리와 미국의 법률 문화가 상이한 점을 감안하더라도 적어도 미국에서 민사상의 책임조차 배제되는 사안에 대하여 우리가 형사상의 책임을 묻는 것은 선뜻 받아들이기 어렵다.

글로벌 시대에 사법적 잣대가 이토록 달라서는 세계 경제의 일원으로 참여하기 곤란하다. 무엇보다도 경제 활동의 자유가 심하게 위축된다. 그런 면에서 적어도 경영 판단의 원칙이 인정될 만한 사안에 대해서는 업무상 배임죄의 책임을 묻지 않아야 한다.

그런데 대법원이 2004년 7월 경영 판단의 원칙을 정면으로 인정하는 판결을 내놓았다. 요약하면, '기업의 경영에는 원천적으로 위험이 내재하므로 경영자가 선의에 기하여 가능한 범위 내에서 수집된 정보를 바탕으로 기업의 이익에 합치된다는 믿음을 가지고 신중하게 결정을 내렸다면, 단순히 기업에게 손해가 발생했다는 결과만으로 배임죄의 책임을 물을 수는 없다(대법원 2002도4229 판결)'는 것이다. 다만, 일선 법원이나 검찰에서 이 원칙을 제대로 적용하는지는 다소 의문이다. 사법 당국이 경영 판단의 원칙에 충실한 것이 법치주의에 부합하는 것이고, 나아가 악덕 기업인의 책임을 제대로 추궁하면서 동시에 기업 활동의 자유를 보장하는 길이라는 사실을 유념할 필요가 있다.

최근 세계적인 금융위기로 우리 경제가 어려워지면서 앞으로 도산하는 기업이 적지 않을 것이며, 그 기업의 경영자를 처벌하라는 여론도 거세질 것이다. 이런 여론에 밀려 무차별적으로 수사하고 처벌한다면, 이는 속칭 '국민정서법'만을 추종하는 비(非) 민주적이고 반(反) 법치적인 처사이며, 경제위기를 가중시키는 어리석은 일이라고 지적하지 않을 수 없다. (2008년 11월 17일)

회사법제의 유연화가 필요할 때

▌ **신석훈**(한국경제연구원 선임연구원)

"경제가 산다는 것은 결국 기업들이 마음 놓고 투자할 수 있는 여건을 만드는 것이다. 그러나 반시장적·반기업적 분위기로 기업인들이 투자를 꺼려온 게 사실이다. 앞으로 경제에 활력을 불어넣어 일자리를 창출하겠다. 규제 완화를 포함해 기업 환경이 완전히 바뀔 것이다." 이 말은 2007년 12월 17대 대통령 당선자가 당선 직후 마련한 기자회견에서 제시한 경제 살리기 대안이다.

"성장과 일자리 창출이라는 목표를 달성하는 것과 기업 활동을 가로막는 불필요하고 시대에 뒤떨어진 규제를 완화하는 것은 중요하다. 이를 위해서는 21세기에 적합한 기업 환경을 조성해야 하고 EU 차원에서의 법적 개입은 시장친화적으로 이루어져야 할 것이다." 이 말은 2007년 10월, EU 역내 시장 담당 집행위원장이 EU 회사들에게 1주 1의결권 원칙을 통일적으로 적용하기 위한 2년간의 노력을 포기하며 유럽 의회에서 제시한 정책 대안이다.

성장과 일자리 창출, 투자 유치를 위한 기업 환경 개선 등은 우리나라나 EU 모두의 최대 현안이며 이를 위한 해결책은 '규제 완화를 통한 시장친화적인 기업 환경의 조성'으로 귀결된다고 할 수 있다. 그렇다면 시장친화적인 기업 환경의 조성을 위해서는 구체적으로 어떠한 정책적 대안이 필요하겠는가?

EU 집행위원장은 '역동적이고 유연한 회사법제의 틀(dynamic and flexible company law framework)'을 만드는 것이라고 제안한다. 유연한 회사법제란 하나의 획일적인 회사의 소유 형태가 모든 회사들에게 최적의 소유 구조를 의미하는 것은 아니므로 이를 사전적·획일적으로 강요하기보다는 다양한 회사 소유 구조 형태 사이에서 경쟁이 왜곡 없이 발생할 수 있는 제도적 틀로서 역할을 하는 법제를 의미하는 것이다.

그리고 이러한 회사의 소유 형태는 궁극적으로 경영의 성과 배분은 소유지분 비율에 따른다는 것을 의미하는 '소유권(현금흐름권)'과 회사 의사결정에 직접적으로 영향을 미치는 '지배권(의결권)' 사이의 비례 정도에 따라 다양한 형태로 결정된다.

따라서 1주 1의결권 원칙에 충실할 경우에는 이러한 소유권과 지배권이 일치하지만 차등의결권, 피라미드 소유 구조, 황금주, 의결권 제한, 상호 출자 등의 수단(Control Enhancing Mechanisms: CEM)들이 사용될 경우에는 소유권과 지배권 사이에서 괴리가 발생할 것이다.

유럽의 기업들은 주주가 실질적으로 가지고 있는 현금흐름권을 초과하여 의결권을 행사할 수 있는 이러한 CEM 구조를 우리나라의 기업들보다 다양하게 소유하며 이를 법적으로 규제해야 할 것인가에 대해 오랫동안 견해가 대립되고 있었다.

이러한 상황에서 2년 전까지만 해도 모든 EU 상장회사들에게 1주 1의결권 원칙을 채택하도록 하여 유럽 금융시장의 통합을 모색하고자 했던 EU 집행위원장이 1주 1의결권 원칙을 모든 EU 회사들에게 강요하는 것은 바람직하지 못하며 이에 대한 법적 조치는 필요하지 않다고 언급한 것은 주위를 놀라게 할 만한 일이었다. 그가 갑작스럽게 입장을 바꾼 이유는 EU 회사 지배구조와 관련된 논쟁에서 가장 치열한 견해 대립이 일어났던 1주 1의결권 원칙 또는 주주민주주의가 모든 기업의 경제적 성과에 긍정적인 영향을 미친다는 증거를 발견할 수 없다는 연구 결과 때문이었다.

그렇다면 우리나라의 대표적인 회사법제인 공정거래법과 회사법에서는 어떠한가? 정부는 현재 우리나라 기업집단의 가장 큰 문제는 지배주주가 계열사들을 이용해 실제 자신의 소유 지분보다 훨씬 많은 의결권을 행사하여 적은 지분으로 기업집단 전체를 지배하는 것이라고 본다. 그리고 여기서 발생하는 문제는 원래 자본시장에서 이뤄지는 감시, 즉 적대적 M&A의 위협을 통해 해결하는 것이 바람직하나 기업집단은 소유권과 지배권의 괴리로 인해 적은 지분으로 이미 상당한 지배권을 유지하고 있으므로 외부의 적대적 M&A 위협인 자본시장의 감시 기능이 약화되어 있어 시장 기능만으로는 해결할 수 없다고 생각한다. 따라서 기업집단의 소유 구조를 출자 총액 제한 제도 등을 통해 직접적으로 규제하여 소유권과 지배권 사이의 괴리를 막아야 한다는 것이다.

이와 같은 관점에서는 회사법상의 1주 1의결권 원칙이나 주주 평등의 원칙에서 벗어나는 대표적인 경영권 방어 수단인 차등의결권과 포이즌 필(poison pill)의 도입에도 소극적일 수밖에 없을 것이다.

결국 현행 공정거래법상의 '기업집단 소유 구조의 직접적 규제'와 회사법상의 '경영권 방어 제도 마련에 대한 소극적 태도'의 논리는 동일하며 이러한 논리 속에는 회사의 소유와 지배 사이에 괴리가 발생하는 것, 즉 1주 1의결권 원칙에서 벗어나는 것은 바람직하지 않다는 것이 전제되어 있다고 할 수 있다.

그러나 지금까지 전통적으로 가장 이상적이라고 보아온 1주 1의결권 원칙은 이미 살펴본 유럽에서뿐만 아니라 미국에서도 기본 원칙으로서 가치를 의심받기 시작했다.

최근 구글(Google)은 기업 공개(IPO)를 하면서 안정된 경영권을 유지하며 장기적 관점에서 회사를 운영하기 위해 외부 주주들의 대부분이 실질적인 지배권을 가질 수 없도록 하는 차등의결권 제도를 채택했으나 투자자들은 구글을 외면하기는커녕 오히려 모집액을 초과하는 신청을 했다.

이와 같은 사실을 고려해보면 지금까지 동일한 이해관계에 있다고 보아온 주주들 중에는 회사의 단기이익에 주로 관심을 보이는 주주와 장기적 이익에 관심을 보이는 주주, 그리고 주로 배당에 대해 관심을 보이는 주주와 지배권에 관심을 보이는 주주 등 다양한 성격의 주주가 존재함을 알 수 있다.

자본시장에서 이러한 다양한 투자자들의 욕구를 충족시켜주며 이들의 투자 의욕을 유발하여 시중의 유동자금을 자본시장으로 유입시켜 자본시장을 활성화하기 위해서는 소유권과 지배권 사이의 다양한 포트폴리오로 구성된 금융 상품을 만들어낼 수 있어야만 할 것이다.

이와 같은 관점에서 보면 회사법제를 유연화하자는 것은 전통적인 1주 1의결권 원칙을 부정하는 것이 아니라 소유와 지배의 괴리를 야기하는 수단들이 효율적인 금융 수단으로 활용될 수도 있다는 측면을 고려하며 이러한 수단들에 대해 선입관을 가지지 말고 균형된 시각에서 접근하자는 것뿐이다.

이러한 균형된 시각을 전제로 한 자본시장의 활성화는 기업의 투자 활성화로 이어질 것이고 이것은 결국 우리 경제에 활력을 불어넣는 계기가 될 것이다. 그렇다면 현재 우리나라의 경제를 살리기 위한 대안으로 새로운 정부가 제시한 '기업들이 마음 놓고 투자할 수 있는 기업 환경 조성'은 기업들에게 하나의 획일적인 틀을 강요하는 것이 아니라 자본시장에 활력을 불어넣는 '유연한 회사법제의 틀'을 짜는 제도적 개선에서부터 시작되어야 할 것이다. (2008년 1월 3일)

적대적 M&A 대책의 필요성

▌ 이병기(한국경제연구원 연구위원)

외환위기 이후 우리나라는 외국인의 투자 유치와 기업 구조조정을 위한 M&A 관련 규제를 대폭 완화했다. 외국인 투자 비중은 2005년 말에 유가증권 시장 시가 총액의 39.7%를 차지했고 외국인이 최대 주주인 회사들도 상당수에 이르며, 우리나라를 대표하는 기업들 중에서도 외국인 투자 비중이 50%를 넘는 기업들도 있다. 외국인이 단독으로 5% 이상의 지분을 보유한 주요 주주인 상장 회사는 2006년 6월 말 현재 239개 사에 이르고 있다.

최근 외국인에 의한 적대적인 M&A 시도가 늘어나고 있다. 우리나라 대표적인 철강 기업인 포스코가 적대적인 M&A를 당할 가능성이 있다는 보도가 최근 있었다. 소버린 자산운용이 2003년 4월 SK텔레콤의 최대 주주주인 SK(주) 지분을 취득, 현 경영진의 교체와 SK텔레콤 주식의 매각을 요구하는 사례가 발생하여 재계에 충격을 준 바 있고, 그 이후에도 아이칸이 KT&G를 적대적으로 M&A 하려 한 시도가 발생했다. KOSPI 200대 기업의 절반 정도가 적대적 M&A에 무방비 상태에 있다는 최근 한국경제신문의 조사는 시사하는 바가 크다. M&A에 대비하는 기업들은 대주주 지분을 늘리거나 자사 주를 매입하고 있다. 경영권 방어에 드는 비용이 적지 않음을 보여준다.

적대적인 M&A는 비효율적인 경영자를 대체하는 유효한 수단의 하나다. 효율적인 기업 경영권 시장에서 건전하게 이루어지는 적대적인 M&A는 외부 세력에 의해 기업 경영을 감시하는 장치로서 기업 가치 제고를 불러오는 기능이 있다. 더구나 적대적 M&A는 지속적인 경영 혁신을 하도록 자극제 역할을 하고, 외국 우량 기업의 국내 진출로 선진 경영 기업을 국내에 들여오는 기회를 마련하기도 한다. 그러나 적대적 M&A는 순기능 못지않게 역기능도 있다. 기업들이 적대적인 M&A의 대상이 되지 않기 위해 단기주의에 몰두함으로써 기업의 장기 성장에 필요한 중장기 투자를 소홀히 할 수 있다는 점이다. 기업 인수자가 겉으로는 경영의 합리화를 내세우지만 사실은 회사 이익보다는 단기 차익을 노리고 적대적 M&A를 시도하는 경우가 허다하다는 점이다.

최근 일본에서도 적대적인 M&A 사건이 증가하고 있다. 적대적 M&A가 늘어난 것은 적대적인 M&A를 어렵게 하는 각종 제도가 개선된 데에서도 기인하지만 그에 못지않게 안정 주주의 지분 비율이 감소한 반면 외국인 지분 비율이 증가했기 때문이기도 하다. 더구나 일본 내에서 적대적인 M&A가 경영 효율성과 경영자의 책임의식을 제고하는 데 유효한 수단이라는 인식이 널리 퍼진 것도 한몫을 했다.

일본에서 적대적 M&A에 대한 관심을 한층 높인 것은 2005년 2월에 발생한 라이브도어의 닛폰방송 경영권을 장악하려 한 사건이었다. 라이브도어는 시간 외 거래를 통해 닛폰방송의 주식을 사들여 이 회사의 경영권을 장악하려고 했다. 닛폰방송의 주식 매집 목적은 물론 닛폰방송이 대주주로 있던 후지 TV를 장악하려는 의도였다. 라이브도어 사건은 적대적인 M&A에 대한 정책 대응을 가속화하는 계기가 되었다. 일본은 2005년 신회사법 제정으로 미국이나 유럽과 같은 수준의 경영권 방어 수단을 도입한 바 있고 방어 수단의 남용을 방지하기 위한 제도를 도입한 상태다.

경영권 방어 장치는 적대적인 M&A가 수반하는 역기능을 인식하고 이를 최소화해야 한다는 논리에 따른 것이다. 우리나라는 공격 수단에 대한 규제가 매우 약한 반면에 유효한 경영권 방어 수단이 거의 없다. 우리나라 상법은 적대적 M&A로부터 기업 경영권을 보호할 공정하고 합리적인 방어 수단을 마련해놓지 못했다. 물론 경영 효율이 낮은 기업은 경영권 교체를 통해 더욱 효율화되어야 한다. M&A의 순기능을 최대화하면서 역기능은 최소화할 수 있는 적대적 M&A 대책이 필요하다. 기간산업이나 첨단산업 등 국가 경제에 중대한 영향을 미칠 수 있는 우량 기업의 경영권을 보호할 수 있는 최소한의 장치는 국가 경제의 장래를 위해 필요하다고 할 수 있다. (2007년 3월 20일)

좋은 기부, 나쁜 기부

▌ 김정호(자유기업원 원장)

많은 사람들이 기부에 나서고 있다. 특히 미국에서는 '기부자본주의(philanthrocapitalism)' 또는 '경쟁적 기부(competitive philanthropy)'라는 말이 나올 정도가 되었다. 기부를 하지 않으면 제대로 된 부자로 인정받지 못할 정도라고 한다.

기부는 좋은 일이다. 내 돈을 풀어서 고통 받는 사람을 도와주는 일, 즉 자발적 자선은 주는 사람의 마음을 풍요롭게 해준다. 어려운 이를 도와주고 난 사람들은 그날 밤부터 그렇게 마음 편히 잠들 수 가 없다고들 말한다.

기부는 받는 사람의 마음도 물론 따뜻하게 해준다. 가난 때문에 겪어야 하는 고통을 어느 정도 덜 수 있으며, 미래에 대한 희망을 가질 수도 있다. 자발적으로만 이루어진다면 열심히 벌어서 어려운 사람에게 기부하는 일은 주는 사람도 받는 사람도 풍요롭게 만든다.

그러나 기부를 할 때도 조심해야 할 것이 있다. 가장 경계해야 할 것은 기부로 인해 부의 창출 기반을 해치지 않게 하는 것이다. 길게 보면 가난을 구제하는 가장 좋은 방법은 원조나 자선보다 사유재산권을 보장하고 시장경제를 확고히 하는 것이다. 남한과 북한의 차이를 보면 너무나 잘 알 수 있는 사실이다. 기부가 시장경제를 흔들어놓는다면 기부의 기반 자체를 허무는 셈이 된다.

불행하게도 자선단체의 종사자들 중에는 사유재산제와 시장경제에 대해서 적대적인 사람들이 많다. 그렇기 때문에 그런 단체에 기부하는 것은 불쌍한 사람을 돕기 이전에 그 단체의 종사자들에게 월급을 주는 일이고, 시장경제에 적대적 태도를 가진 사람들에게 보조금을 주는 셈이다. 자신의 기부금이 결과적으로 자신의 부를 창출해준 시장경제를 허무는 일에 쓰일 수 있는 것이다. 그렇게 된다면 경제성장의 기회는 줄고 기부자의 의도와는 달리 가난은 오히려 늘게 될 것이다.

그 돈이 얼마나 되느냐고 반문하는 사람도 있을 것 같다. 그러나 경영 컨설팅 기업 '맥킨지&컴퍼니'가 미국의 자선단체를 대상으로 조사한 바에 의하면(2003년 기준) 자선단체의 운영비 및 모금액 중에 최소한 1,000억 달러가 낭비되고 있는 것으로 드러났다. 기부금이 불쌍한 사람을 돕기 전에 자선단체 임직원의 밥그릇을 채우고 있음을 보여주는 사례다.

기부금이 시간이 지나면서 기부자의 의도를 벗어나는 현상은 미국의 거의 모든 재단에서 벌어져온 일이다. 설립자의 이름을 따서 세운 록펠러 재단·포드 재단·맥아더 재단은 가장 대표적인 자선 단체들이다. 재단의 창립자인 세 사람은 모두 자유주의 시장경제의 열렬한 지지자였다. 그러나 시간이 흘러가면서 이들 재단의 돈은 시장경제를 증오하는 사람들에 의해서 통제되어갔다.

록펠러 재단만 해도 그렇다. 록펠러가 재단을 설립하면서 원칙으로 삼았던 것은 그 돈으로 자선을 베풀되 받는 사람의 의타심을 유발하거나 낭비를 초래해서는 안 된다는 것이었다. 그는 시장경제를 보완

할 목적으로 재단을 만들었던 것이다. 그러나 시간이 지나면서 주위 사람들은 록펠러가 돈의 사용처에 대해 간섭하지 못하도록 장벽을 쳐 갔다. 그러면서 그 돈은 진보 진영의 자금줄이 되어갔다.

　기부자들도 이런 현실을 깨닫고 해결책을 찾아가고 있다. 그런 현상 중 하나가 소위 사회적 기업가의 등장이다. 기부금을 자선단체에 기부하는 대신 스스로 가난 구제 사업에 적극 나서는 것이다. 예를 들어 사이버 증권 트레이딩 회사인 사이버코프(CyberCorp)의 창업자였던 필립 버버(Philip Berber)는 자신이 직접 '한 가닥의 희망(A Glimmer of Hope)'이라는 재단을 운영하면서 에티오피아 등지에서 빈민 구제 사업을 하고 있다. 그런 사람들에게 기부는 바로 자기가 경영해야 할 사업이다. 단지 그 성과가 자신의 사적인 이윤이 아니라 자기가 관심을 두고 있는 사람들의 생활수준을 높이는 일인 것이다. 그런 의미에서 이런 형태의 자선을 '성과지향형 자선(performance philanthropy)'이라고 부르기도 한다.

　또 존 올린(John M. Olin)이라는 사업가는 기부금의 사용처를 시장경제 연구로 못을 박고 기부 대상 선정에 직접 관여했다. 미국 유명 로스쿨에 개설된 모든 법경제학(law and economics) 프로그램들은 올린 재단의 지원을 받은 것이라 해도 과언이 아니다. 헤리티지(Heritage) 재단·미국 기업연구소(AEI)·케이토 연구소(CATO Institute) 등이 모두 올린 재단의 지원 대상이었다. 더욱 주목할 것은 재단의 돈이 진보 진영의 손으로 흘러들 것을 우려한 나머지 자신이 죽고 나면 일정 기간 내에 모든 기금을 소진하라고 유언했다는 사실이다. 1953년 창설한 재단이 2005년에 해산한 것은 그런 이유 때문이다. 일단 기부금을 출연하더라도 기부자의 의도를 관철시키려면 상당한 노력이 필요함을 보여주는 좋은 사례다.

우리나라에서도 기부가 늘고 있다. 그와 더불어 기부금이 기부자의 의도와는 무관하게 쓰일 가능성도 늘어나고 있다. 삼성이 기부한 8,000억 원도 이미 기부자인 삼성의 손을 떠났으며, 현대가 내는 기부금 역시 그렇게 될 것이다. 많은 장학금이 시장경제를 허무는 공부를 하는 사람들에게 지출되곤 했다. 기부자들은 시장경제의 옹호자이지만, 그들이 기부한 돈은 그 기업을 공격하던 사람들의 손으로 들어가서 시장경제의 뿌리를 약화시키는 역할을 할 가능성이 크다.

그렇기 때문에 자선을 베푸는 부자들도 자신의 기부가 자유기업주의를 보완하고 또 그것을 확고히 하는 데에 사용되는지를 잘 확인해야 한다. 돈을 버는 것만큼이나 베푸는 일에도 정성이 필요하다. (2007년 12월 21일)

잃어버린 10년과 새 정부의 과제

▌송원근(한국경제연구원 연구위원)

2007년 12월 19일 실시한 대통령 선거 결과를 냉혹하게 평가하면 지난 10년간 집권 세력이 시도했던 설계주의적 국가 개조 실험은 실패했다고 말할 수 있다. 일부에서는 지난 10년을 '잃어버린 10년'이라고들 한다. 이는 단순히 정치적인 수사만은 아니다. 설계주의의 역사적 실험은 경제계획에 따라 생산·분배·소비를 결정하는 사회주의 국가들이 1990년대 초 소련 등 공산권의 붕괴로 무너지면서 이미 종언을 고한 바 있다. 이런 역사적 교훈에도 불구하고 우리나라에서는 지난 10년간 사회주의와 궤를 공유하는 실험을 시도했다. 1990년대의 규제 완화와 세계화 지향은 세계사의 흐름을 타는 정책 방향이었음에도 내부적인 제도 개혁의 부재와 동아시아 외환위기라는 외부적 충격으로 인해 조금은 어처구니없게 보이는 시대착오적 정책 실험을 한 것이다.

유사 사회주의적 실험의 첫 번째 예로 들 수 있는 것은 대북 정책이다. 공산권의 붕괴 이후 북한은 세계적으로 거의 유일하게 남아 있던 스탈린식 전체주의 국가였다. 따라서 동북아의 평화 정착, 남북한의 공동 번영을 위해서는 북한의 체제 변화가 당연해 보였다. 그러나 지난 10년간 우리나라의 대북 정책은 체제 붕괴의 위기 속에서 핵을 가지고 위협을 하는 북한 정권에 대해 일종의 '묻지마' 식 남북 화해를 내세워 포용 정책에 치우쳤다. 엄격히 보아 우리의 지원은 아마도 북한의 현상 유지에 이바지했다고 보아야 할 것이다. 이와 같은 대북 포용 정책은 북한의 체제를 대등한 체제로 인정해야 한다는 전제에서 비롯된다. 탈냉전은 공산주의의 몰락을 의미함에도 낭만적 민족주의나 사회주의적 국가 개조에 대한 미련을 버리지 못했던 일부 집권 세력은 북한에 대한 비판이나 상호주의적 접근도 냉전의 부산물로 치부하며 벽안시했다.

좌편향 시각의 또 다른 예는 계급적 사고에 기초한 각종 평등주의 정책들이다. 마르크스에 따르면 자본주의적 생산양식은 인류사 최후의 적대적 생산양식이다. 자본주의는 생산력의 비약적인 발전에도 불구하고 노동자가 창출한 잉여가치를 자본가가 전유하는 계급 간의 적대적 모순으로 인해 인구의 대부분을 빈곤에 빠뜨린다는 것이다. 따라서 이와 같은 계급적 모순을 해결하기 위해 국가의 개입은 필수라는 것이 좌파 세력의 생각이다. 지난 10년간, 특히 참여정부는 여러 가지 경제·사회 정책에서 이와 같은 이분법적 사고의 흔적을 찾을 수 있는 국가 개입 정책을 추진했다. 대기업·부유층의 이해관계와 서민·중소기업의 이해관계가 상반되는 것으로 부각시켜 대다수의 이익을 위해 소수인 대기업·부유층의 이익에 반하는 정책을 수행할 것을 노골적으로 표방했다. 국가 균형 발전, 기업 정책, 부동산 정책, 평준화 교육 정책 등이 그 대표적 예라고 할 수 있다. 그러나 지방의 균형 발전을 위한 수도권 규제 유지, 종합부동산세와 같은 징벌적 부동산 정책, 대기업에 대한 차별적 규제, 경쟁에 의한 차별화를 원천적으로 차단하기 위한 교육 평준화 정책 등은 그 정책의 대가를 톡톡히 치르고 있다. 수도권 및 대기업에 대한 차별적 규제는 투자 부진으로 이어져 서민 경제의 침체와 일자리 창출의 어려움을 불러왔고, 부동산 정책은 주택 공급 부족으로 인한 주택 가격의 급등을, 교육 평준화 정책은 공교육 붕괴에 따른 사교육비 급등을 불러와 오히려 서민 생활에 어려움을 가중시키는 결과를 초래했다. 결국 대기업·부유층과 서민·중소기업을 계급적 적대 관계로 간주하고 결과적 평등을 지향하는 국가 정책이 경제성장을 저해하여 오히려 서민층의 삶을 어렵게 만드는 부메랑이 되어 돌아온 것이라고 할 수 있다.

이는 새삼스러운 것이 아니다. 참여정부의 정책과 유사한 대중 영합적 정책이 성공한 예는 역사적으로 찾아보기 어렵다. 사회주의권의 붕괴 이후 세계사의 흐름은 개방과 자유로운 경쟁에 바탕을 둔 시장경제의 확산이다. 우리나라는 지난 10년간 이러한 세계사적 흐름에서 비켜 선 듯한 모습이었다. 비록 외환위기라는 엄청난 재앙이 있었지만 1990년대에 지향했던 세계화와 규제 완화에 더 박차를 가하고 제도 개혁을 통해 보다 선진화된 사회로 진입했어야 할 시기에 어설픈 좌파적 실험으로 중요한 시간을 낭비했던 것이다. 이것이 '잃어버린 10년'의 모습이다.

새 정부의 과제는 지난 10년간 세계사의 흐름에 역행해온 정부 정책 기조를 되돌리고 개방과 경쟁에 의한 선진화를 추구하는 것이다. 세계화에 적극적으로 동참하면서 그에 적합한 제도 개혁을 이뤄야 한다. 세계화에 적극적으로 참여한다는 것은 자유무역을 통한 경제 통합이고 여기서 가장 중요한 것은 외국인 투자의 획기적 증대를 위한 투자 환경의 개선이다. 투자 환경의 개선에 모든 정책의 초점을 맞춰야 하고 그래야만 세계화 시대에 선진국으로 도약할 수 있다. 따라서

수도권 규제 등 기업 활동을 제약하는 각종 규제의 전반적인 완화가
시급하다. 교육도 우수한 인재의 양성을 제약하는 교육 평준화 정책
에서 벗어나야 한다. 그리고 무엇보다도 외부 효과에 의해 시장의 실
패가 일어나는 경우를 제외하고는 시장에 맡기고 정부의 개입을 최대
한 자제해야 한다. (2007년 12월 26일)

수요의 법칙에 예외는 있는가?

▌ 김영용(전남대 경제학부 교수, 한국경제연구원 초빙연구위원)

어느 경제학 서적에 명품에 대한 소비 행태는 다른 사람과 차별화하기 위한 과시적인 것이며, 비싼 가격은 차별화를 위한 심벌 마크에 지불하는 것으로서 이런 상품은 고가일수록 더욱 잘 팔리는 경향이 생길 수 있으므로 수요의 법칙에서 중요한 예외라고 기술되어 있다. 상대가격과 소비자들이 구매하고자 하는 수요량이 정(正)의 관계에 있으므로 수요의 법칙에 위배된다는 것이다. 인터넷 지식 검색을 해보아도 이런 내용을 쉽게 발견할 수 있다. 비싼 것이라면 무조건 좋아한다거나, 주제넘게 이른바 명품만 선호한다는 소비자들의 구매 행위를 은근히 못마땅해하는 투다. 그런데 이는 과연 수요의 법칙에 위배되는 것인가?

명품을 소지하는 것이 소지자의 '명성'이나 '사회적 위상'을 과시하기 위한 것이라고 하더라도, 그러한 명성이나 위상에 대한 욕망이 증가하여 명품에 대한 수요가 증가하면 수요곡선이 우측으로 이동하는 것이지, 수요곡선의 기울기가 양(陽)이 되는 것은 아니다. 즉, 수요곡선의 기울기는 음(陰)이므로 가격이 오르면 명품 수요량은 줄어든다는 수요의 법칙은 여전히 작동하는 것이다. 만일 명품에 대한 가격이 오를 때 수요량도 증가하여 수요곡선의 기울기가 양이라면, 명품에 대한 수요 증가로 끝없이 오를 수 있는 가격을 멈추게 할 방법이 없다. 따라서 비록 명품에 대한 수요가 과시적 욕구에서 기인하여 높은 가격에서 더 많이 팔린다고 하더라도, 이는 수요곡선의 이동에 따른 것이지 수요곡선의 기울기가 음이라는 수요의 법칙을 부정하는 현상이 아니다.

유사한 예로서 "가격을 낮게 매겼을 때는 잘 안 팔리던 상품이 가격을 높게 매겼더니 불티나게 잘 팔린다"라는 보도를 가끔 접한다. 시장가격보다 꽤 낮은 가격으로 팔려고 하면 구매자가 상품의 품질을 의심하게 되어 시장가격으로 파는 것보다 더 어려워지고, 구매자들로 하여금 특정 상품의 품질이 좋다는 것을 믿게 하기 위하여 가격을 높게 매기면 더 많이 팔린다는 것이다. 이런 현상은 수요의 법칙에 어긋난다고 하는데 이러한 주장은 흔히 가격이 품질 수준을 반영한다는 점에서 일리가 있다. 그렇다고 이런 현상이 수요의 법칙을 부정하는 것인가?

소비자는 물리적 특성이 동일한 상품이라도 가격이 낮게 매겨졌을 때의 상품과 높게 매겨졌을 때의 상품을 다른 상품으로 인식한다. 상품이 다른 만큼 수요도 다르다. 즉, 후자의 경우에는 수요곡선이 전자의 경우보다 원점에서 더 멀리 떨어진 곳에 위치한다. 그러나 이들 수요곡선은 모두 우하향(右下向)하여 수요의 법칙이 적용되는 것은 마찬가지다. 따라서 가격을 높게 매겼을 때 더 많이 팔리는 현상을 발견할 수 있는 것은 사실이지만, 이런 현상이 수요의 법칙에 어긋나는 것은 아니다.

이전에 비해 가격이 떨어졌는데도 수요량이 더 떨어지는 현상 역시 가끔 목격할 수 있는데, 이 또한 수요의 법칙에서 예외적인 것이 아니다. 상대가격은 특정 상품과 다른 상품 간의 가격 비율을 의미할 뿐만 아니라 동일한 상품의 다른 시점 간의 가격 비율을 의미하기도 한다. 상품의 가격이 이전에 비해 떨어졌다 해도 잠재적 구매자들이 미래에 가격이 더 떨어질 것으로 예상한다면 오늘의 가격은 미래의 기대가격에 비해 상대적으로 오른 것이다. 상대가격 상승으로 오늘의 수요량이 떨어진 것이므로 이는 수요의 법칙을 확인하는 현상이지 부정하는 현상이 아니다.

결국 가격과 수요량 간에 역(逆)관계가 있다는 수요의 법칙에는 예외가 없다. 일견 그렇게 보이는 현상을 수요의 법칙에 위배되는 것으로 해석하는 것은 모두 수요의 법칙에 대한 이해 부족에서 연유하는 것이다.

경제학에서 다루는 내용은 눈에 보이지 않고 손에 잡히지도 않는다. 오로지 경제학자의 머릿속에서만 개념과 내용을 이해하고 파악할 수 있다. 학생들은 물론 일반인들이 경제학을 어렵게 여기는 이유이기도 하다. 지난 정부의 부동산 정책 실패도 사실은 집값 결정 원리와 투기 등에 대한 이해 부족에서 기인한 것이다.

기본 개념에 대한 이해 부족으로 부질없는 사회적 갈등을 유발하는 폐해를 막기 위해서도 이를 정확하게 이해하고 가르치는 일은 매우 중요하다. (2008년 4월 15일)

언론 자유와 재산권 보호

▌ 전용덕(대구대 무역학과 교수)

2008년 8월 12일, MBC는 〈PD수첩〉의 광우병 관련 보도에 대한 방송통신심의위원회의 제재 결정을 수용하여 공식 사과했다. PD수첩의 보도로 인하여 우리 사회는 한때 큰 혼란에 빠졌고, 다양한 이슈들이 제기되었다. 여기서는 '언론의 자유'와 같은 '인간의 권리(human rights)'는 재산권으로 수렴된다는 점을 들어 이번 MBC 〈PD수첩〉 사건과 관련된 이슈들을 진단하고 대책을 모색하고자 한다.

만약 어떤 사람이 법정 판결에 불만이 있다고 해서 언론의 자유가 헌법에 보장되어 있다는 이유로 담당 판사의 집에 허락 없이 들어가 불만을 토로할 수 있는가. 물론 그런 일은 가능하지 않다. 왜냐하면 그런 일은 판사의 재산권을 침해하는 일이기 때문이다. 만약 필요하다면 타인의 재산권을 침해하지 않는 범위 내에서 자신의 재산을 사용하여 불만을 표현해야 할 것이고, 그런 자유는 얼마든지 보장되어야 한다.

누군가 극장에서 거짓으로 "불이야!"라고 고함친다면 엄청난 혼란이 초래될 것이다. 따라서 이런 경우 "불이야!"라고 '고함칠 자유', 즉

‘언론의 자유’를 제한해야 한다는 주장이 있다. 앞의 예는 이런 관점에서 미국의 판사 휴고 블랙(Hugo Black)이 ‘언론의 자유는 재산권에 토대를 두어야 한다’는 생각에 기초해 ‘언론의 자유를 제한하지 않고도 문제를 해결할 수 있음’을 보여준 것이다.

언론의 자유라고 말할 때 흔히 원하는 것이면 무엇이든 말할 수 있는 권리가 있다고 생각한다. 그러나 사실 우리가 ‘어디서나’ ‘자유롭게 말할 권리(right to freedom of speech)’를 가진 것은 아니다. 우리가 가진 것은 어떤 장소를 빌려서 연설할 수 있는 권리다. 앞의 예에서 보듯이 언론의 자유가 있다고 아무 데나 들어가서 마음대로 고함칠 수는 없다는 말이다. ‘자유롭게 표현할 권리(right to freedom of the press)’, ‘자유롭게 집회나 시위할 권리’ 등에 대해서도 같은 말을 할 수 있다.

한마디로, 언론의 자유와 같은 인간의 권리는 재산권에 기초를 두거나 수렴되게 행사해야 하고 재산권을 넘어서는 ‘추가적인(extra)’ 것까지 자유롭게 말할 권리는 없다. 그러므로 재산권과 분리하여 언론의 자유 등을 권리로 요구하는 것은 잘못된 것이고, 그런 요구는 권리라는 개념을 혼동하게 할 수 있다. 위의 경우와 같이 극장에서 언론의 자유를 제한해야 한다는 주장은 바로 그런 예다. 반면에 재산권에 기초를 둔 권리라면 제한할 필요가 없다. 이때 재산권이란 ‘사적(private)’ 재산에 대한 권리를 의미한다.

그러면 MBC는 사적 재산인가. MBC는 방송문화진흥회가 총 주식의 70%, 정수장학회가 30%를 보유하고 있는 공영방송 기업이다. 명목상으로는 공영방송이지만 MBC 초기에 방송문화진흥회가 보유한 주식이 사실상 국민의 세금으로 형성되었다는 점에서, 방송문화진흥회 이사들을 대통령 직속의 방송통신위원회가 임명한다는 점에서 국영방송인 KBS와 별다른 차이가 없다. 결국 MBC는 국민의 재산으로 사적 재산권의 원리가 적용될 수 없음을 알 수 있다.

국민의 재산이라는 말은 국민이 '명목상' 소유자라는 것을 의미한다. 국민의 재산은 '실질적으로는' 사실상의 '점유자'가 소유자다. 물론 점유자도 재산을 맡고 있는 기간에 한해서 소유한다. 이 점이 사적 재산의 경우와 다르다. 그러면 MBC의 점유자는 누구인가. 방송통신위원회, 방송문화진흥회 등이 MBC에 영향력을 미치지만 사실상의 점유자로서 절대적으로 중요한 집단은 MBC 임직원이다. 결론적으로 MBC는 명목상의 주인과 달리 실질적으로는 MBC 임직원이 소유자다.

이제 MBC의 해명 방송(보도 이후 60여 일)과 사과 방송(106일)이 '그렇게도' 늦은 이유를 짐작할 수 있다. 신속한 해명이나 사과를 요구하는 MBC의 명목상 주인인 국민의 요구를 MBC의 실질적 소유자인 MBC 임직원이 무시하기 때문이다. 명목상의 소유자와 실질적 소유자가 다르기 때문에 벌어지는 '권리는 향유하고 권리에 따른 책임은 지지 않는 일'이 MBC에서도 재현된 것이다.

MBC 〈PD수첩〉의 보도를 실수로 인정하더라도 사회에 엄청난 파장을 몰고 온 그런 크나큰 실수를 언론의 자유라는 미명하에 이대로 용납할 것인가도 따져보아야 한다. MBC 〈PD수첩〉의 보도가 왜곡이든 실수이든 정당한 재산권을 기초로 한 것이라면 언론의 자유를 완전하게 보호해야 함을 앞에서 보았다. 다시 말하면 언론의 자유를 논의할 때 내용의 왜곡이나 실수가 핵심이 아니라 '재산권의 소지 여부'가 핵심이라는 것이다. 그런데 MBC의 재산권은 '명'과 '실'이 분리되어 있는 이중 구조다. 그런 분리는 제기한 의문에 대한 명쾌한 해답을 불가능하게 만든다.

MBC의 경우는 '누구의' 언론 자유를 보호해야 하는가 하는 문제도 포함한다. MBC 임직원이 명실상부하게 MBC를 소유하고 있다면 소유자인 MBC 임직원이 '자신들의' 언론 자유를 주장하는 것은 정당하다. 그러나 MBC는 비록 명목상이지만 국민의 소유다. 재산권 소유의 형식적인 면만을 본다면 MBC의 소유자인 '국민의' 언론 자유를 보호해야 한다. 그러므로 MBC 임직원이 자신들의 언론 자유를 주장하는 것은 재산권 소유의 형식적인 면만을 고려한다면 재산권적 기초가 없는 것이다.

앞에서 제기한 문제들에 대한 해결책은 무엇인가? MBC를 명실상부하게 '민영화' 한다면 그런 문제들은 대부분 해결될 것이다. 무엇보다도 MBC의 소유자는 자신의 재산을 보호하기 위하여 최선을 다해 직원의 왜곡이나 실수를 방지하고자 할 것이다. 민영화하면 보도 내용의 왜곡은 거의 발생하지 않을 것이다. 보도 내용의 왜곡이 민영방송 기업에 미칠 영향은 너무나 명백하기 때문이다. KBS의 탄핵 방송과 MBC 〈PD수첩〉 광우병 보도가 김영삼 정부 이후 국영·공영방송에서 제작한 것이라는 점은 결코 우연이 아니다. 그러나 민영화한다 하더라도 프로그램 제작자들의 실수를 완전히 없앨 수는 없을 것이다. 그러나 비록 실수를 하더라도 빠르게 대처하여 방송의 영향을 최소화할 것이다.

언론의 자유를 완전하게 허용하더라도 그로 인하여 타인에게 입힌 피해를 면제해주는 것은 아니다. 언론의 자유와 피해의 구제는 별개의 것이다. 그런데 현행 명예훼손과 관련한 법규는 행위자의 '의도'를 중시한다. 그래서 검찰은 왜곡·과장을, MBC는 실수를 주장하는 것처럼 보인다. 문제는 행위자의 의도를 객관적으로 입증하기가 쉽지 않다는 점이다. 다만 행위자의 의도보다는 어떤 행위가 객관적으로 피해를 준 것인가, 즉 행위자의 동기(motivation)보다는 행위의 '객관적

본질(nature)' 에 의존하여 불법을 판단하는 일은 언론 자유를 둘러싼 불필요한 오해와 대립을 해소할 것이다.

마지막으로 앞에서 분석한 언론 자유와 재산권 간의 관계는 각종 인간 권리에 응용할 수 있을 뿐만 아니라 사적 재산권을 확립하는 것이 재산의 국영·공유로 인해 발생하는 각종 문제를 잘 해결할 수 있는 방법임을 첨언한다. (2008년 8월 19일)

한국 기업이든 미국 기업이든
경쟁법의 대상이다

▌ 김현종(한국경제연구원 연구위원)

지난 2006년 9월, 한미 FTA 3차 협상을 앞두고 새로이 부상한 이슈 중 하나는 미국 측이 경쟁 분야 협상에서 요구한 한국 대규모 기업집단 관련 조항의 신설이었다. 당시 언론에 보도되었던 바에 따르면 미국 협상단은 "대규모 기업집단이 반경쟁적 거래 행위에 대한 경쟁법상의 규제 대상이라는 점을 보장한다"는 규정을 협정문 제1조의 각주 사항으로 삽입할 것을 요구했다고 한다. 미국이 이러한 조항의 명문화를 요구했다는 점에서 여론의 관심이 집중되었고 현재 진행되고 있는 제6차 협상에서도 미국 측은 여전히 이 조항의 삽입을 요구할 것으로 예상된다.

한국에서는 경쟁 제한 행위에 대하여 위반 주체가 대기업집단이든, 중소기업이든, 외국인 기업이든 구별하지 않고 사건의 심사·처리가 이루어지고 있다. 처벌 조항도 매출 규모가 클수록 더 많은 과징금이 부과되도록 규정되어 있다. 이렇게 정비되어 있는 제도에 의하여 해마다 상당수의 부당한 공동 행위, 불공정 거래 행위, 시장 지배적 지위의 남용 행위가 시정되었다. 기업집단 단위의 경쟁 제한 행위로 대표되는 부당 지원 행위의 경우도 국내 기업에 대하여 철저하게 심사되고 있다. 공정거래위원회는 민간 기업집단의 위반 행위 이외에도 공기업집단과 금융 기업집단의 부당한 계열사 지원 행위를 적발하여 과징금을 부과한 바 있다. 세계적으로 경쟁 제한 행위에 대한 심사·처벌 규정은 수렴해가는 추세이며 한국도 이에 따라 법제도를 글로벌 기준에 맞추어 개선해왔다. 한국 경쟁 당국과 여러 차례 국제회의를 가진 미국의 경쟁 당국도 이러한 한국의 경쟁법에 대해 충분히 이해하고 있는 상황이기 때문에, 미국 협상단이 필요없는 조항의 별도 신설을 요구하는 데 대해서 선뜻 납득하기는 어렵다.

그렇다면 미국 협상단이 별도로 기업집단 규제 조항의 명문화를 요구한 이유에 대하여 생각해보자. 일부에서는 마이크로소프트(MS) 사건에 대한 불편한 심기로 인하여 미국 측이 한국의 경쟁법이 외국기업에 대하여 편파적이라는 인식을 갖게 되었기 때문이라고 주장하기도 한다. 그러나 이러한 주장보다는 한국 기업집단의 효율성을 약화시켜 한국 시장에서 자국 기업들의 경쟁력을 확보하고자 하는 미국 측의 전략적 판단으로 보는 것이 타당하다고 생각한다. 한미 FTA와 비교되곤 하는 미일 구조조정(SII)은 미국이 1980년대 대규모 대일 적자의 원인을 미일 간 경제구조의 차이 때문인 것으로 판단하고 일본의 제도를 뜯어고치려고 하면서 시작되었다. 미일 구조조정에서 미국 측은 특별히 게이레츠(계열)에 대해 문제를 제기했다. 미국 측은 계열 간 거래가 미국 기업의 일본 진출에 장애가 된다고 주장했으나 사실 그들의 의도는 스탠퍼드 대학의 아오키 교수가 일본의 생산체제로서 극찬한 게이레츠의 효율성을 와해시킴으로써 자국 기업의 경쟁력을 회복시키는 데 있었다. 미일 구조조정도 최종 보고서를 작성하기까지 모두 다섯 차례의 협상 과정을 거쳤는데, 미국은 제2차 협상에서 계열 간 상호 주식 보유 제한을 요구했고, 제3차 협상에서 배타적 거래와 관련하여 일본 독점금지법의 개정을 요구했다. 그러나 이러한 강경한 요구는 논리적으로 타당성이 결여되었기 때문에 쉽게 받아들여지지 않았다. 결국 미국 측은 일본 측이 계열에 대한 가이드라인을 작성하고 배타적 거래에 대한 과징금을 부과하는 것으로 만족하고 최종 합의했다. 이러한 합의 결과는 미국 측이 협상 과정에서 게이레츠에 대해 취했던 강력한 태도에서 크게 물러선 것이었다.

미일 구조조정은 최종 보고서를 발표하고 두 차례의 연차 보고서를 발간한 이후 1990년대 일본 경제의 버블 붕괴와 미국의 경제성장으로 흐지부지되고 말았다. 미일 구조조정은 자유무역협정보다 비공식성이 크고 구속력이 약하여 최종 보고서의 내용이 제대로 이행되지 못한 측면이 강했다. 반면에 자유무역협정은 공식적이고 구속력이 있는 국제 협정이다. 재벌 규제 조항을 공식화한다면 한미 간 무역 마찰이 발생할 때마다 미국의 전략적 도구로서 이용될 우려가 있다. 한국의 경쟁법은 1980년대 일본의 법제도와는 비교할 수 없을 정도로 잘 정비되어 있음에도 미국은 미일 구조조정 과정과 유사한 요구를 반복하는 것이다. 미국 대표부의 요구 사항은 미국 경쟁 당국조차 불필요한 조항으로 인식하는 데도, 미국상공회의소가 미국 의회를 통해 압력을 가하고 있다는 점에서 더욱 우려된다. 이러한 미국 측의 의도를 고려하여 현명하게 협상에 임해줄 것을 한국 대표단에게 당부하는 바이다. (2007년 1월 16일)

경제 주권 대신
소비자 개인의 주권이 필요하다

▌ 김정호(자유기업원 원장)

한미 FTA에 반대하는 사람들은 경제 주권을 포기하는 일이라는 말들을 많이 한다. 그들의 눈에는 국제무역으로부터 나라를 닫아놓는 것이 외세에 대항하는 것이고 경제 주권을 지키는 것으로 보이는 모양이다.

주권을 글자 그대로 해석하면 주인된 권리를 뜻하지만, 그 본래의 의미는 자유롭고 독립된 국가(state)에서 출발한다. 다른 어떤 국가도 한 주권국가의 내정에 대해서 간섭할 수 없다는 뜻을 담고 있다. 국가 간의 왕래와 소통이 적을 때는 이해하기가 쉬운 개념이었다. 그저 다른 나라의 일에 간섭하지 않으면 된다는 것이고, 또 간섭받지 않으면 된다는 것이었다.

그러나 요즈음처럼 나라 간의 관계가 왕래의 수준을 넘어서 하나의 촌락처럼 가까워진 상황에서는 주권이라는 것이 예전처럼 명확히 정의되지 못한다. 한 나라의 통화 정책이 국제 금융시장을 타고 다른 나라들에 영향을 미치고 있는데 무조건 불간섭의 원칙을 고수할 수는 없다. 한 나라의 특정 품목 수입 금지 조치가 다른 교역 국가의 경제에 심각한 연쇄반응을 가져오는 마당에 주권국가라 하더라도 아무 때나 수입 금지를 할 수 있는 자유는 인정하기 어렵다.

특히 반대론자들이 한미 FTA와 관련해서 들고 나오는 경제 주권 개념은 주권이라는 단어가 잘 어울리지 않는다. 그들이 말하는 경제 주권이란 나라를 닫아놓고 특정 제품의 시장을 보호하는 것을 뜻한다. 하지만 FTA는 한 국가가 다른 국가에게 강요하는 것이 아니라 장벽을 거두어내자고 서로 합의하는 것이다. 사인 간의 자발적 협상을 통해서 서로 가진 것을 내주는 것이 각자의 자유를 침해하는 것이 아니듯이 나라 간에 서로 장벽을 거두어내자고 합의하는 것 역시 주권을 포기하는 것과는 아무런 관계가 없다.

국제화된 사회에서는 나라를 닫아놓을 수 있는 국가의 힘을 원천적으로 인정하지 않음을 원칙으로 받아들이는 것이 좋을 수도 있다. 이렇게 생각해보면 쉬울 것 같다. 우리나라의 각 지방자치단체들은 각자 그들의 지역을 '다스릴' 권한을 가지고 있지만, 각 지역민이 자기 지역에서 생산한 것만을 구입하도록 강제하지는 못한다. 생산 지역에 관계없이 소비자 개인이 알아서 선택하게 하는 것이 모든 지역의 사람들에게 이익이다. 그렇기 때문에 각 지역 정부가 자기 지역 주민의 타 지역 제품 구매를 막는 조례를 만들어내는 자유(또는 주권)는 허용해서는 안 된다. 이제 나라 사이의 관계에서도 그런 원칙이 받아들여져야 한다.

문제가 되고 있는 '투자자-국가 소송'이라는 것도 그렇다. FTA를 통해서 두 나라 사이에 많은 것을 약속해놓았더라도 어느 한쪽이 실행 단계에서 지키지 않으면 다른 쪽은 속수무책이 되어버린다. 특히 문제가 되는 것은 투자에 관한 협정을 믿고 상대국에 투자한 사람들의 경우다. 예를 들어 협정문을 믿고 미국의 통신 시설에 투자를 했는

데 협정 내용과는 달리 미국 정부가 정책을 바꿔서 투자를 몰수하려 한다고 생각해보자. 현재 상황에서 한국의 투자자는 원칙적으로 한국 정부를 통해서 미국 정부에 시정을 요구할 수밖에 없다. 그러나 그러자면 투자자의 이익보다는 여러 가지 정치적·외교적 고려가 작용할 수밖에 없고, 그럴수록 협정의 내용을 믿고 투자했던 투자자의 신뢰 이익은 보장받기 어렵다. '투자자-국가 소송'은 투자자가 문제의 정책을 FTA 내용에 맞게 고쳐달라고 요구하는 제도다. 그리고 정책의 당사자인 상대 국가를 상대로 소송을 하기가 어려우니 제3의 심판자에게 심판을 맡기자는 것이다. '투자자-국가 소송'이란 FTA의 실효성을 확보하기 위한 장치일 뿐 주권과는 무관하다. 그럴 때에 주권을 행사하자는 것은 자국도 동의한 FTA 협정 내용을 무시해버리자는 것과 크게 다를 바가 없다. '투자자-국가 소송'에서 문제될 정도의 정책이나 법이라면 협상 당시부터 고쳐야 하는 것이 옳다.

세계화된 시대에는 경제 주권이라는 말보다는 개인 주권, 소비자 주권이라는 말이 더 어울린다. 우리들 각자는 나의 몸과 마음, 내 재산에 대해서 다른 사람에게 피해가 되지 않는 한 내가 원하는 대로 처분할 자유가 있다. 어떤 물건을 소비할 것인지는 소비자 개인이 알아서 결정할 문제다. 외국 제품이 더 마음에 든다면 소비자가 그것을 선택할 수 있도록 허용하는 것이 옳다. 의회나 행정부가 주권이라는 이름으로 외국 물품의 수입을 제한하는 법이나 제도를 만든다면 우리 국민인 각 소비자들의 선택권을 제한하는 것이다. 그것은 결국 주권이라는 이름으로 국민의 기본적인 권리를 제한하는 것이 된다. 경제 주권이 사라진 자리에 소비자 개인의 주권이 우뚝 서기를 기대해본다. (2007년 4월 9일)

기업의 역할과 본질

▍이주선(한국경제연구원 선임연구위원)

통상적으로 경제 활동 주체로 소비자, 기업, 정부 그리고 외국을 꼽는다. 소비자는 경제 활동에서 상품과 서비스를 구입하여 사용하는 동시에 노동, 자금, 원료 등 생산요소를 제공한다. 기업은 가계나 여타 경제 주체들이 제공한 생산요소를 이용해서 상품이나 서비스를 만들어 공급한다. 정부는 상품과 서비스를 구입하기도 하고 직접 생산하기도 한다. 그러나 정부는 이러한 직접적인 경제 활동보다는 시장에서 거래의 질서와 룰을 확립하고 이를 지키지 않는 거래자를 처벌하는 중요한 역할을 한다. 이밖에도 정부는 소비자나 기업이 더 많은 이익을 누릴 수 있도록 경제를 운용하는 역할도 한다. 외국도 수출입의 주체가 되는 또 하나의 경제 주체다.

이들 경제 주체 가운데 기업은 시장에 물건을 공급하는 주체다. 만일 기업이 물건을 만들어 시장에 내놓지 않는다면 소비자는 그 물건을 살 수가 없다. 그럴 경우 소비자는 시장에서 기업이 생산하는 물건을 살 때에 비해서 자기가 누리고 살 수 있는 것이 훨씬 제한될 것이다. 예컨대, 어느 소비자나 가계가 스스로 논과 밭에서 가꾼 쌀과 채소를 먹고, 길쌈을 하여 짠 삼베로 옷을 지어 입고, 자신이 산에서 베어온 통나무로 오두막을 짓고 살아간다고 하자. 이렇게 자급자족을 할 경우 이 사람은 자신의 의식주를 해결할 수는 있지만 일생에 다른 것들을 누리면서 살기는 어렵다. 왜냐하면 한 사람이 만들 수 있는 것은 시간적으로나 기술적으로 대단히 제한적이기 때문이다. 그러나 시장에서 기업이나 개인이 생산한 물건을 교환하거나 거래하면 사람들은 더 많은 것을 누리고 살 수 있다. 이렇게 기업은 분업이나 협업을 통해서 물건이나 서비스를 보다 많이 생산하여 공급함으로써 보다 많은 사람들이 이익을 누릴 수 있게 하는 인류의 탁월한 발명품이다.

그런데 경제학 교과서는 기업을 물리적으로 무엇인가를 생산해내는 공장처럼 생각한다. 다시 말해서 기업을 생산요소를 결합하는 기술을 가진 어떤 물리적인 공간이나 설비로 간주하는 것이다. 그러나 기업을 이렇게 생각하는 것은 현실의 기업과는 너무나 동떨어진다.

사람들이 기업을 만든 이유는 기업이 없는 경우에 비해서 이익이 되기 때문이다. 예컨대, 슈퍼마켓에서 과일, 채소 등 각종 생활용품을 구입하는 경우를 생각해보자. 만일 이 생활용품들을 슈퍼마켓 같은 곳을 이용하지 않고 직접 구입해야 한다면 어떨까? 그러면 소비자는 그 생산자가 누구이며 그 물건들을 만드는 곳이 어딘지 일일이 수소문하여 찾아, 걸어서든 차를 타고서든 그곳까지 가야 하는 등 비용이 많이 든다.

경제학에서는 슈퍼마켓에서 사기 때문에 이렇게 교통비나 시간, 정보를 수집하는 비용을 줄이는 것을 거래비용을 절약한다고 한다. 사람들은 시장에서 사는 것이 거래비용이 적으면 시장에서 사고, 장기 계약이나 내부에서 해결하는 것이 거래비용이 적으면 시장 거래보다는 내부에서 해결한다. 이때 시장에서 거래하는 것보다 내부에서 해결하는 것이 이익이 될 경우 내부에서 해결하기 위해서 만들어진 실체가 바로 기업이다.

아울러 기업의 특성은 마치 사람과 같다. 법에서는 기업을 법인이라고 한다. 법인이라는 말은 사람은 아니지만 사람으로 보고 규율한다는 의미다. 그러므로 기업은 사람처럼 이름을 가지고 세금을 내고 법을 지키면서 활동한다. 또한 기업은 창립되어 성장하고 언젠가는 사라진다. 사라지는 이유는 그 기업이 더 이상 그 본연의 기능을 제대로 하지 못하기 때문이다. 우리나라에서도 수많은 기업들이 이름을 날리다가 사라진 것을 볼 수 있다. 그중에는 중소기업도 있지만 대우, 국제 같은 대기업도 있다.

그런데 기업이 추구하는 목표는 이윤을 창출하고 이를 극대화하는 것이다. 언젠가 신문에 우리나라 기업들의 이자 보상 비율이 대부분 1에도 못 미친다는 기사가 난 적이 있다. 기업들이 장사를 해서 남긴 이윤으로 꾸어온 돈의 이자를 갚는 것도 어렵다는 것이다. 이러한 상황이 일시적이라면 문제가 되지 않는다. 그러나 장기적으로 지속된다면 그런 기업은 살아남을 수 없다.

그러므로 기업은 이윤을 극대화하는 데 최선을 다한다. 그런데 이러한 기업의 이윤 추구 동기는 궁극적으로 모든 사람들을 이롭게 한다. 부연하면 기업은 소비자에게는 높은 품질의 다양한 상품과 서비스를 제공하고, 투자자에게는 투자에 상응하는 이익을 돌려주며, 채권자에게는 이자를 지불한다. 또한 노동자에게는 일자리를 주고, 정부에는 세금을 내며, 원료나 중간재 공급자들에게는 안정적인 판매처를 제공한다.

이러한 기업의 공헌에도 불구하고 우리나라에서는 기업을 부패, 정경유착 그리고 특혜를 위한 검은 거래의 온상으로 지목하는 부정적인 시각이 팽배하다. 그러나 기업이 우리의 삶에서 제공하는 이익은 앞에서 언급한 것처럼 대단히 크기 때문에 이러한 부정적 인식을 바로잡는 것은 우리가 보다 잘살기 위해서는 아주 중요한 일이다.

(2007년 5월 1일)

경제계산과 기업의 크기

▮ 김영용(전남대 경제학부 교수, 한국경제연구원 초빙연구위원)

기업은 얼마만큼 커질 수 있을까? 하나의 대기업이 중소기업은 물론 나라 전체의 기업을 흡수·합병하여 이른바 공룡 같은 존재가 될 수 있을까?

기업의 태동 이유를 처음 설명한 코스(Coase)에 의하면 시장거래의 한계비용과 내부거래의 한계비용이 같아지는 점까지 기업이 커질 수 있다고 한다. 그러나 코스는 암묵적으로 시장이 잘 발달된 경제를 상정함으로써 거래를 내부화하는 데 따른 경제계산 문제를 고려하지 않았다. 코스에 따르면 내부거래 비용이 시장거래 비용보다 적은 한, 모든 거래가 내부화될 수 있다. 따라서 모든 거래를 내부화한 단 하나의 거대 기업이 생길 수 있다는 사실을 이론적으로 배제하지 못한다. 그러나 로스바드(Rothbard)는 미제스(Mises)의 경제계산 개념을 이용하여 자유시장에서 이러한 거대 기업이 출현할 수 없음을 보여주었다.

경제계산이란 시장 정보, 특히 자본재의 시장가격을 이용하여 여러 가지 생산 방법의 상대적 효율성을 평가하는 것을 말한다. 자본재가 특히 강조되는 이유는 소비자가 무수히 많으므로 소비재는 언제나 시장을 가질 수 있기 때문이다. 물론 경제계산을 가능하게 하는 시장 정보가 창출되려면 사유재산권을 전제로 하는 시장이 존재해야 함은 두말할 나위가 없다. 사회주의가 멸망한 가장 중요한 이유가 사유재산권이 없기 때문에 시장, 특히 채권시장이나 주식시장과 같은 자본시장이 생길 수 없어 자본에 대한 시장 정보인 자본의 기회비용을 알 수 없기 때문이라는 것은 널리 알려진 사실이다.

이러한 경제계산 개념을 기업의 크기 문제에 적용할 수 있다. 거래가 내부화될수록 중간재 시장이 그만큼 사라지고, 그에 따른 경제 계산 문제가 대두된다. 이런 점은 외부 시장이 전혀 없는 경우를 보면 명백해진다. 중간재로 사용되는 생산물에 대한 시장이 없어 시장 거래가 없고, 모든 거래가 기업 내부에서 이루어지면 어느 누구도 그 생산물에 대한 가격을 결정할 수 없다. 생산이 여러 단계를 거쳐 이루어지고 각 단계에서 투입되는 중간재의 가격을 알 수 없다면 각 단계별로 자원을 합리적으로 배분할 수 없고, 따라서 각 단계에서 이윤을 얻고 있는지 손실을 보고 있는지를 계산할 방법이 없다. 즉 기업이 어떤 생산 방법이 상대적으로 더 효율적인지를 가늠할 수 없다.

한편 방해받지 않는 자유 시장에서 기업은 언제나 이윤을 극대화하는 생산 방법을 선택하는 경향을 가지므로 거대 기업이 모든 거래를 내부화하는 일은 일어날 수 없다. 즉 거래비용 외에도 경제 계산 비용이 존재하므로 시장에서 기업이 커지는 데는 한계가 있을 수밖에 없고, 이는 곧 모든 기업이 하나의 거대 기업에 흡수·통합될 수 없음을 의미한다. 그런 만큼 시장에는 크고 작은 다양한 기업들이 존재한다. 여기에서 경제계산 비용이란 계산할 수 없는 영역이 확대되는 데에 따른 불합리성, 잘못된 자원 배분, 손실, 궁핍 등으로부터 유발되는 비용을 의미한다.

  이제 언제나 시장 정보를 얻을 수 있음을 전제로 하는 코스의 이론과 그렇지 않을 수 있는 경우를 전제로 한 로스바드의 경제계산 개념을 묶어 기업의 크기에 대해 다음과 같이 정리할 수 있다. 시장거래가 내부화될수록 중간재 시장이 그만큼 사라지고, 이에 따라 시장거래 비용과 내부거래 비용, 그리고 경제계산 비용이 함께 증가한다. 따라서 기업의 크기는 시장거래 비용이 내부거래 비용과 경제계산 비용을 합한 것과 같아질 때까지 커진다. 시장이 잘 발달되어 있어 시장거래의 내부화에 따른 경제계산 비용이 무시해도 될 만큼 적다면 코스의 기업 이론과 같게 된다. 반면에 시장이 잘 발달하지 못한 경우, 내부거래 비용이 시장거래 비용보다 적다고 하더라도 내부화로 요소 시장이 축소되는 데 따른 경제계산 비용이 빠르게 증가하여 기업의 크기를 결정하는 데 중요한 역할을 하게 된다.

  이러한 분석은 일반 사람들이 시장에서 가장 강력한 경쟁자가 상거래에 따른 모든 이익을 독차지할 것이라는 우려를 불식하는 데 도움이 될 것이다. 사회주의 국가처럼 국가가 모든 자원을 '국가'라는 하나의 기업에 강제로 내부화하지 않는 한, 자유 시장에는 다양한 크기와 종류의 기업이 활동하는 자율 메커니즘이 존재하기 때문이다. (2007년 6월 5일)

주주자본주의의 허와 실

▎**신석훈**(한국경제연구원 선임연구원)

　최근 미국발 금융위기를 계기로 신자유주의에 대한 비판이 다시 일고 있다. 일반적으로 신자유주의는 금융 자본이 기업 운영의 주도권을 가지는 주주자본주의가 핵심이라고 알려져 있다. 그러므로 지금의 금융위기는 궁극적으로 '주주자본주의의 위기' 라고도 할 수 있다. 그렇다면 지금까지 미국을 비롯한 선진국 경제 정책의 근간을 이루어온 주주자본주의를 포기하고 대안을 찾아야만 할 시기를 맞은 것인가? 아니면 주주자본주의 운용상의 잘못으로 풀어가야 하는가? 주주자본주의의 '허와 실' 을 분명히 인식한 후 답을 구해보기로 한다.

　주주자본주의는 잘 알려진 바와 같이 주주가 회사의 '소유자' 또는 '주인' 이라는 생각에 기초한다. 따라서 모든 주주들은 되도록이면 회사의 의사결정 과정에서 주도적인 역할을 해야 하는 반면 주주를 대신하여 사업을 운영하는 경영자는 주주의 대리인에 불과하다고 본다. 결국 주주자본주의의 최대 관심사는 어떻게 하면 대리인인 경영자가 주인인 주주의 눈을 피해 자신의 사적 이익을 추구하는 것을 제도적으로 막을 것인가에 있다. 같은 맥락에서 강력한 자본시장에서 경영자 통제 수단인 회사 지배권 시장 활성화를 위해 가장 이상적인 1주 1의결권 원칙, 즉 소유지분권과 의결권의 비례성 유지를 강조하며 이러한 원칙에서 벗어나는 수단들에 대해서는 법적인 조치를 취해야 한다고 본다. 이것은 주주민주주의와 하나의 이상적인 회사 지배 구조를 향한 개혁을 추구하는 것이기도 하다. 결국 경영자의 경영권은 외부적인 법적 통제나 자본시장에서의 적대적 M&A 위협에 의해 통제되어야만 한다는 것이다.

이러한 관점의 연장선에서 보면 재벌이라는 기업집단은 당연히 해체되어야 할 대상이다. 왜냐하면 재벌의 지배 주주는 계열사를 이용해 실제 자신의 '소유 지분'보다 훨씬 많은 '의결권(지배권)'을 행사하고 있다고 보기 때문이다. 결국 논리적으로 보면 우리나라에서의 주주자본주의는 다름 아닌 재벌 비판론과 맥을 같이한다.

이와 같은 주주자본주의는 주주들은 주가의 상승이라는 하나의 동일한 이해관계를 가지고 있는 집단이라고 보는 효율적 자본시장 가설과 경영자는 자기 이익 극대화를 추구하는 합리적 인간이라는 주류 경제학 또는 신고전학파 경제학의 기본 가정을 전제로 한다. 그러나 주주들 중에는 회사의 장기 이익을 선호하는 주주와 단기 이익을 선호하는 주주 등 다양한 성향의 주주들이 존재하므로 주식 가격이 항상 회사의 가치를 정확히 나타내지는 못한다. 따라서 기존의 주주자본주의에서처럼 주주민주주의를 통해 정치 영역에서의 민주주의를 회사 지배 구조에서도 구현하고자 1주 1의결권 원칙을 고집하는 것이 반드시 바람직하지만은 않다. 왜냐하면 다양한 주주들의 선호를 충족시켜주기 위해서는 주식의 구성요소인 현금 흐름권과 의결권을 다양하게 조합할 필요성도 있기 때문이다. 또한 경영자가 항상 자기 이익의 극대화만을 위해 행동하는 것도 아닐 것이다. 더구나 회사는 주주 이외에도 노동자, 채권자, 납품업자 등 다양한 이해관계인들로 구성되어 있으므로 유독 주주만이 회사를 소유한다거나 주인이라고 하기에도 무리가 있다. 물론 주주 이외의 다른 이해관계인들은 사전적으로 계약을 통해 회사와 확정된 권리를 설정할 수 있는 반면 주주는 그렇지 못한 잔여 청구권자인 만큼 회사의 성과 여하에 가장 민감하므로 마치 소유자와 비슷한 지위에 있다고 볼 수도 있다. 그러나 주주 이외의 다른 이해관계자들이 고정된 권리를 가진다고 해서 회사의 성과와 무관한 것은 아닐 것이다.

결국 주주가 회사를 소유한다고 보는 것은 무리다. 회사의 본질은 모든 이해관계인들 사이의 계약의 결합체라고 볼 수밖에 없다. 따라서 지금까지의 주주자본주의에서처럼 회사를 주주의 소유물로 보며 주주의 이익을 극대화하는 것이 회사의 목적이라고 간단히 말할 수 없다. 회사를 구성하고 있는 생산요소의 소유자는 존재할지라도 회사 자체를 소유하는 사람은 존재할 수 없기 때문이다. 따라서 회사를 구성하고 있는 모든 이해관계인들의 이익은 모두 중요하고 이들의 총체적 이익을 극대화시키는 것, 즉 사회적 부를 극대화시키는 것이 회사의 목적이다. 그러나 이러한 회사의 목적을 경영자들이 완벽히 추구하도록 하는 것은 이들의 능력을 벗어난 일일 뿐 아니라 오히려 경영자들에게 변명거리만 만들어줄 위험이 있다. 자신들의 개인적인 이익을 추구하면서 이것이 표면적으로 주주의 이익에 부합하지 않으면 노동자의 이익을 위한 것이라고 변명하고, 노동자의 이익에 부합하지 않으면 주주의 이익을 위해 어쩔 수 없었다고 하는 등 흔히 말하는 '두 주인 문제(two masters problem)'을 야기할 수 있기 때문이다. 따라서 완벽하지는 않지만 경영자의 행동을 객관적으로 평가할 수 있는 현실적 대안으로서의 규범적 기준이 있어야만 할 것이다. 주주 이익의 극대화가 그것이다.

그렇다면 기존의 주주자본주의와 결국 동일하지 않은가? 그러나 경영자가 주주 이익 극대화를 추구하는 것은 주주가 회사를 소유하기 때문이라거나 혹은 주주가 회사의 주인이기 때문이 아니다. '회사 전체'를 위해 경영자가 할 수 있는 차선의 선택이기 때문이다. 따라서 여기서의 주주 이익 극대화는 당연히 주주의 장기적 이익을 의미하는 것이고 비록 완벽하지는 않지만 이것은 다른 이해관계인들의 이익과도 일치할 것이다. 그리고 미흡한 부분은 노동법, 공정거래법, 소비자기본법 등을 통해 지원해주고자 노력해야 할 것이다. 이는 가장 이상적인 최고의 방법은 아닐지라도 현실적으로 가능한 차선책이라고 할 수 있다.

이와 같이 경영자가 주주의 이익을 추구해야 할 의무를 갖는 것은 모든 이해관계인들의 계약적 결합체인 회사 전체의 이익을 추구하기 위한 차선책이므로 단순히 눈앞에 보이는 주가에만 집착하지 말고 장기적인 관점에서 주주 이익 극대화가 회사 전체의 이익으로 귀결될 수 있도록 해야 한다. 따라서 기존의 주주자본주의처럼 경영진을 회사의 소유자 또는 주인인 주주의 대리인으로, 그리고 경영권을 대리비용의 발생 원인으로 보며 법과 적대적 M&A 시장을 통해 통제해야만 할 대상으로 보아서는 안 될 것이다.

주주는 회사의 소유자 또는 주인이라는 생각에 기초하며 발전해온 지금까지의 주주자본주의를 이론적으로 뒷받침해온 것은 주류경제학 또는 신고전학파 경제학이었다. 그래서 현재 미국 신자유주의의 위기를 주류 경제학의 한계로 지적하기도 한다. 그러나 주주자본주의와 시장을 설명할 수 있는 경제학적 도구로 주류 경제학인 신고전학파만 있는 것은 아니다. 신고전학파를 거부하는 것이 아니라 이를 비판적으로 검토하며 한계를 극복해나가는 다양한 경제학적 방법론들이 존재한다. 흔히 법경제학의 큰 틀에 포함시킬 수 있는 신제도 경제학, 거래비용 경제학, 행동 경제학 등이 그것이다. 최근 미국의 법경제학 자들은 전통적인 신고전학파 경제학에 기초한 주주자본주의가 아닌 그 밖의 다양한 경제학적 방법론에 기초하며 주주자본주의의 실체를 밝혀내기 위해 연구하고 있다. 따라서 현재의 금융위기를 주주자본주의 자체의 몰락으로 보는 것은 성급한 판단이다. 주주자본주의에도 다양한 분야가 있기 때문이다.

결국 주주자본주의의 본고장인 미국의 금융위기를 지켜보며 우리가 해야 할 일은 주주자본주의에 대한 부정이 아니라 주주자본주의 정책의 '허(虛)'를 분명히 인식하고 이 부분을 '실(實)'로 채워나가는 일일 것이다. (2008년 10월 6일)

포이즌 필의 작동 원리

▍ 신석훈(한국경제연구원 선임연구원)

최근 기업의 경영권 방어 수단의 하나인 포이즌 필(poison pill)의 도입이 가시화되고 있다. 다만 아직도 경영진이나 지배주주의 이익만을 위해 악용될 소지가 있다며 포이즌 필의 도입을 반대하는 의견도 다수 있고, 엄격한 조건 하에서 도입하자는 견해도 상당수 있다. 포이즌 필의 도입 여부와 도입 방식에 관한 논쟁의 실마리는 포이즌 필이 구체적으로 작동하는 메커니즘을 정확히 이해하는 것에서부터 풀어가야 할 것이다.

포이즌 필의 개념: 주식 희석화 메커니즘

포이즌 필이란 공식적인 법률 용어가 아니라 회사가 외부의 질병(적대적 M&A)을 예방하기 위해 평상시 약(pill)을 복용하다가 그 회사를 목표로 한 적대적 M&A 시도가 발생했을 경우 이러한 약의 효과가 나타나기 시작하는 것을 형상화한 표현이다.

적대적 M&A를 시도하고자 하는 공격 회사가 대상 회사를 상당 부분 삼켜 목구멍으로 넘기려는 순간(공격 회사가 대상 회사의 주식을 상당 부분 취득하여 조금만 더 얻으면 지배권을 손에 쥐게 되는 순간) 독약의 효과가 나타나기 시작하며 공격 회사의 목을 조여와 결국 끝까지 삼키지 못하고 중간에 포기하도록 하거나 또는 삼키는 데 상당한 고통을 수반하게 하는 것, 즉 공격 회사가 이미 취득했던 상당 부분의 주식을 '희석화(dilution)'함으로써 지배권 취득의 시도를 원점으로 되돌려놓아 결국 공격 회사로 하여금 적대적 M&A를 포기하도록 하거나 지배권 취득에 상당한 추가 비용이 소요되도록 하는 것이다.

공격 회사가 가지고 있는 대상 회사의 주식을 희석화할 수 있는 수단들이 넓게 보면 포이즌 필이다. 따라서 현행 상법상 인정되는 '제3자 배정 신주 발행' 제도를 잘만 이용하면 이러한 효과를 얻을 수 있다. 주식에는 의결권이 내포되어 있으므로 제3자에게 신주를 발행하여 인수하도록 한다면 기존 주주들이 주식 수에 비례하여 가지고 있던 회사 지배권이 상대적으로 약화될 것이고 인수 시도자가 가지고 있던 주식 역시 희석화될 것이므로 독약의 효과가 발생한다고 볼 수 있다. 그러나 현행법상의 제3자 배정 신주 발행을 이용해 주식을 희석화해 경영권을 방어하는 데는 많은 법적 제약이 있다. 이러한 법적 제약이 없더라도 이를 통해 경영권을 방어하는 것은 비효율적이다. 예를 들어 누군가가 자기 회사의 주식 취득을 점점 늘려가고 있다고 해 보자. 이 경우, 그 사람의 주식 취득 의도가 경영권을 획득하기 위한 것인지 아니면 단순히 시세 차익을 얻기 위한 것인지 알 수 없는 경우가 일반적이다. 따라서 불안한 마음에 미리 신주를 우호적인 제3자에게 발행하여 경영권을 안정시키고자 할 것이다. 그러나 주식 취득자가 기업 인수를 하고자 한 것이 아니었다면 괜한 짓을 한 것이다. 자본 조달의 필요성이 없음에도 불필요한 자본을 조달한 것이므로 발행 회사뿐 아니라 사회 전체적인 관점에서도 낭비다. 바로 이러한 이유 때문에 기업들은 포이즌 필의 도입을 원하는 것이다. 그렇다면 여기서 말하는 포이즌 필이란 구체적으로 무엇일까?

포이즌 필의 핵심 요소: 신주 예약권

포이즌 필의 핵심 요소는 워런트(warrant; 미국) 또는 신주 예약권(call option; 일본)이라고 불리는 파생 금융 상품의 일종인 콜 옵션(call option)이다. 일정한 기간 내에 일정한 가격으로 발행 회사로부터 일정한 수량의 주식을 저렴한 가격으로 매입할 수 있는 권리의 일종이다. 이러한 증권이 우리에게 생소한 것은 아니다. 우리가 흔히 알고 있는 회사의 임직원에게 발행하는 스톡옵션(주식 매입 선택권)도 일종의 워런트 또는 신주 예약권이다. 다만 현재 포이즌 필 도입과 관련하여 논의되고 있는 것은 현행법상의 스톡옵션처럼 일정한 조건을 수반하는 법정화된 옵션이 아니라 특정한 조건이나 요건 없이 일반적이고 독립적인 옵션 권리를 기업들이 만들어낼 수 있도록 하자는 것이다. 그리고 이러한 독립된 옵션 권리에 기업 스스로 부가적인 여러 가지 조건을 첨가하여 경영권 방어 수단으로서 포이즌 필을 만들 수 있도록 하자는 것이다. 포이즌 필과 신주 예약권은 동일한 것이 아니지만 신주 예약권이 독약을 만드는 데 가장 중요한 핵심 재료이기 때문에 양자를 동일시하는 경우도 있다.

미국에서 이러한 옵션을 이용해 포이즌 필을 만드는 전형은, 회사가 이러한 옵션 증권을 개별 보통주 각각에게 배당의 형식으로 발행하며 옵션 증권상의 권리를 행사하기 위한 조건을 첨가하는 것이다. 즉, 만일 누군가가 회사 주식의 일정 지분(일반적으로 20%)을 취득하는 경우 이 사람을 제외한 나머지 주주들은 이때부터 할인된 가격으로 대상 회사 주식의 매입을 청구할 수 있다는 조건을 붙이는 것이다. 이때

20%를 취득한 적대적 매수 시도자만 옵션 권리를 행사할 수 없으므로 다른 주주들이 옵션 권리를 행사하여 대상 회사의 주식을 새롭게 취득하면 적대적 매수 시도자가 소유하고 있던 대상 회사의 기존 주식이 희석화된다. 따라서 당시까지 유지하고 있던 대상 회사에 대한 지배권이 그만큼 약화되어 적대적 M&A 시도를 어렵게 만드는 것이다.

옵션 증권을 이용한 포이즌 필이 앞에서 설명한 제3자 배정 신주 발행 제도를 이용한 경우와 결정적으로 차이가 나는 부분은 실질적으로 적대적 M&A 시도(20% 정도의 주식에 대한 공개 매수)가 없는 경우에는 회사의 자본 구조나 지배 구조에 아무 변화가 없다는 것이다. 옵션 권리의 행사 요건이 충족되지 않아 권리를 행사할 수 없으므로 대상 회사의 신주가 발행되지 않기 때문이다.

이러한 포이즌 필의 핵심 재료인 옵션 권리와 관련하여 특히 관심을 가져야 할 부분은 옵션 권리가 반드시 경영권 방어를 위한 포이즌 필의 재료로만 사용되는 것은 아니라는 것이다. 여기서의 옵션 권리는 원래 포이즌 필의 재료로 사용하기 위해 탄생된 것이 아니라 자본 시장에서 다양한 성향의 투자자들의 욕구를 충족시켜주며 원활한 자본 조달을 위한 수단 또는 자본시장에서의 다양한 이해관계인들 사이의 이해를 조정하기 위한 수단으로 사용하기 위해 만들어진 금융 상품의 일종이다. 따라서 경영권 방어 수단으로서 포이즌 필을 도입하는 것을 반대하는 것은 단순히 경영권 방어 수단의 하나를 도입하는 것에 반대하는 것이 아니라 유용한 금융 수단의 도입 자체를 막을 위험도 있다. 실제로 2006년 상법 개정안에서는 신주 예약권 제도의 유용성을 인정하면서도 결국에는 도입하지 않기로 했는데 그 이유는 기업들이 이것으로 포이즌 필을 만들어 경영권 방어 수단으로 남용할 것을 염려해서였다고 한다.

포이즌 필의 적법성 판단: 제도 도입 자체와 구별해야

현재 포이즌 필의 도입을 반대하는 입장에서는 칼(신주 예약권)을 도입하면 이것으로 사람을 해칠 것(독약을 만들어 남용)이라는 사실을 우려해 칼의 유용성(자본시장의 자본 조달 편이와 이해관계의 조정)을 처음부터 포기하는 우를 범할 수 있다. 우리 주변에는 다양한 용도에 적합한 다양한 종류의 칼이 있고, 우리는 이를 사용하고 있다. 비록 칼을 이용해 다른 사람을 해할 가능성이 많다는 것이 자명하더라도 우리는 다양한 종류의 칼을 사용하며 그 혜택을 누리고 있다. 다만 그 위험성은 사후적으로 사법부에서 통제한다. 만일 칼을 사용하지 못하게 하거나 허용하더라도 날카로운 칼의 사용을 금지한다면 분명 칼을 사용한 사고율은 급격히 줄어들 것이다.

그러나 이것을 보고 우리 사회가 더 살기 좋아졌다고 말하는 사람은 아무도 없을 것이다. 칼은 분명 위험한 물건이지만 이것에서 얻을 수 있는 효용이 더 크기 때문에 사후에 사용을 통제하며 이용하고 있는 것이다.

또한 자신의 생명에 위협을 가하는 외부 세력의 침입을 막기 위해 칼의 일반적인 용도를 벗어나 이것으로 상대방을 해하더라도 과연 이러한 행위가 형법상의 정당방위에 해당하여 적법한 것인지 아니면 상해죄 또는 살인죄에 해당하여 위법한 것인지의 여부는 사후에 사건의 여러 정황을 구체적으로 고려하여 법원이 판단한다. 정당방위 상황이 워낙 복잡하고 다양하기 때문에 형법에서 사전적으로 정당방위 상황을 자세하게 나열할 수 없고 기본적 판단 기준(자기 또는 타인의 법익에 대한 현재의 '부당한 침해'를 방위하기 위한 행위는 '상당한 이유'가 있는 때에는 벌하지 아니한다; 제21조)만 마련한 상태에서 구체적 판단은 사법부에서 사후적으로 이루어지고 있다.

포이즌 필도 마찬가지다. 평상시에는 포이즌 필의 재료인 옵션 권리(신주 예약권)를 자본 조달을 위해 유용하게 사용하다가 회사의 이익에 반하는 외부의 세력이 침입했을 경우 이를 이용해 독약을 만들어 경영권을 방어하는 행위가 현 경영진의 자리 보존을 위한 것인지 아니면 회사의 이익을 위한 정당한 행위인지에 대한 구체적 판단 기준을 사전적으로 마련하는 데는 한계가 있다. 실제로 발생한 구체적 경영권 방어 상황을 고려해본 후 사후적으로 판단할 수밖에 없다. 옵션 권리를 도입할 경우 이것의 남용을 지나치게 우려해 제도 도입을 주저하는 것은 사전적인 '제도 자체의 도입'과 이러한 제도를 실질적으로 경영권 방어를 위해 사용했을 경우 사후적으로 이루어지는 '적법성 판단 기준'을 동일한 시점에서 동시에 고려하고 있기 때문이다.

따라서 포이즌 필 도입을 인정하더라도 특정한 요건을 갖춘 기업들만 이용할 수 있도록 한다거나 엄격한 제한 조건 하에서만 이용할 수 있도록 하는 것과 같이 구체적인 경영권 방어 행위 이전 단계에서 사전적으로 지나친 조건을 부과하는 것은 바람직하지 않다. 칼을 사용하도록 하면서 사전적으로 특별히 위험성이 있는 전과자나 특정한 사용 방법을 제한하지 않은 것과 마찬가지다. 이렇게 하는 것이 사고율을 줄일지는 몰라도 복잡하고 다양하게 발생하는 정당방위 상황을 모두 사전에 고려할 수 없는 만큼 사회적인 이익보다 비용이 더 크게 들기 때문이다.

미국에서 포이즌 필이 개발된 1980년 초 이후 지금까지 이에 대한 방대한 법리(法理)는 포이즌 필을 사용할 수 있는 기업의 형태나 사용 방법에 관한 입법부의 사전적 제한에 관한 것이 아니라 포이즌 필을 이용해 구체적으로 경영권 방어 행위를 하고 난 후 이루어지는 사후적인 적법성 판단 기준에 관한 것들이다. 30년 동안 포이즌 필을 운용한 미국 법원이 적립한 적법성 판단 기준은 '회사의 사업 방향 기조와 효율적인 운영에 대한 '합리적인 위협'이 존재하고, 방어 조치는 이러한 위협에 비추어 '합리적으로 상응'하는 정도여야 한다'는 것으로 상당히 추상적으로 설정되어 있고 그렇게 할 수밖에 없다. 여기서 무엇이 '합리적'인가에 대한 구체적 내용을 실제의 사건이 발생하지 않은 상태에서 사전적으로 설정하기는 그만큼 어렵고 실효성도 없기 때문이다.

결론

포이즌 필의 도입을 반대하는 입장에서는 그 근거로 포이즌 필을 도입한 미국 회사들이 그렇지 않은 회사들보다 나쁜 기업 성과를 보인다거나 특정한 회사 지배 구조를 갖춘 경우만 좋은 성과를 보인다는 다수의 실증 연구를 들고 있다. 그러나 그 반대의 결과를 보이는 실증 연구도 그만큼은 된다. 결국 포이즌 필의 도입과 기업의 성과, 회사 지배 구조 특성 사이의 관계에 대해서는 일률적으로 말할 수 없다. 왜냐하면 개별 회사는 선택 가능한 다양한 회사 지배 구조 관련 규정 중 자신들이 처한 상황과 자신들의 주주 이익에 가장 부합하는 제도를 선택하고 이러한 제도는 이러한 구체적인 상황에서 작동하며 효과를 나타내기 때문이다.

지금 우리가 고민해야 할 것은 기업들이 자본시장에서 다양한 투자자들의 욕구와 이해관계를 충족시켜줄 수 있는 다양한 금융 상품의 효용성을 마음껏 누릴 수 있도록 해주면서 이것을 이용해 독약을 만들어 경영권을 방어했을 경우 과연 어떠한 기준 하에서 적법성을 판단할 것인가 하는 것이다. 지금까지 살펴본 포이즌 필의 작동 원리와 본질을 고려해보면 제도의 남용을 우려해 신주 예약권의 도입 자체를 반대하는 것은 바람직한 접근이 아니다. 또한 도입은 하되 지나치게 사전적으로 통제하려는 것도 본질적으로 한계가 있다. 물론 포이즌 필에 대한 경험이 전혀 없는 우리나라에서 우리와 법체계가 다른 미국에서 탄생하고 수십 년 동안 시행착오를 거치며 발전해온 미국의 포이즌 필 법리를 그대로 적용하기에는 무리가 있을 것이다.

따라서 최근 미국의 포이즌 필을 도입한 일본의 회사법 운용은 참고할 만하다. 일본은 몇 년 전까지만 해도 우리와 같은 입장이었지만 몇 차례의 법 개정을 통해 신주 예약권 제도를 도입하는 등 지금은 거의 미국에 버금가는 수준의 포이즌 필을 만들어낼 수 있는 제도적 장치를 마련해놓았다. 다만 이러한 제도를 이용해 포이즌 필을 만들어 실질적으로 경영권을 방어했을 경우 어떠한 기준하에서 적법성을 판단할 것인가에 대해 경험이 없으므로 미국의 적법성 판단 기준에 관한 판례 법리를 법이 아닌 지침(guideline)이라는 형식으로 마련하여 사용하고 있다.

우리나라에서도 포이즌 필의 작동 원리에 대한 분명한 이해를 바탕으로 포이즌 필의 도입에 대한 더욱 더 건설적인 논의가 이루어지기를 바란다. (2008년 6월 17일)

친기업 정책과 반시장 정책

▌**신석훈**(한국경제연구원 선임연구원)

현 정부는 친기업 정책을 지속적으로 지향하고 있다. 이러한 맥락으로 최근에는 출자 총액 제한제도의 폐지, 포이즌 필과 차등의결권 등의 경영권 방어 제도 도입을 검토하고 있다. 이를 두고 일부에서는 '친재벌, 반시장 정책'이라고 비판하고 있다.

이러한 비판의 골자는 현재 우리나라 기업집단 대부분의 지배주주가 계열사를 이용해 실제 자신의 '소유 지분'보다 훨씬 많은 '의결권(지배권)'을 행사한다는 것이다. 즉 적은 지분으로 기업집단 전체를 지배하는 것으로 외부로부터 적대적 M&A 위협을 받지 않으며 소수 주주의 이익을 해칠 수 있다는 점에서 우리나라 기업집단의 가장 큰 문제로 지적되는 부분이기도 하다. 이러한 상황에서 포이즌 필 등의 경영권 방어 장치의 도입은 말도 안 되고 오히려 '출자' 등에 대한 사전적이고 직접적인 규제를 통해 실질 소유권을 초과하는 의결권 행사를 억제해야 한다는 것이다.

그렇다면 경영권 방어 제도 도입에 관한 논쟁의 핵심은 소유권과 지배권의 일치 여부에 대한 판단 문제로 귀결된다. 이 문제에 대해 회사제도의 본질이라는 관점에서 접근해보자.

흔히 기업과 회사를 동일시하지만 엄격히 따져보면 서로 다르다. 기업이란 자산 소유자(기업가)가 노동자를 고용하여 운영하는 생산조직으로서 소유권과 지배권이 일치한다. 그러나 산업혁명 이후 기업가는 자신이 소유한 돈으로만 기업 운영에 필요한 자산을 모두 구비하는 것이 불가능했을 것이고, 이를 위해 거대 자본의 조달이 필요했을 것이다. 이것을 가능하게 한 것이 유한책임, 주식의 자유 양도성, 법인격 등의 특징을 지닌 회사제도다. 따라서 '회사'는 기업조직 중 주식을 매개로 불특정 다수로부터 대규모의 자금을 끌어 모으는 자본 조달의 한 방식에서 비롯되었다. 이때 주식은 회사의 경영 성과를 배분받을 권리인 소유권과 회사의 의사결정에 참여할 수 있는 지배권(의결권)의 양축으로 구성되어 있고, 양자를 비례적으로 대응시키는 1주 1의결권을 원칙으로 한다. 그런데 자신의 경영권을 유지하면서 다른 사람으로부터 더욱 많은 자금을 끌어 모으려는 것은 어찌 보면 기업가의 당연한 속성일 것이다. 따라서 기업가는 복수의결권 주식, 피라미드 소유 구조, 중요 의사결정에 대해 특정 주주에게 거부권 부여, 계열사 간 상호 출자 등의 지배권 강화 수단(Control Enhancing Mechanism: CEM)을 통해 적은 지분만 가지고도 이를 초과하는 의결권을 행사하려고 할 것이다.

소유권과 지배권을 불일치시키는 이러한 수단들에 대한 우려, 즉 지배주주(경영진)에 의한 소수 주주의 권리 침해와 회사 지배권 시장의 위축은 단지 우리나라만의 문제가 아니다. 몇 년 전까지만 해도 EU 집행위원장은 이러한 지배권 강화 수단들을 법적으로 막아 회사의 운영 과정에서 모든 주주들이 동일한 발언권을 가지도록 하여 유럽에서 주주 민주주의를 구현하고자 했다. 그러나 2007년 말 이러한 2년간의 노력을 포기했다. EU 16개 회원국과 호주, 일본, 미국 등 다양한 법체계를 지닌 국가들을 상대로 진행한 CEM에 대한 방대한 연구 결과 때문이었다. CEM은 모든 국가에서 폭넓게 사용될 수 있고, 이것이 회사의 성과와 유의미한 상관관계를 나타내지 않는다는 것이었다. OECD 기업 지배구조 조정위원회 역시 2007년 말 보고서를 통해 소유권과 지배권의 괴리에 대해 미리 선험적으로 편견을 가져서는 안 된다는 점을 강조했다. 규제의 필요성이 인정되더라도 소유권과 지배권을 일치시키기 위한 직접적 규제는 경제 행위의 왜곡을 초래하기 때문에 결코 바람직하지 않다는 입장이다.

소유권과 지배권의 괴리에 대한 EU와 OECD의 이러한 입장은 모두 동일한 원칙에 기초한다. 자본시장에 기초하는 것은 계약의 자유라는 것이다. 즉 개별 회사마다 자신들이 처한 상황이 다르고 주주들 역시 선호와 이해관계가 다양하므로 주식의 구성요소인 소유권과 지배권을 어떻게 조합할 것인가에 대해서는 개별 회사가 선택할 수 있도록 해야 한다는 것이다. 다만 사후에 발생하는 문제는 공시와 투명성 개선 등에 기초한 회사법의 기본 원칙으로 해결하자는 것이다.

자본시장에서 계약자유 원칙의 구현은 미국에서 더욱 분명히 나타난다. 미국은 주마다 회사법이 있고, 회사 설립자가 실제 사업지와 무관하게 적용을 받기 원하는 주 회사법을 선택할 수 있으므로 50개의 회사법이 서로 선택을 받기 위해 치열한 경쟁을 벌인다. 따라서 소유권-지배권의 일치 여부와 경영권 방어 제도의 인정 여부에 대해 다양한 태도를 보이는 50개의 회사법 중 회사 설립자와 주주들은 자신들이 선호하는 규정을 가지고 있는 주의 회사법을 선택할 수 있다. 지금까지 이러한 경쟁에서 승자는 미국에서 두 번째로 작은 델라웨어 주다. 델라웨어 주 회사법의 적용을 받고 있는 기업은 모두 80만 개로 이 중에는 미국 공개 회사의 50%, 〈포춘〉지 선정 500대 기업의 60%가 포함되어 있다. 여기서는 소유권과 의결권의 조합 및 내용을 개별 회사들이 정관을 통해 자유롭게 만들 수 있도록 하고 경영진이 포이즌 필과 같은 강력한 경영권 방어 수단을 사용할 수 있도록 하는 등 다른 주에 비해 개별 회사와 경영진에게 많은 재량을 부여한다. 다만 이러한 재량을 남용했을 경우 사법부에서 사후에 엄격히 책임을 묻는다.

이러한 관점에서 보면 회사 조직은 자본이 필요한 경영진이 자본을 제공하는 주주들의 다양한 이해관계를 조절하고 이들의 욕구를 충족시키며 만들어가는 작품이다. 이러한 회사 조직이라는 작품은 다른 형태의 회사 조직과 상품시장, 노동시장, 자본시장 등에서 치열한 경쟁을 하며 효율성을 검증받게 된다. 즉, 다양한 개별 시장이 어우러져 나타나는 '회사 조직 시장'에서 살아남아야만 한다. 따라서 경영진과 주주들에게 회사 조직의 선택 폭을 넓혀주는 친기업 정책은 궁극적으로 친시장 정책이다.

출자 총액을 제한하고 포이즌 필 등의 경영권 방어법제 도입을 막아 특정한 형태의 회사 조직 출현을 처음부터 차단하는 것이 소수 주주에 대한 경영진(지배주주)의 기회주의적 행동을 어느 정도 줄여줄 수는 있을 것이다. 그러나 이러한 정책들이 개별 회사의 운신 폭을 좁히고 소수 주주나 투기적 자본의 기회주의적 행동에 대한 효율적인 대응을 어렵게 하여 회사 전체의 이익을 해칠 수 있다는 사실도 염두에 두어야만 한다. 이것은 결국 경영진의 행동을 사전적·포괄적으로 규제하며 남용의 가능성이 있는 행위를 처음부터 차단하는 정책과 이들의 행동을 가급적 자유롭게 허용하면서 문제되는 행위만을 사후에 제재하는 정책 중 어느 것이 사회 전체적으로 바람직한가의 문제로 귀결된다. 회사법의 세계적 흐름은 공시와 투명성 강화를 통한 주주들의 선택권 보장을 전제로 한 후자 쪽으로 흘러가고 있다. 이것이 친기업 정책의 세계적 흐름이면서 동시에 친시장 정책의 흐름이기도 하다.

물론 사법부를 중심으로 한 우리나라의 사후적 통제 시스템이 선진국에 비해 못한 것일 수도 있다. 그러나 이러한 우리의 통제 시스템이 친기업 정책의 세계적 흐름을 반시장 정책으로 보고 역행해야만 할 정도로 형편없다고 믿고 싶지는 않다. (2008년 8월 26일)

Chapter 4

정책과 규제의 개선

종합부동산세, 헌재 결정에 담긴 뜻

■ 이전오(성균관대 법학과 교수)

제정 초기부터 위헌 시비가 끊이질 않았던 종합부동산세에 대하여 헌법재판소(이하 헌재)가 마침내 2008년 11월 13일 결론을 내렸다. 세대별 합산과세는 위헌이고, 투기 목적이 없는 1가구 1주택자에 대한 과세는 헌법에 불합치하며, 나머지 이중과세 부분 등은 헌법에 위반되지 않는다는 것이다.

헌재 결정 이후 종합부동산세를 어떻게 할 것인지에 대하여 정부, 여당과 야당 간에 극명하게 견해가 대립되었다. 여당 내부에서조차 폐지론부터 개정 불가까지 갖가지 주장이 나오더니, 결국 세율을 낮추고 1주택자 등에 대한 세 부담을 완화하는 선에서 타협이 이루어졌다.

종합부동산세를 둘러싸고 국가적 혼란이 일어난 까닭은 이 문제가 비합리적이고 무리한 세제의 정상화 차원에 머무르지 않고 보수와 진보를 가르는 이념 논쟁으로 비화되면서, 일부 정치권과 언론에서 가진 자와 가지지 못한 자 간의 갈등 구조로 사태를 몰고 갔기 때문이다. 더구나 종합부동산세는 헌법보다 바꾸기 어려운 세제를 만들겠다는 종전 정부의 정치적 의도에 따라 태어난 것이기에 그 파장이 더욱 컸다.

　세금의 본질은 누가 뭐라고 해도 국가 운영에 필요한 재정의 조달에 있고 그 밖의 여러 가지 정책적 목적, 즉 부의 재분배, 특정 경제활동의 조장과 억제, 사회적 형평의 달성 등은 부차적인 것이다. 그런데도 지난 10년간, 특히 노무현 정부에서는 본래의 기능을 떠나 조세제도를 이념적 수단으로 무리하게 사용하는 경향이 두드러졌고 종합부동산세는 그 대표적인 예다.

　종합부동산세는 국세 형태의 보유세다. 본디 보유세는 재산의 보유 사실에 기초하여 부과되는 지방세로서 잔여세 내지 보충적인 과세다. 말하자면, 보유세는 소득세나 기타 세목의 과세가 이루어진 후에 지방자치단체의 서비스 제공에 상응하여 납부하는 최후의 조세로서 그 부담이 소득세 등 여타의 세목보다 훨씬 가벼워야 하는 것이다. 그럼에도 종합부동산세는 그 부담이 지나치게 무겁다. 실현된 소득이 없는 상태에서 과중한 세금을 내려면 무리가 따른다. 여윳돈이 충분하다면 다르겠지만 대부분의 납세자는 빚을 내거나 아니면 살던 집을 처분해야 하는 상황에 부닥치게 된다. 종합부동산세에 대한 불만은 여기서부터 터져나온 것이다.

　종합부동산세는 여러 면에서 무리한 세제인데, 헌재는 그중 우선 세대별 합산 규정에 대하여 헌법에 위반된다고 판시했다. 이 규정이 혼인한 자 또는 가족과 함께 세대를 구성하는 자를 독신자나 사실혼 관계의 부부, 세대원이 아닌 주택 등의 소유자 등과 비교해 불리하게 차별하고 있다는 이유에서다.

　세대별 합산 과세제도의 문제점은 결혼하기 전에는 과세 대상이 아니던 남녀가 결혼했다는 이유만으로 왜 갑자기 종합부동산세를 내야 하느냐 하는 것이다. 아울러 부부 또는 부모와 자식 간에 정상적으로 증여세를 납부하면서 증여한 행위에 대하여 보유세 단계에 가서 왜

이를 부인하고 여전히 한 사람이 재산을 모두 소유한 것처럼 하여 세금을 매기느냐 하는 것이다. 합헌론자들은 세대별 합산 과세 규정이 없으면 명의 분산을 통한 조세 회피를 막을 수 없다고 주장하나 그렇지 않다. 부동산실명법상의 명의신탁 금지조항이나 상속세 및 증여세법상의 증여 추정 규정 등에 의해서도 조세 회피의 방지라는 입법 목적은 충분히 달성할 수 있다. 또 부동산 가격 안정과 투기 방지는 한국 사회 절체절명의 과제이므로 헌법상의 혼인 생활과 가족 생활의 보장 규정을 희생하더라도 부득이하다는 합헌론자들의 주장은 참으로 위험한 발상이다. 세대별 합산이 위헌이라는 이번 헌재 결정은 정책적 목적이라는 공익을 앞세워 헌법적 가치를 훼손하여서는 안 된다는 가치 판단을 분명히 밝힌 점에서 실로 그 의미가 크다.

다음으로 헌재는 투기와 무관하게 장기간 1주택을 보유한 사람 또는 소득이나 수입원이 없어서 세금 납부가 극히 어려운 사람에 대하여 아무런 예외나 고려 없이 무차별적으로 무거운 세금을 과세하는 것은 과잉 금지 원칙에 위반된다고 하면서 헌법 불합치를 선고했다. 굳이 어려운 조세 논리를 들지 않더라도 상식에 부합하는 결론이다.

이에 대하여 과세론자들은 특정 시점(매년 6월 1일)에 재산을 소유하고 있으면 무조건 과세 대상으로 해야지 세금을 납부할 소득 유무의 여부까지 고려해서는 안 된다든가, 종합부동산세 대상자는 전 국민의 2%에 불과하기 때문에 일부 고통을 받는 사람이 있더라도 대(大)를 위해 그런 경우까지 일일이 고려할 수는 없다고 주장한다. 법치주의를 정면으로 부인하는 발상이고 부에 대한 증오와 포퓰리즘에 입각한 사고다. 이런 생각이 만연하면 법치주의는 형식의 틀에 머물게 되고 자본주의는 실체 없는 장식품이 되어버린다.

이번 헌재 결정의 의의는 국가가 편 가르기식 여론에 기대어 부를 징벌하는 식의 조세제도를 운영해서는 안 되고, 특정 정부가 추구하는 정책 목적이 아무리 정당하다고 하더라도 그것을 달성하기 위한 수단이 헌법 원리나 조세법 원칙에 어긋나서는 안 된다는 점을 분명히 한 데 있다.

그럼에도 정치권이나 우리 사회가 헌재 결정의 뜻을 겸허하게 새기지 않고 오로지 정파적 입장에 따라 상대를 비난하기에 급급한 것은 유감이다. 헌재 결정이 나왔을 때 여야를 막론하고 정치권 등이 가장 먼저 했어야 할 일은 사죄와 자성이었다. 그러나 정부 · 정치권 · 공직자 · 언론 어느 곳에서도 반성과 자책의 고백은 나오지 않았다. 교훈을 얻지 못하면 역사는 되풀이된다지만 토지초과이득세, 종합부동산세와 같은 불행한 사태는 다시는 되풀이되지 말아야 할 역사다.

(2008년 12월 22일)

부동산 정책과 시장의 보복

▌ 이재우(부산대 국제전문대학원 교수)

참여정부 들어 부동산 정책만큼 말도 많고 탈도 많은 분야가 또 있을까? 각종 부동산 안정 대책을 쏟아내도 시장은 안정되기는커녕 정책을 비웃기라도 하듯 반대로 달린 경우가 더 많았다.

부동산 정책은 과연 시장 원리대로 하면 탈이 나는 것일까? 시장에 맡기면 투기와 거품이 확대되어 걷잡을 수 없는 혼란이 올까? 대부분의 경제 전문가들은 부동산이 왜 다른 상품과 달라야 하는가에 대한 정당한 이유를 찾지 못한다. 가령 경제학에서는 '아파트는 공급이 다소 경직적인(비탄력적인) 상품일 뿐, 타 상품과 다른 속성도 없다. 공급마저 어느 정도 시간이 지나면 (경제학적 용어로 장기에는) 탄력적으로 변화한다'고 한다.

시장에서 가격이 오르면 그 이유는 간단하다. 수요가 늘거나 공급이 줄어들거나, 아니면 이 두 가지가 동시에 발생한 경우뿐이다. 경제학에서도 거품이나 투기를 부정하는 것은 아니다. 수요를 결정하는 요소로서 가격, 소득, 인구, 기호 이외에 이른바 기대(expectation)라는 변수도 중요하게 취급한다. 그러나 중요한 사실은 기대에 의한 투기적 수요는 자기 주도적으로 발생하는 것이 아니라는 점이다. 어떤 이유든지 시장의 수급 여건에서 가격 상승의 기미가 포착되면 발 빠른 수요자들이 수요에 가세하여 수급 불균형이 더 확대될 뿐이다. 투기꾼들은 어떤 의미에서 가격 상승의 주범이 아니라 종범이라고 해야 옳다.

부동산 가격 상승에 대해서 경제학 교과서에서 말하는 ABC는 무엇인가? 시장 원리에 근거하여 공급을 늘리는 것이 최우선적인 대책이 될 것이다. 택지 공급 확대, 재개발·재건축 규제 완화 등으로 공급을 늘릴 수 있다. 수요를 억제하기 위해서는 금리 인상 등을 통해 시중의 과잉 유동성을 축소하는 조치가 효과적일 수도 있다.

참여정부는 시장의 수급 여건을 개선하는 근본적인 대책보다는 투기 억제에 초점을 맞춰 세금 및 규제 강화에 집중해왔다. 참여정부의 고위 인사들은 재건축 규제를 완화하면 투기만 더 조장하게 되므로 오히려 재건축 규제를 강화해야 한다고 주장하며 실제로 재건축 규제를 강화했고 양도세, 보유세 등을 대폭 인상했다. 한국판 부동산 경제학을 새롭게 기술해야 할 판이다.

경제학 원론에서 시장의 수요와 공급을 다룰 때 금과옥조처럼 다루는 부분이 있다. 가격 규제와 조세가 시장에 미치는 이른바 왜곡 효과(distortion effect)가 바로 그것이다. 가격 규제는 우선 시장의 효율적 자원 배분에 역행한다. 시장가격에서는 가격에 따라 가장 필요한 사람에게 자원이 배분되지만, 가격 규제 하에서는 정부가 정한 인위적 배분 기준에 따라 자원이 배분되어 갖가지 비효율이 발생한다. 곧 시행하게 될 청약가점제가 대표적인 사례다. 열심히 저축해서 작은 집이라도 일찍 장만한 사람보다 만 45세까지 집 한 채 장만하지 못하고 무주택자로 남아 있는 사람이 청약가점이 최대로 높아진다. 1억 원짜리 집을 가진 사람보다 3억~4억 원짜리 전세로 사는 무주택자가 더 높은 점수를 받는 제도가 과연 정당하고 효율적이라고 할 수 있는지 의문이다.

뿐만 아니라 가격을 규제하면 공급이 장기적으로 위축되고 품질이 저하되는 것은 당연지사다. 품질이 저하되지 않도록 정부는 건설 과정에 개입하여 감독을 강화해야 한다. 또한 분양권 불법 전매 사례가 발생하지 않도록 단속에 나서야 한다. 이처럼 가격 규제에서 시작하여 품질 규제, 전매 단속 등 행정 규제가 늘어나는 규제의 피라미드가 생기게 된다. 이 모두가 규제에 따른 사회적 비용이다. 처음에는 좋은 의도로 규제를 하지만 결과적으로 시장의 효율성을 떨어뜨리고 불필요한 추가 규제를 남발하게 되는 것이다.

한편 각종 세금이 부동산에 미치는 시장 효과는 어떤가? 정부는 고가 부동산 소유주를 징벌할 목적으로 재산세를 인상하고 종합부동산세를 신설했다. 그러나 대부분 집주인들은 집값이나 임대료를 대폭 인상함으로써 이에 대응하고 있다. 이른바 조세의 전가 현상이 부동산 시장에도 벌어지고 있는 것이다. 조세의 법률적 내용은 정부가 정하나 실제 시장 효과는 수급 여건에 따라 결정된다. 강남의 부동산 시장이 여전히 공급자 우위 시장이라면 대부분의 조세 부담은 집주인이 아닌 매입자나 세입자에게 돌아갈 수밖에 없다. 고급 골프채에 특별소비세를 매기면, 대부분의 경우 정부 의도와 상반되게 부유층이 아니라 골프 생산업체와 그 종업원에게 세금이 전가되는 것과 마찬가지이유다.

뿐만 아니라 급등한 양도세는 부동산 시장을 사실상 마비시키고 있다. 매입자나 매도자 상호 간에 거래의 이익이 발생함에도 양도세 등 높은 거래 비용 때문에 매매를 기피하고 있다. 이러한 거래 마비 현상은 다른 부동산 매매까지 영향을 미쳐 전국적으로 부동산 시장이 위축되는 심각한 부작용을 낳고 있다.

　최근 전국적인 부동산 거래 부진 속에서 정부는 이제 부동산 시장이 안정되었다고 자평하고 있다. 그러나 거래량이 수반되지 않은 채 국지적인 거래 가격 동향만을 가지고 부동산 시장이 안정되었다고 단정하기는 매우 어렵다. 향후 막혀 있던 부동산 거래량이 터지면서 어느 방향으로 가격이 움직이는가는 결국 시장의 수급에 의해 결정될 것이다.

　무언가 일이 꼬일 때는 원칙과 원리를 되짚어보는 것이 큰 도움이 된다. 그동안의 정부 정책이 왜 기대와 달리 부동산 시장을 엉뚱한 방향으로 몰고 갔는지 그 원인을 곰곰이 따져볼 일이다. 정부가 갖가지 부동산 대책으로 강남과 비강남, 수도권과 비수도권의 집값 격차를 벌려놓을 때마다, 국민들은 세금 폭탄보다 더 무서운 것이 시장의 보복임을 뼈저리게 경험했다. 필요하면 경제학 원론을 다시 들춰보더라도, 이제는 제발 시장 원리에 부합하는 부동산 정책이 나오기를 바란다. (2007년 7월 18일)

토지보상제도 개선안은
또 다른 규제일 뿐이다

▌ 전용덕(대구대 무역학과 교수)

2007년 7월 7일 정부는 토지 보상금이 부동산 가격을 올린다는 조사 결과를 토대로 토지보상제도 개선안(?)을 발표했다. 문제의 토지 보상비 규모는 2003년에 10조 원에 불과하던 것이 매년 큰 폭으로 증가하여 2006년에는 23조 6,000억 원으로 늘어났다. 2007년에도 토지 보상비는 혁신도시, 수도권 신도시 등의 개발로 20조~30조 원의 규모가 될 것이라고 한다. 정부가 제안한 토지보상제도 개선안의 문제점을 분석하기로 한다.

첫째, 정부는 지주에 대한 토지 보상 기준시점을 현행 토지 개발 '지구 지정일(사업인정 고시일)'에서 '주민 공람·공고일'로 1년 정도 앞당기겠다고 발표했다. 결론부터 말하면, 토지 보상 기준시점을 앞당기는 것은 그렇지 않아도 토지의 자유시장 가격보다 낮게 보상되는 토지의 대가를 더 낮게 '후려치는' 것이다.

토지 보상을 전후하여 토지 가격이 큰 폭으로 상승하는 것은 그동안 규제로 인해 토지의 용도가 제한되어 있다가 그런 규제가 철폐되기 때문이다. 그러나 그 시점에서 규제 철폐로 인하여 회복되는 토지의 가치가 한꺼번에 시장가격에 모두 반영되는 것은 아니다. 왜냐하면 시장에서 사람들의 기대나 예측이 언제나 정확한 것은 아닐뿐더러 기대의 형성에도 경우에 따라서는 상당한 시간이 필요하기 때문이다. 규제로 통제된 시장에서 자유 시장으로 바뀌는 경우에는 더욱더 그렇다.

토지의 자유 시장 가치는 정확히 알 수 없고 아파트 같은 건물을 지어 팔았을 때 그 가치가 최종적으로 결정된다. 그래서 최종 구매자가 분양을 받았을 때 어느 정도 프리미엄이 발생하는 것이다. 그리고 토지 개발자, 아파트 시공자 등도 어느 정도의 프리미엄을 획득하게 된다. 이러한 프리미엄은 토지의 용도 규제 변경 또는 철폐로 인해 규제된 상태의 토지 가격이 규제가 없어진 상태의 자유 시장 가격을 찾아가는 과정에서 발생한다고 생각할 수 있다. 그러므로 토지 보상 기준 시점을 지구 지정일로부터 1년 정도 앞당기는 것은 지주에게는 예전보다 더 많은 할인을 강요하는 것이고 토지 개발자 등에게는 더 많은 프리미엄을 주는 방법이다.

둘째, 정부는 '부재 지주'의 경우 토지 보상금 중 1억 원을 초과하는 금액은 현금 대신 채권으로 보상할 계획이라고 한다. 여기에서 부재 지주란 토지 개발지구 지정일 1년 전부터 현지에 거주하지 않는 지주를 말한다. 정부의 이러한 보상 방법은 지주에 비해 소위 부재 지주를 이유 없이 차별하는 것이다. 왜냐하면 만기 이전에 채권을 파는 경우 높은 할인율로 할인하여 처분해야 하기 때문이다.

정부는 채권 보상에 대한 이러한 차별을 감안하여 현금 보상에 비해 양도세 감면을 크게 해왔다. 현재는 현금 보상의 양도세 감면은 양도세액의 10%이고 채권 보상의 감면폭은 15%이다. 정부는 개선안에서 현금 보상은 양도세 감면 폭을 현행대로 두고 만기까지 채권을 보유하는 채권 보상만 감면 폭을 20%로 상향한다고 발표했다.

현금 보상의 경우 토지를 개발기관에 팔아서 개인이 받는 '순(net) 보상금액'은 전체 토지 보상금에서 순 양도세액을 뺀 것이다. 채권 보상의 경우 개인이 받는 순 보상금액은 전체 토지 보상금에서 순 양도세액(만기까지 보유하지 않기 때문에 양도세 감면 혜택은 10%로 추정되는데, 발표된 개선안의 내용만으로는 정확하지 않음)과 채권 할인 금액을 뺀 것이다. 두 경우를 비교하면, 채권 보상을 받는 지주는 현금 보상에 비해 채권 할인 금액만큼 손해를 보게 된다. 그러므로 채권 보상은 현금 보상에 비하여 명백히 차별적인 것이다. 채권을 만기까지 보유하는 경우 순 보상금액은 전체 토지 보상금에 원래의 양도세를 빼고 감면된 세금(양도세의 20%)과 채권 이자율(연 4.75%)을 더한 것이다. 현금 보상금을 만기까지 저축한다고 가정하면, 순 보상금액은 전체 토지 보상금에 원래의 양도세를 빼고 감면된 세금(양도세의 10%)과 현금 보상금에 대한 이자를 더한 것이다. 두 경우에서 공통 요소를 소거하고 나면, 현금 보상의 경우 현금 보상금에 대한 이자가 남고, 채권 보상의 경우 10%의 양도세 감면과 채권 이자가 남는다. 어느 쪽이 유리할지를 결정하는 요소들 중에서 중요한 것은 현금 보상금의 크기와 양도세액의 크기다. 문제는 채권 보유가 유리한데도 채권을 만기까지 보유할 수 없는 부득이한 상황이 발생한다면 그것은 차별적이라는 것이다. 앞에서 논의한 내용과 상관없이 양도세 감면 폭이 다른 것은 차별임이 분명하다.

셋째, 농지가 수용된 지주들이 주변 지역의 농지를 구입할 때만이 양도세를 면제받을 수 있는 현행 제도는 그대로 유지된다고 한다. 이것을 소위 '대토'라고 하는데 대토를 원하지 않는데도 양도세 면제만을 목적으로 '대토'를 하는 경우에는 그만큼 불필요한 토지 수요가 발생하여 개발 주변 지역의 토지 가격을 상승하게 만든다. '대토'는 양도세로 인

한 지주의 반발을 무마할 수는 있겠지만 토지 가격의 상승을 억제하는
데는 좋은 제도가 아닌 것이다.

결론적으로 정부의 토지보상제도 개선안은 규제의 일종으로서 소
득 재분배, 차별, 불필요한 토지 가격 상승 등의 부작용을 초래할 것
이다. (2007년 8월 7일)

수도권 규제 완화, 어떻게 보아야 하나

▌한현옥(부산대 경제학과 교수)

정부의 수도권 규제 완화 방침 발표 이후 여기저기 불만의 소리가 높다. 정부 발표 직후 비수도권 지역에는 '수도권 규제 풀면 지방 경제 다 무너진다', '수도권 규제 완화는 공멸의 길' 등의 헤드라인이 신문을 장식했다. 이러한 기사들을 접하다 보면 수도권 규제 완화로 인해 비수도권 지역 경제가 곧 망할 것만 같다. 그런데 수도권 규제가 완화되면 정말로 비수도권 경제는 심각한 위기에 처하게 될까?

수도권과 비수도권 간에는 경제뿐만 아니라 여러 면에서 격차가 존재한다는 것은 부인할 수 없는 사실이다. 또한 비수도권 지역의 경제 발전을 통해 두 지역 간 경제적 격차가 감소될 수 있도록 정부가 정책을 시행해야 한다는 점도 모두 동의할 것이다. 그러나 수도권 규제 정책이 수도권과 비수도권 간에 격차를 줄이는 유효한 수단인지, 수도권 집중을 억제하면 비수도권 지역이 발전하게 되는지 그렇지 않은지에 대해서는 의견이 하나로 모아지지 않는다.

수도권 정책은 본래 수도권의 인구 집중을 막기 위해 시행되었고, 그러한 방법 중 하나로 인구 집중을 유발하는 시설의 설립 자체에 제약을 두게 되었다. 그 결과 수도권 내에 공장의 설립이나 증설이 자유롭게 이루어질 수 없게 되었다. 그런데 수도권 규제 정책이 국가 균형 발전과 연계되기 시작하면서 수도권의 발전(집중)을 억제하고 비수도권 지역으로 기업의 이전을 유도하여 그 지역 발전을 이루면 국가 균형 발전이 달성될 것이라는 인식이 확산되었다.

이러한 인식과 같이하여 수도권 규제 정책을 수도권과 비수도권이라는 양분된 시각에서 접근하는 경향이 널리 퍼지게 되었다. 이러한 양분된 시각은 수도권 규제 정책을 둘러싼 상황을 마치 수도권과 비수도권 간의 제로섬 게임처럼 만들고 있다. 그러나 현실은 수도권의 손실과 똑같은 규모의 이득이 비수도권에 나타나지도 않을 뿐만 아니라 수도권과 비수도권 간의 제로섬 게임이 되어서도 안 된다.

수도권 규제와 지역 발전의 문제가 현실적으로 관련이 전혀 없다고 할 수는 없다. 그렇다고 수도권 규제가 지역 발전을 이루는 적절한 수단이라고 볼 수도 없다. 수도권에 공장의 신설이나 증설을 막는다고 그 공장들이 비수도권 지역으로 옮겨가는 것도 아니고, 설사 일부 비수도권 지역으로 옮겨가는 효과가 있다고 할지라도 비수도권으로 이전하는 것이 전체 경제의 비용 편익 관점에서 효율적이라는 보장도 없다. 경험적으로도 수십 년간 수도권 정책을 시행해 왔으나 수도권 집중의 문제가 크게 완화되지 않았으며 수도권과 비수도권 간 격차도 크게 개선되지 않고 있음을 알 수 있다. 그러나 획일적이고 경직된 수도권 정책으로 인한 기업들의 투자 기회 상실, 공장 신·증설의 어려움 등 수도권 규제가 자유로운 기업 활동에 대한 제약을 가하여 추가 비용을 유발시킴에 따라 수도권 기업들의 불만은 지속적으로 제기되어왔다.

수도권 규제 정책으로 인해 직접적으로 영향을 받는 피규제자는 수도권에 입지한 기업들과 수도권 지역민이다. 동일 규제로 인해 비용을 지불하는 집단과 편익을 누리는 집단이 상이한 경우 사회 전체 순편익 관점에서 규제의 타당성을 평가할 수밖에 없을 것이다. 그런데 수도권 규제의 경우 규제에 따른 편익을 누리는 대상은 불특정 다수이고 편익의 발생 여부, 그 편익의 크기도 분명하지 않다. 반면에 규제에 따른 비용을 부담하는 대상과 비용의 발생 여부, 그 비용의 정도는 상대적으로 분명하다. 그렇기 때문에 순편익을 따지기도 용이하지 않다.

현재 수도권 규제 정책이 수도권 집중의 완화, 지역 간 격차 완화라는 목표는 달성하지 못하고 있으나 규제로 인한 피해만 분명하다면 이 정책 자체가 잘못된 것이 아닌지에 대한 재검토가 필요할 것이다. 수도권 규제 정책은 수도권 집중에 따른 문제점 완화에만 초점을 맞추어야 한다. 지역 발전이라는 목표는 수도권 규제의 틀에서 벗어나 전향적으로 새로운 정책을 찾아야 할 것이다. (2008년 11월 11일)

부자를 '징벌'하는 조세제도는 개선되어야

▌ 정기화(전남대 경제학부 교수)

정부는 세제 개편을 통하여 일부 계층에 집중된 조세 부담을 완화할 예정이다. 소득세를 비롯한 각종 세율을 인하하고, 종합부동산세도 과세 기준을 상향해 세율을 낮추려 한다. 이를 통하여 정부는 투자와 소비를 촉진함으로써 경제성장률이 제고되어 일자리가 늘어날 것을 기대하고 있다. 그러나 정부의 이러한 세제 개편에 대하여 일부에서는 '부자'를 위한 정책이라고 비판하고 있다.

현행 조세제도는 일부 계층이 부담하는 세 부담이 지나쳐 '부자'를 징벌하는 성격이 강하다. 국세청의 '국세통계연보'에 따르면 2006년 종합소득세 납부 대상자의 10%가 조세의 81.9%를 납부했다. 근로소득세만을 보면 상위 10%가 60.7%를 부담하고 있다. 논란이 되고 있는 종합부동산세의 경우 상위 10%가 77.7%를 부담하고 있다. 법인세의 경우는 더욱 심하다. 2006년 법인세를 신고한 기업의 3분의 2 정도가 흑자를 보았는데, 흑자 기업의 10%가 전체 법인세의 94.3%를 부담하고 있다.

조세가 일부 계층에 집중되는 것은 부와 소득이 일부 계층에 집중된 현실을 반영한다. 2006년 근로소득의 경우 상위 10%가 전체 신고 소득의 56.3%를 차지하며 하위 50%가 9.5%를 차지한다. 또한 2006년 종합합산 토지분의 종합부동산세 신고 현황을 보면 10만 명이 조금 넘는 개인이 과세 표준을 기준으로 45조 원가량의 토지를 소유하고 있다. 금융 소득도 마찬가지다. 2006년 금융 소득 종합과세 신고자가 3만 5,000명가량 되는데, 이들의 5.9%가 전체 금융 소득의 51%를 차지하고 있다.

그렇다고 하더라도 지금의 조세 체계처럼 재원 조달 기능을 크게 벗어나 부와 소득의 재분배 기능을 강조하다 보면 장기적으로 재원의 조달이 어려워지고 저소득층에도 불리하다. 무엇보다 과도한 조세 부담은 일자리를 줄인다. 기술과 전문지식을 갖춘 전문직 고소득 근로자의 근로 유인이 줄어들고 이들은 해외의 일자리를 찾게 된다. 또한 기업은 과다한 조세로 사업을 접거나 해외로 이전할 것이다. 부동산에 대한 과다한 조세는 부동산의 효율적 사용을 저해하여 경제의 효율을 떨어뜨린다. 이로 인해 과세의 기반이 축소된다.

뿐만 아니라 소득 분배도 개선되지 못한다. 분배와 균형을 강조했던 지난 정부 시절 일자리가 줄어들고 그 결과 소득 분배가 악화되었던 것은 잘 알려져 있다. 언뜻 보면 생산과 소득 분배는 선후 관계인 것처럼 보이지만 그렇지 않다. 누구나 생산 활동에 참여하면서 자신의 몫이 얼마나 될 것인지 예상한다. 예상한 만큼 소득을 얻지 못하면, 그러한 경제 활동을 줄이게 된다. 따라서 생산과 분배는 동시에 이루어지는 것이다. 분배 몫을 바꾸면 생산이 줄어들고, 복지 지출을 위한 재원도 줄어든다. 따라서 소득 분배를 개선하기 위한 조세 정책을 효율적으로 설계하는 것은 대단히 중요하며 단순히 명분만으로 '부자'를 징벌하면 오히려 생산의 위축으로 저소득층의 처지가 어려워지는 것이다.

더욱이 여론에 기대어 '부자'를 징벌하는 조세 체계를 선택하거나 이들에 대한 감세에 반대하는 것은 유권자의 표를 의식한 것으로 다수에 의한 소수의 약탈을 합리화할 우려가 있다. 일반적으로 유권자들은 자신의 이익을 위해 정부 지출의 확대를 찬성하지만 자신의 조세 부담에 대해서는 부정적이다. 따라서 소수에 대한 약탈적 성격의 조세제도에 대해 찬성할 가능성이 크다. 종합소득세의 납세 대상자는 개인이 약 33만 4,000명인데 이는 전체 가구의 2% 정도에 불과하다. 법인의 경우도 마찬가지로 전체 사업체 수의 2% 정도에 해당한다. 종합부동산세는 더욱 심하다. 따라서 여론조사를 하면 종합소득세 인하나 소득세 인하를 반대하는 목소리가 더 높을 수밖에 없다. 이러한 유권자의 선호를 반영하다 보면 정치 영역에서 소수인 집단이 조세의 대부분을 부담하는 결과가 초래되고 다수가 소수를 약탈하는 정책이 민주주의라는 명분을 앞세워 합법적으로 시행될 수 있는 것이다.

일부 소수로부터 부와 소득을 약탈하여 다수의 저소득층에게 재분배하는 정책은 바람직하지도 않고 장기적으로 실현 가능하지도 않다. 역사적으로 보더라도 세정의 문란으로 일부 국민의 부담이 가중되면 이들은 생산 활동을 포기하고 일터를 떠나 유랑하거나 국가 권력에 반발해 국가를 위험에 빠지게 만든다. 가장 효율적인 재분배정책은 일자리를 통하여 저소득층의 소득을 높이는 것이다. 조세 정책의 기본은 국민들로 하여금 생업에 자유롭게 종사하도록 하고, 이들의 활발한 생산 활동을 통해 국가 재정을 튼튼히 하는 것임을 명심해야 한다. (2008년 10월 8일)

코끼리 숫자와 제도 개혁

▌ 이병기(한국경제연구원 연구위원)

아프리카 동부의 케냐에서 코끼리는 사유재산이 아니다. 코끼리는 자신이 원하는 대로 어디나 자유롭게 돌아다닐 수 있다. 대신 케냐 정부는 밀렵꾼으로부터 코끼리를 보호하기 위해 관광용을 제외하고는 상업적으로 코끼리를 이용하는 것을 금지했다. 그런데 이런 규제 조치는 코끼리 숫자의 급격한 감소를 초래했다. 반면에 아프리카 남부의 짐바브웨 정부는 코끼리 서식지 주민들에게 사유재산권을 주고 상아와 코끼리 가죽의 매매를 허용했다. 그러자 오히려 코끼리의 숫자가 증가했다(김정호, 《7천만의 시장경제 이야기》). 소유권 인정으로 짐바브웨는 코끼리의 수를 늘릴 수 있었다. 어떤 제도를 선택하였는가가 코끼리 숫자의 결정적인 차이를 불러왔던 것이다.

한 나라의 경제적 성과도 마찬가지다. 제도를 어떻게 바꾸느냐에 따라 경제적인 성과가 다르게 나타난다. 우리도 이제 경제 선진화를 위해 어떤 제도를 선택할 것인가를 결정해야 한다.

지난 정부 시절 세계경제가 그리 나쁘지 않았는데도 우리나라 경제는 비틀거리는 모습을 보였다. 세계경제의 흐름으로 볼 때 경제의 막힌 부분을 풀어 경제의 글로벌화를 보다 적극적으로 추구했어야 했다. 하지만 그때 정부는 경제의 흐름을 풀기보다는 주로 묶었다. 기업 부문에 대한 규제 장치의 강화, 부동산 부문에서의 반시장적인 정책들, 지역 균형 발전을 위한 수도권 규제의 강화 조치 등은 풀기보다 막기를 한 대표적인 제도들이다. 경제의 선진화를 위해서는 경제의 자유로운 흐름을 어렵게 하는 이 같은 규제들을 푸는 것부터 시작해야 할 것이다.

우선적으로 해야 할 중요한 일은 기업들을 옭아매는 제도들을 푸는 일이다. 규제 완화를 통해 기업하기 좋은 환경을 마련해야 한다. 영국과 아일랜드가 규제 개혁과 경제 개방을 통해 기업의 환경을 획기적으로 개선함으로써 경제성장과 선진화를 달성한 사례를 타산지석으로 삼을 필요가 있다. 아일랜드와 우리나라는 역사적인 경험이나 두 나라가 처한 경제적인 여건이 엇비슷하다. 두 나라 모두 가난한 과거를 떨쳐버리고 단숨에 경제 강국으로 부상했다. 더욱이 아일랜드는 식민지 본국인 영국의 GDP와 1인당 국민소득을 뛰어넘었다. 이에 비해 우리는 일본과 두 배 이상 차이를 보인다. 아일랜드는 EU에 대한 시장 개방, 외국인 직접투자 확대 등 대외 개방과 함께 과감한 규제 개혁을 단행한 이후 급속한 경제성장을 이루었다. 아일랜드와 한국, 무척이나 닮은 두 나라가 다른 모습을 보이게 된 원인은 경제 활력을 유지할 수 있도록 경제제도와 환경을 마련했느냐에 있었다.

경제성장을 위해 또 필요한 것은 새로운 산업을 일으키고 기존의 기업들이 투자를 하도록 제도들을 풀어주는 일이다. 새로운 사업을 시작하기 쉽도록 창업 규제를 푸는 일, 기존 기업이 새로운 일을 시작하기 위해 필요한 투자를 억제하는 제도들을 풀어주는 작업이 필요하다. 기업들은 많은 현금을 갖고 있지만 어디에 투자할지 판단을 유보하고 있다. 기업들이 투자 판단을 유보하는 이유는 앞날에 대한 투자자의 확신이 없거나 미래에 대한 불확실성이 그 근저에 깔려 있기 때문이다. 불확실성은 기업에 영향을 주는 기업 간 경쟁 양태, 경제 정책 및 제도의 불확실성에서 비롯된다. 그렇기 때문에 기업 투자 활성화를 위해서는 시장 환경이나 정책 환경 전반의 불확실성과 함께 불안정한 제도들을 정비할 필요가 있다. 그동안 투자의 걸림돌이 되었던 출자총액제한제도의 개선은 진전이 있는 듯 보이지만, 고용과 사유재산권제도 그리고 기업 지배 구조에 대한 지나친 개입 등 기업의 자유로운 활동을 어렵게 하는 제도적 여건들은 여전히 지속되고 있다.

현재 우리나라 경제는 지지부진한 노사 관계 개혁, 공기업·규제 개혁 부진, 신성장동력 발굴의 지연, 고급 인력 양성을 위한 대학 개혁의 부진 등 1980년대 이전의 영국의 상황과 닮은꼴이다. 우리의 경제 개혁은 지난 10년간 부진했고 또 지연되어왔다. 영국의 대처 정부가 행했던 것과 같은 과감한 경제 개혁으로 우리 경제가 활력을 되찾을 수 있는 계기를 마련해야 할 것이다.

그렇게 하려면 경제 활동을 어렵게 하는 여러 가지 제도적인 제약 조건들을 과감하게 바꾸어야 한다. 이번에 새로 구성되는 국회에서는 그동안 미루어두었던 제도 개혁 작업부터 시작해야 할 것이다. 더글러스 노스(Douglas C. North) 교수의 말을 빌리지 않더라도 제도 변화는 경제 성과의 차이를 가져온다. 코끼리의 숫자는 제도의 선택에 따라 달라졌다는 점을 잊지 말아야 할 것이다. 경제성장과 선진화를 이루기 위해 이번에 새롭게 구성될 국회에서는 막혔던 규제들을 풀고 묶였던 기업의 발목을 풀어주는 제도 개혁 작업을 착실하게 이루어가길 바란다. (2008년 4월 8일)

세금이 폭탄이어야 되겠는가?

▌ 김상겸(단국대 경제학과 교수)

해마다 연초면 세금 이야기가 사회적 이슈로 떠오른다. 보유세 과세표준(공시가격)을 새로 조정하여 발표하기 때문이다. 특히 2007년에는 과세표준이 급격히 올라 앞으로 세금 부담이 더욱 증가할 것이라는 예상을 놓고 논쟁이 뜨겁다. 언론에서 발표한 바에 따르면 올해 재산세와 종합부동산세 등 보유세 부담은 큰 폭으로 증가하는데, 일부 지역은 작년 대비 3배 이상 증가할 것이라고 한다. 이러한 이야기를 접하는 데 있어 국민들의 반응은 대체로 두 가지 의견으로 엇갈린다. 환영한다는 견해와 억울하다는 견해가 그것이다. 전자는 고액 부동산 소유자들이 많은 세금을 내는 것은 당연하다는 입장이며, 후자는 가격은 실제로 외적인 요인들에 의해 오른 것인데 급격히 오른 세금이 부담스럽다는 주장이다.

3배 정도 증가된 세 부담에 대하여 감내할 수 있는 사람도 있을 것이지만, 대개의 경우 살림을 꾸리는 데 큰 짐이 된다. 왜냐하면 비록 외형적으로는 재산 보유에 과세되는 보유세라 할지라도 세금을 납부하는 원천은 '소득'인 경우가 일반적이기 때문이다. 실제로 보유세를 납부하기 위해 재산을 처분하는 경우는 거의 없다. 따라서 세 부담을 감내할 수 있으려면 소득의 증가 속도와 보유세 증가 속도가 최소한 같아야 하는데, 1년 사이에 소득이 몇 배씩 증가한다는 것은 매우 드문 일이다. 이런 맥락에서 세금 부담의 급격한 증가는 가계에 분명히 문제가 된다.

세 부담 증가의 속도도 문제라 할 것이지만, 보다 심각한 것은 세 부담의 증가 자체다. 세금 인상을 찬성하는 측은 재산 보유가액이 증가했기 때문에 세금도 따라서 늘어나야 한다고 주장한다. 하지만 재산 보유가액의 증가란 재산을 처분하기 전까지는 미실현 이익에 해당되기 때문에 소위 실소비자라고 하는 1가구 1주택 소유자들에게는 그리 설득력이 없는 이야기다. 더구나 보유 기간에 증가한 재산가액에 대해서는 처분할 때 양도소득세로 따로 과세되기 때문에 동일한 과세 물건(재산가액의 증가분)에 대해 두 번 과세하게 되는 문제가 있다. 보유세에 대하여 이중 과세의 논란이 끊이지 않는 이유도 바로 여기에 있다. 현실적으로 1가구 1주택 소유자들은 부동산 거래 차익을 노린 투기 세력이라고 보기 어렵다. 이런 사람들에게까지 무차별적으로 중과세 하는 것은 세금이 응징 수단으로 이용되고 있다는 비난을 면하기 어려운 것이다. 이와 같은 문제는 장기 보유 은퇴자의 경우 더욱 심각하다. 앞에서 밝힌 바와 같이 보유세를 납부하는 원천은 대개 소득이라 할 터인데, 일정한 소득이 없는 상태에서 해마다 몇 배씩 세금 부담이 늘어나면, 버티기 어려워지는 것이다. 우리나라는 한 세대 전만 하더라도 '물려받은 재산이 많은 부자'가 별로 없는 가난한 나라였기 때문에 현재의 '재산 부자'는 대개 열심히 노력해서 재산을 모은 사람들이 많다. 이러한 사람들까지 모두 투기꾼이라 싸잡아 중과세 하는 것은 징벌적 과세가 될 수 있는 것이다.

이와 관련하여 정부의 한 고위 인사는 "보유세 부담이 정 버겁다면 살던 집 팔고 싼 집으로 이사가면 된다"는 말을 했다고 한다. 참으로 무책임한 말이 아닐 수 없다. 집이란 보통 한 사람 또는 한 가구의 삶의 터전이다. 그런데 세금 부담을 감당하기 어려워 이사를 가야 한다면 정부가 이들을 세금으로 내쫓는 것과 다를 바 없다. 주거·이전의 자유가 보장된 나라에서 있어서는 안될 일이다. 현실적으로 비싼 집은 그 이유가 있는 것이고, 싼 집은 또 그 나름대로 저평가되는 이유가 있는 것이다. 각종 생활 편의 시설이 집약되어 살기가 좋은 지역은 집값이 비싸고, 그렇지 않은 지역은 집값이 상대적으로 싼 것이 현실이다. 이러한 맥락에서 보자면 비싼 집을 팔고 싼 집으로 이사 가라는 말은 현재 사는 집보다 더 불편한 집으로 이사를 가라는 말이 된다. 세금 때문에 주거 복지 수준이 하향 조정된다는 이야기는 여기서 나오는 것이다. '국민들을 어떻게 하면 더 좋은 환경에서 더 잘살게 해줄 수 있는가?'를 고민해야 하는 정책 책임자의 입장에서 해야 할 말은 절대 아니라고 본다.

보유세 부담이 과도하다는 지적에 대해서 정부에서 늘 하는 이야기가 있다. 재산세 실효세율이 아직 1%도 안 된다는 말이 바로 그것이다. 선진국의 그것은 1% 이상 되는 데 비해 우리나라는 그보다도 한참 낮으니 과도하지 않다는 것이다. 하지만 이와 같은 주장은 논리적 근거가 희박하다. 우리나라가 비교 대상이 되는 선진국처럼 국민소득이 높지 않은 다음에야 실효세율이 같아야 할 이유도 없을뿐더러, 특히 정부가 전가의 보도처럼 내세우고 있는 실효세율 1% 기준에 대한 근거도 찾아볼 수 없기 때문이다. 비교 대상으로 삼는 국가들이 세금의 대가로 제공하는 정부 서비스는 우리나라의 그것보다는 한참이 높은 것이 사실인데, 이러한 사실은 간과한 채 단지 세율만 단순 비교한다는 것은 설득력이 참 약한 주장인 것이다.

그렇다면 어떻게 해야 하는가? 큰 방향으로 보자면 세금 부담을 낮춰야 한다. 1년 사이에 세 배씩 증가하는 세금 부담은 결코 적절한 정책이라고 볼 수 없다. 더욱이 소득 수준의 증가가 상대적으로 정체된 상황에서 세금 부담을 무턱대고 올리는 것은 국민들의 어려움을 가중시키는 결과밖에는 안 된다. 이 대목에서 상대적으로 세금 부담이 낮은 사람들은 반대할지 모른다. 하지만 고액 납부자들의 세금이 증가한다고 해서, 세금 부담이 적은 사람들이 내야 하는 세금 액수가 줄어드는 것도 아니다. 비록 점진적이기는 하지만 모든 재산 보유자에게 해당되는 재산세 과세표준도 해마다 높아지기 때문이다. 결국 고액 납세가 아닌 사람들의 세 부담도 증가 속도만 차이가 날 뿐, 지속적으로 높아지게 된다. 지금 당장이야 나보다 세금 많이 내는 사람들을 보며 기분 좋을지는 몰라도, 종국에는 다 같이 어려워지게 된다는 말이다.

필자의 개인적인 견해지만, 우리나라 국민들의 납세 의식은 대단히 높다고 생각한다. 정부가 필요하다고 설득하면 비록 불만은 있어도 기꺼이 따르는 사람들이 대부분이다. 2006년 말 종합부동산세 부과 시 자진 납세 비율이 국세청의 예상보다 훨씬 높았다는 것이 이를 증명한다고 볼 수 있다. 하지만 이런 식으로 세금 부담을 높이면 언제까지 국민들의 납세 순응도가 높게 유지될지 모른다. 선뜻 수긍할 수 없는, 또는 억울한 세금이 많아질수록 납세 의식은 급격히 황폐화될 수 있는 것이다.

전쟁터의 폭탄이 심각한 문제가 되는 것은 의도하지 않았던 엉뚱한 사람들도 다치게 할 수 있기 때문이다. 세금 폭탄의 피해가 선의의 피해자를 양산할 수 있음은 다시 한번 생각해야 할 대목이다. 세금으로 폭탄 만들 때가 아니라는 말이다. (2007년 5월 8일)

국민연금 개혁 논의 무언가 부족하다

▌ 이재희(경원대 경상대학 교수)

2006년 말 국회 보건복지위원회를 통과한 국민연금 개혁 법안과 기초노령연금 법안이 2007년 3월 현재 아직 본회의에 상정되지 못하는 등 최근 국민연금개혁 성공 가능성에 대한 회의가 커지고 있다. 또한 한나라당이 전체 노인의 80%에게 월 35만 원을 지급하는 내용의 국민연금법 수정 동의안 발의를 검토하는 것으로 알려지고 있어 국민연금 개혁 성공에 대한 전망은 더욱 불투명해지고 있다.

정부·여당 안이나 한나라당 안 모두 국민연금 개혁의 기본 방향으로서 연금 재정 안정화와 사각지대 해소를 명시적으로 고려하고 있으나 정부·여당 안은 장기 재정 안정화에, 한나라당 안은 사각지대 해소에 보다 중점을 두고 있다. 따라서 연금 재정 안정화와 사각지대 해소는 기본적으로 상충되는 측면이 있으므로 국민연금 개혁 목표 중 어디에 중점을 두는가에 따라 정부·여당 안과 한나라당 안에 대한 상대적인 평가는 달라질 수밖에 없다.

그렇다면 현재 이와 같은 연금 재정 안정화와 사각지대 해소 중심의 접근은 정부·여당 안과 한나라당 안에 대한 포괄적이고도 적절한 판단 근거를 제공하는가? 현재 연금 재정 안정화와 사각지대 해소 중심의 논의에서 간과되고 있는 국민연금 개혁과 관련된 중요한 문제는 무엇이고 이러한 문제를 고려할 때 현재의 국민연금 개혁 논의는 어떻게 바뀌어져야 하는가? 이러한 질문에 대한 답변을 통해 우리는 현재 이루어지고 있는 국민연금 개혁 논의를 바라보는 새로운 관점을 발견할 수 있고 장기적으로 국민연금 개혁 논의가 어떠한 방향으로 이루어져야 하는가에 대한 이해를 높일 수 있다.

국민연금 개혁 논의는 현재 그 중심에 있는 연금 재정 안정화와 사각지대 해소 외에도 계층 간, 세대 간 형평성 제고와 국민경제의 자원 배분 과정에 미치는 부정적 영향 최소화 등 여러 문제에 대한 고려가 필요하다. 특히 국민연금이 국민경제의 자원 배분 과정에 미치는 영향의 경우 국민경제에 대한 파급 효과가 다시 국민연금의 지출과 수입에 영향을 미침으로써 재정 안정화와 사각지대 해소 문제로 환원되는 특성이 있다. 따라서 국민경제에 대한 파급 효과를 고려하지 않은 국민연금 개혁 논의는 단기적이고 부분적인 효과 분석에 기초한 부적절한 논의에 그칠 수밖에 없는 근본적인 한계가 있다.

현재의 국민연금제도는 부분 적립식 확정 급여형 제도로서 연금보험료의 징수, 관리, 자산운용, 급여의 거의 모든 과정이 국민연금관리공단에서 이루어진다. 이와 같이 정부가 독점적으로 운영하는 확정급여제도의 경우 규모의 경제를 통한 관리 행정 비용의 절감, 위험 풀링(pooling) 효과의 증대 등 사회 보험으로서 여러 장점에도 불구하고 국민경제에 대해 다음과 같은 부정적 효과가 발생하는 문제가 있다.

첫째, 자산운용 결정이 국민연금관리공단이라는 단일 기관에서 이루어지므로 다양한 가입자들의 위험 선호를 반영하기 어려운 문제점이 있다. 특히 그동안 국민연금 자산운용 포트폴리오가 시장 중립적

자산운용 포트폴리오에 비해 채권 비중이 지나치게 높다는 비판이 제기되어왔고 이러한 지적에 따라 최근 국민연금관리공단은 국내외 주식 비중의 단계적 확대 계획을 발표하기도 했다. 그러나 시장 중립적 자산운용 관련 문제가 부분적으로 해소될 수 있다 하더라도 가입자들이 자신의 위험 선호에 적합한 연금자산을 직접 선택하는 대신 국민연금에 일괄적으로 강제 위임해야 하는 현 구조가 유지되는 한 국민연금관리공단과 다른 자산운용 포트폴리오를 가지는 가입자들의 후생은 감소할 수 있다. 2000년 스웨덴의 수익연금제도 하에서 가입자의 분권적 자산운용이 허용되었을 때 3분의 2가 넘는 가입자가 기본 펀드(default fund) 외의 다양한 펀드를 적극적으로 선택한 사실은 시사하는 바가 크다.

둘째, 국민연금기금 규모의 확대에 따라 국민연금의 국내 금융 시장에 대한 영향력 증대 및 자금 배분의 왜곡 가능성이 우려된다. 2006년 말 현재 국민연금 기금은 188조 원에 이르러 GDP의 약 22%, 주식시장 총액의 약 24%에 해당할 만큼 국민경제 내 비중이 확대되었고 국내 전체 채권 시장의 약 16.6%, 국내 전체 주식시장의 약 2.67%가 국민연금 보유분일 정도로 금융시장에서의 비중 역시 매우 높아졌다. 또한 포스코 등의 거대기업에서 국민연금이 제1주주가 되고 또 69개가 넘는 기업에서 지분율이 5%를 상회함에 따라 지분율의 증가에 따른 기업에 대한 영향력 증대 가능성도 우려되고 있다.

셋째, 30~40년 이상의 장기 전망을 바탕으로 급여 수준을 사전에 확정하는 확정 급여형 제도의 특성상 현재의 국민연금제도는 주요 변수의 예측 외 변화에 따라 연금 재정이 불안해질 수밖에 없는 잠재적인 재정불안정 문제를 안고 있고 이에 따라 문제 해결을 위한 연금 개혁이 지속적으로 반복되어야 하는 높은 정치적 비용의 문제를 가지고 있다. 또한 연금 개혁이 지연됨에 따라 결과적으로 후세대에게 과도한 부담이 주어지는 등 과도한 소득 이전에 따른 세대 간 갈등 문제를 야기할 수도 있다.

넷째, 연금보험료 납부를 통한 자신의 기여와 연금 급여 간 연계가 명확하지 않거나 투명하지 않아 연금보험료가 조세의 일부로 인식됨으로써 근로 의욕에 부정적 영향을 미치고 소득 불성실 신고를 야기하는 문제도 있다.

이와 같은 확정 급여형 제도의 여러 가지 문제점들로 인해 세계은행이나 OECD, EU 등 여러 세계 기구는 칠레의 적립식 확정 기여형 제도나 스웨덴의 명목확정 기여형 제도 등 개인 계정 제도를 바탕으로 개별 가입자의 분권적인 자산운용을 허용하는 방향의 모형을 공적연금 개혁모델로 제시하고 있다. 이는 공적연금제도 자체의 효율성을 극대화하고 경제의 자원 배분에 따른 왜곡 효과를 최소화하는 것이 결과적으로 노후 소득보장 제도에 투입될 수 있는 자원의 양을 확대해 노후 소득보장 효과도 증대시키는 데 효과적이라는 사실을 공적연금제도와 국민경제의 순환적 관계에 대한 경험적 이해를 통해 인식했기 때문이다.

연금 지출을 줄이고 연금보험료 수입은 증가시키면서 기초 노령연금의 선별성을 강화한 정부·여당의 개혁안은 높은 재정 안정화 효과가 기대되는 등 연금 개혁안으로서 큰 의의가 있다고 할 수 있지만 확정 급여형 제도의 여러 가지 문제점은 해결하기 어려운 한계점이 있다. 한나라당 안의 경우 조세 방식의 기초연금제 시행을 통해 사각지대를 해소하고 소득 비례 부분과 정액 부분의 분리 및 소득 비례 부분의 축소를 통한 재정 안정화를 지향한다는 점에서는 높은 평가를 받을 수 있으나 기초연금제 시행을 위한 필요 재원 추계에 있어서는 논란의 여지가 있다. 또한 현재 소득 비례 부분 운영 역시 구체적 방안이 알려지지 않고 있는데 만약 기존의 확정 급여형 방식으로 운영할 경우 정부·여당의 개혁 안과 마찬가지로 확정급여형 제도의 여러 문제점들은 그대로 지니게 될 것이다.

우리나라에서는 가입자의 자산운용 능력이나 자산운용 시장의 여건이 개인 계정의 확정 기여형 제도 운영에 적절하지 않고 보장성도 약화될 수 있다는 일부 우려가 있을 수 있다. 그러나 적극적인 투자를 꺼리는 가입자들을 위해 적절한 기본 펀드(default fund)를 설정하고 국민연금기금운용본부가 개별 가입자 자산운용 거래를 통합적으로 대행하여 민간 자산운용 회사와 집단적으로 계약함으로써 관리 수수료를 절감하는 방안 등 여러 가지 방안을 검토해볼 수 있다. 또한 최저보증연금제도와 적절한 수준의 기초(노령) 연금의 병행 도입을 통해 보장성을 유지, 강화하는 방안도 가능하다.

현 시점에서 국민연금 개혁의 성공 여부는 보다 근본적인 개혁의 중간 단계로서 중요한 의미를 지니며, 이러한 연금 개혁 성공의 바탕 위에 효율성을 감안한 보다 근본적인 구조적 개혁 논의가 가능할 것이다. 그러나 국민연금 개혁은 국민연금이 경제에 미치는 파급 영향을 고려한 보다 포괄적이고 장기적인 접근이 필요한 것 역시 분명한 사실이다. 추후 국민연금 개혁 논의에는 이러한 포괄적이고 장기적인 관점 하에 개인 계정 방식의 확정 기여형 제도의 도입 검토가 포함되기를 기대한다. (2007년 3월 27일)

국민연금의 개혁은 가능한가?

▌**한광석**(포항공대 인문사회학부 교수)

이탈리아계 미국 이민자였던 찰스 폰지(Charles Ponzi)는 1920년 보스턴에서 45일 동안에 50%의 수익을 보장한다는 약속으로 4만 명의 투자자로부터 1,500만 달러를 모금하였으나 결국 파산, 사기죄로 수감되었다가 모국으로 추방되었다. 그가 사용한 방법은 최초 투자자들의 원리금을 다음 투자자들의 자금으로 갚는 것이었다. 이후 이와 같은 방법으로 투자액을 늘려가는 사기성 짙은 투자액 모금 방식은 '폰지 방식(Ponzi scheme)'이라고 불렸다. 이러한 방식은 고수익 투자임이 알려지면서 처음에는 투자자들이 몰려들어 투자액이 늘어난다. 그러나 어떤 이유에서든 앞의 투자자들의 고수익을 보장할 신규 투자액이 더 이상 들어오지 않으면 결국 파산하게 된다.

국민연금의 경우, 납입금보다 수령액이 평균 2.5배 이상 많다고 한다. 선 세대의 지나치게 높은 수령액을 후 세대의 납입금(투자 수익 포함)으로 지급하는 것이다. 국민연금은 강제성을 띤 저축성 보험이라는 점에서 폰지 방식과는 다르지만 납입과 급여의 구조는 그것과 매우 유사하다. 폰지 방식에서 예상할 수 있듯이, 현재 여러 나라에서 인구

구조의 고령화가 진행됨에 따라 국민연금의 파산 가능성이 대두되어 각 정부는 이 문제를 해결하기 위해 노력하고 있다. 예를 들어 미국은 1930년대 국민의 노후를 보장하기 위해 처음으로 사회보장제도를 만들었으나 기금의 재정 안정 문제로 인한 연금 개혁 논란은 계속되어 왔고, 부시 행정부도 개인 계정을 포함한 연금 개혁안을 제시했으나 근본적인 문제를 해결하지 못한 채 차기 정부로 넘길 가능성이 크다. 우리나라도 4대 연금의 불균형 문제의 시정과 함께 국민연금의 재정 안정화 문제의 해결을 새 정부가 떠맡게 되었다. 인수위에서도 국민연금의 개혁 방향을 제시하고 있지만 기존 방법과 별반 차이가 없어 연금 개혁에 대한 논란은 계속될 것으로 보인다.

국민연금 개혁에 대한 접근 방법은 크게 점진적인 것과 급진적인 것으로 나눠볼 수 있다. 우선 많은 전문가들이 바람직하게 여기는 점진적 개혁은 조금 더 내고 나중에 덜 받게 하는, 납입-급여에 대한 계수 조정 정도라고 할 수 있다. 그러나 이러한 개혁을 한다고 하더라도 지금처럼 국민연금 기금운용 수익률이 10%를 하회하고 연금 수령액이 납입액의 평균 2배를 상회하는 한 기금 고갈은 당연히 발생한다. 단지 그 시점이 늦춰질 뿐이다. 개혁 속도가 느려지고, 저출산 및 고령화가 심화될수록 국민연금이 안고 있는 재정 문제는 더욱 더 심각해질 것이다.

한편, 국민연금제도를 급진적으로 개혁하는 방법 중의 하나는 국민연금 자체를 완전히 없애는 것이다. 문제의 소지를 없애버림으로써 문제를 해결한다는 발상이라고 할 수 있다. 최근 이러한 견해를 일본 소설가가 《남쪽으로 튀어》라는 소설을 통해 보여주었다. 등장인물인 아나키스트 우에하라 이치로는 강제로 국민연금을 걷는다면 국민이기를 거부하겠다며 국민연금을 부정한다. 국민연금의 정당성과 국민연금 기금의 운용에 대한 국민의 강한 불신을 표현한 것으로 볼 수 있다.

우리나라에서도 국민연금 자체에 대한 거부감이 있는데, 이는 국민연금이 강제적이기 때문에 나타나는 현상이다. 국민연금은 선 세대를 위해 의무적으로 가입해야 하는 저축성 보험이다. 그러나 정부가 국민의 노후 보장을 위해 저축성 보험을 강요하지 않아도 개개인은 스스로 자신의 노후 보장을 위해 투자나 저축을 하기 마련이다. 또한 노후보다 현재의 삶을 더 중요하게 생각하는 사람들은 국민연금 때문에 합리적인 선택을 할 수 없게 된다. "먹고 살기도 힘든데 웬 국민연금이냐?"라고 말하는 사람도 쉽게 찾아볼 수 있다. 국민연금에 대해 거부감이 드는 또 다른 이유는 그것이 갖고 있는 불확실성 때문이다. 현재의 연금 구조로는 인구 변화, 경제성장률, 물가 변동 등에 의해 연금 수령액이 하향 조정될 가능성을 배제할 수 없다.

게다가 정부의 비효율적인 기금 운용도 그 불확실성을 가중시킨다. 정부의 기금 운용은 민간의 그것보다 효율성이 떨어지며, 정부의 기금 운용 수익률 역시 민간의 최우량 금융기관들의 투자 수익률에 미치지 못한다. 정부도 이것을 입증하듯 시중 금융기관에 연금기금 일부분의 운용을 맡기고 있다. 연금의 재정 안정화를 위해서는 납입금의 운용 수익률 정도만을 보장해야 하는데, 그렇다면 굳이 정부가 이 제도를 유지해야 할 이유가 없는 것이다.

따라서 이제 우리는 국민연금을 아예 없애는 방안을 신중하게 고려해볼 필요가 있다. 연금 가입자의 납입액에 비례해서 지금까지 모아진 기금을 모두 배분하는 것이다. 개인의 노후에 대한 준비는 일차적으로 스스로에게 맡기는 것이 경제적으로 가장 효율적이다. 배분과 공공복지의 측면을 고려한다면, 세금 형태의 기초연금제를 통해 생활이 어려운 노령층의 기초생활을 보장하는 것이 바람직하다. 어느 한 순간에 국민연금을 없애버리는 것이 정치적으로 어렵다면, 중간 단계로 개인 계정을 도입하여 빠른 속도로 국민연금의 규모를 줄여가며 국민연금제도를 없애는 방안을 도입할 수도 있을 것이다. 행여라도 우리는 지나치게 불합리한 국민연금의 납입·급여구조를 알면서도 자신의 파이를 지키기 위해 계수 조정 수준의 점진적인 연금 개혁에 집착하는 것은 아닌지, 우리의 다음 세대를 착취하는 것은 아닌지 반문해보아야 할 것이다. (2008년 2월 5일)

국민연금 개혁 성공하려면…

▮ 이재희(경원대 경상대학 교수)

2007년 4월 정부·여당의 기초노령연금 법안이 국회 본회의를 통과했다. 또 여야가 국민연금 개혁 수정법안에 잠정 합의했다. 이에 따라 2003년 정부의 개혁안 제출 이후 3년 반 이상 미루어졌던 국민연금 개혁 성공에 대한 기대가 높아지고 있다.

여야가 잠정 합의한 수정법안은 연금 개혁의 양대 쟁점 중 하나였던 연금 재정 안정화를 위해서는 현행 9% 수준의 연금보험료를 유지하는 대신 현행 60%의 소득 대체율을 2008년에는 50%, 그 이후에는 매년 1%씩 감축하여 2018년부터는 40%로 낮추는 방안을 담고 있다.

기초노령연금 법안은 또 다른 쟁점인 사각지대 해소를 위해 기초노령연금을 도입하여 2008년부터 소득기준 하위 60%의 노인들에게 소득대체율 5%를 보장하되 2028년까지 보장 수준을 10%로 인상한다는 내용을 담고 있다.

이번 연금 개혁안이 성공적으로 타결될 경우 현재 2047년으로 전망되는 연금 고갈 시기가 2060년 전후로 연기되는 등 일시적인 재정 안정화 효과가 얻어지는 것이 사실이다. 하지만 향후 고령화 진전과 경제의 저성장 기조가 정착됨에 따라 추가적인 재정 안정화 개혁은 불가피할 것으로 보인다. 이번 여야 간 정치적 타협에 의해 합의된 국민연금 개혁안은 15.9%의 연금보험료율과 50%의 소득 대체율이 주 내용인 2003년 정부 안에 비해 재정 안정화 효과가 크게 미흡했기 때문이다.

보다 근본적인 문제는 국민연금의 재정운영 방식에 있어 부과 방식과 부분적립 방식 중 어느 것을 채택할 것인가에 대한 논의가 거의 이루어지지 않고 있다는 것이다. 정부는 이러한 논의도 없는 상태에서 연금 기금 고갈 시기를 인구 부양비가 안정될 것으로 전망되는 2070년대 이후로 연기하는 것을 연금 개혁의 일차적인 목표로 설정하고 연금 기금의 고갈 이후에는 부과 방식으로 이행한다는 대략적인 계획만을 세워두고 있다.

그러나 부과 방식은 인구 및 경제가 저성장기조에 진입하는 미래 시점에서는 연금수익률이 적립 방식보다 낮다는 문제점이 있고, 또한 장기저축 수준 저하에 따라 자본 축적을 저해하는 등 경제성장에 장기적으로 부정적 영향을 끼칠 가능성이 크다. 따라서 국민연금의 장기 재정운영 방식은 적정 부분적립 방식을 기본 방향으로 설정하되 구체적인 적립 수준에 대해서는 보다 충분한 연구와 논의가 필요하다. 추가적인 연금 개혁방안은 이와 같은 과정을 통해 합의된 국민연금 기금의 적정 적립 수준을 연금 개혁의 구체적인 재정 안정화 목표로 설정해야 하며, 이에 기반한 세부 실천 전략이 마련되어야 한다.

적정 부분적립 방식을 국민연금의 장기 재정운영 방식으로 합의할 경우 현행 확정 급여형(defined benefit) 대신 적립 속성이 구조적으로 유지되는 확정 기여형(defined contribution) 개인 계정의 부분 도입을 검토할 필요가 있다. 구체적으로 국민연금 연금 구조를 균등 부분 및 개인 계정

부분으로 이원화하여 개인 계정 부분은 확정 기여형 완전적립 방식으로 운영하고, 균등 부분은 현행 확정 급여형 하에 부과 방식 비중이 큰 부분적립 방식으로 운영하는 것이다.

이때 세대 간 부양 및 소득 재분배 효과는 균등 부분에 한정되어 발생함으로써 장기적으로 재정이 안정되고 세대 간 형평성도 높일 수 있다. 또한 적정 적립 수준을 유지해 총 저축 수준을 제고함으로써 장기 자본 축적 수준이 높아지고 이에 따라 지속적인 경제성장을 이룰 수 있다. 이와 함께 개인 계정 부분의 연금 자산을 가입자별로 투자 성향에 따라 자율적으로 운용하도록 함으로써 적극적인 자산운용을 통해 연금 수익성을 높일 수 있는 기회를 부여한다.

가입자의 자산운용 성과가 저조하여 향후 보장받는 노후 소득 수준이 지나치게 낮게 되는 것을 방지하기 위해서는 일정 소득 수준을 보장하는 최소보증연금(minimum guarantee pension)을 도입하면 된다. 또한 소극적인 투자 성향으로 자산운용을 꺼리는 가입자들을 위해 자동적으로 가입되는 기본 펀드(default fund)를 제공함으로써 다양한 투자 성향과 경험의 가입자들을 균형 있게 고려한다. 이때 국민연금의 적정 적립 비중과 노후 소득 보장 수준 등에 대한 합의에 따라 전체적인 연금보험료 수준, 균등 부분과 개인 계정 부분의 상대적 비중, 기초 노령 연금의 급여 대상과 수준이 달라질 것이다. (2007년 6월 12일)

TV 광고의 화려함과 그 이면

▌ 김재홍(한동대 경영경제학부 교수)

TV 광고를 보면 자유롭고 창의적이며 화려하다는 생각이 든다. 광고를 '자본주의의 꽃'이라 칭하는 것에 동의하게 된다. TV 광고에 나오는 연예인들은 어찌 그리 예쁘고 멋있고 유혹적이면서도 믿음직스러운지. 더욱이 최근 TV의 품질이 좋아지면서 광고의 화려함도 더해지고 있다. 동경의 대상이 되기에 충분한 아름다운 남녀 모델들, 일탈을 꿈꾸게 하는 유럽의 파리와 눈부신 에메랄드 빛 바다, 심장을 뛰게 만드는 강렬한 색깔들과 다이내믹한 그래픽 등 광고의 자유로움과 화려함을 설명하기엔 언어가 부족할 정도다.

그러나 이처럼 꿈같이 아름다운 TV 광고의 이면은 어둡고 힘들다. 21세기 자유주의 국가에서 어떻게 이런 통제와 간섭이 유지될 수 있는가 의아스럽다. 방송사와 광고주들은 자유롭게 광고를 사고팔 수가 없다. 지상파 방송의 모든 광고 거래는 공기업인 한국방송광고공사(KOBACO)를 통해서만 가능하도록 법으로 규제하고 있기 때문이다. 광고 요금도 KOBACO에서 통제한다. 통제된 광고료는 수요와 공급을 일치시키지 못하고 있다. 그래서 인기 시간대의 광고를 사려면 원하지 않는 종교 방송의 광고까지 구매해야 한다. 광고료는 광고 효과를 반영하는 시청률에 따라 결정되어야 하지만 현재의 광고 요금은 시청률을 제대로 반영하지 못한다. 즉 광고라는 상품이 제 가치를 인정받지 못한다는 것이다. 또한 광고의 물량, 즉 광고할 수 있는 시간은 방송법에 의해 역시 엄격하게 규제되어 있다. 꼭 필요한 경우라도 가격이나 물량 둘 중 하나만 규제함이 정상적인데, 광고는 규제할 이유가 별로 없음에도 가격과 물량을 동시에 규제하는 것을 이해하기 어렵다.

이뿐만이 아니다. 정부는 방송위원회를 통해 광고의 내용을 사전 검열한다. 성적인 연상을 불러일으킨다는 이유로 이미 만든 광고를 방영하지 못하게 하기도 한다. 그런데 웃기는 것은 그 광고를 보는 대부분의 시청자들은 그런 연상을 하지도 못하는데 심사위원들만은 그런 성적 연상을 매우 잘한다는 점이다. 상품을 판매하는 짧은 광고가 무슨 심각한 문제를 초래한다고 그리 엄격하게 사전 검열을 하는지 알 수 없다. 드라마 등 방송 프로그램은 사전 검열이 아닌 사후 심사를 하는데 광고가 본 프로그램들보다 더 사회적으로 위험한 것인가 보다. 거래, 물량, 가격 그리고 내용까지 통제할 뿐 아니라 광고에는 방송 발전 기금이라는 준조세가 부과된다. 아마도 KOBACO가 광고 거래를 대행하는 수고를 했다고 뜯어가는 수수료인가 보다. 아무도 광고 거래를 대행해달라고 부탁한 적도 없는데 말이다.

이처럼 TV 광고는 온통 규제뿐인 감옥 같은 환경에서 그 화려한 꽃을 피우고 있다. 광고의 자유로움, 창의성, 화려함의 이면에는 극히 전근대적이고 가부장적인 통제와 억압이 깔려 있는 것이다. 왜 이렇게 되었을까? 이런 모순된 제도가 유지되고 있는 이유는 무엇일까? 그리고 우리에게 주는 교훈은 무엇일까?

첫째, 허구적 공익론의 무서움이다. 가장 창의적이고 자유로워야 할 광고를 창살과 쇠사슬로 구속한 자들의 변명은 공익을 위해서란다. 공익론의 극치는 '광고 요금을 자율화하면 시청률 경쟁이 심해지고 그렇게 되면 프로그램이 저질이 되어 결국 공익을 저해한다'는 주장이다. 매우 선동적인 이러한 주장은 현재와 같은 통제를 지지하고 광고 시장의 자율과 경쟁을 반대하는 자들이 헌법이나 성경처럼 인용하는 논리임을 밝혀둔다. 이미 지적한 것처럼 현재는 광고 요금을 KOBACO가 인위적으로 규제해 시청률을 제대로 반영하지 못한다. 그러나 시청률은 광고 효과를 결정하므로 시청률에 비례하여 광고비가 결정되는 것은 극히 당연한 일이다. 광고 수입이 재원의 거의 전부를 차지하는 방송사들이 광고 수입을 높이기 위해 시청률이 높은 프로그램을 만들려고 더욱 노력해야 함도 극히 당연하다. 그런데 시청률 경쟁을 하면 프로그램의 질이 낮아진단다. 즉 저질의 프로그램을 내보내면 더 많은 국민들이 좋아하며 본다는 말이다. 공익론자들의 이러한 주장이 이론적·실증적으로 아무 근거가 없음을 지적하기 이전에, 이러한 주장에는 국민들을 수준 낮은 저질로 간주하는 전제가 깔려 있음에 분노하게 된다. 선정적이고 저질스러운 방송을 내보내기만 하면 대한민국 국민들은 바보처럼 좋아하면서 TV 앞으로 몰려든다는 공익론자들의 전제에 마땅히 분노해야 할 것이다.

물론 프로그램의 질을 평가하는 것은 극히 어려운 일이다. 어떤 방송이 질좋은 방송인가를 따지는 데 헛된 노력을 낭비하지 말자. 그보다는 먼저 국민들이 TV에서 기대하는 수준이 어느 정도인가를 생각해보자. 공익을 위해 TV가 온통 톨스토이와 바하, 로마 시대의 역사와 유익한 과학 프로그램으로 가득 차 있다고 생각해보자. 분명히 그런 프로그램들은 수준 높은 훌륭한 것이겠지만, 장담하건대 시청률은

2~3%를 넘지 못할 것이다. 국민의 제한된 자산인 소중한 전파를 이용하여 막대한 제작 비용을 들여 겨우 국민의 2~3%에게만 만족을 준다면 이보다 공익을 저해하는 비효율적 낭비가 어디 있단 말인가? 많은 국민들은 하루의 피곤한 일과를 마치고 몸과 마음을 쉬기 위해 TV를 본다. 다소 통속적인 드라마와 억지스러운 오락 프로그램, 스포츠와 코미디, 대중가요와 흥미로운 다큐멘터리, 그리고 세상의 희로애락을 전해주는 뉴스 등이 시청자들이 TV에서 기대하는 것들이다. TV를 보면서까지 긴장하고 노력하고 공부해야 한다면, 생각만 해도 머리가 아프다. 시청률이 높다는 것은 많은 국민들이 그 프로그램에서 기쁨을 얻는다는 뜻이다. 공익론자들의 전제와 달리 우리 국민이 포르노와 폭력에 중독된 저질이 아니라면, 시청률이 높은 프로그램을 만드는 것은 공익을 위한 방송사의 기본적 기능이어야 한다.

두 번째로 들 수 있는 것은 잘못된 제도로부터 수혜를 받은 이익집단들의 이기심과 눈감음이다. 현실에는 KOBACO 제도를 지지하는 집단들이 많이 있다. 아무리 현재의 통제 제도가 나쁘다고 할지라도 그로 인해 이익을 보는 사람들이 매우 많다는 것이다. TV 광고비의 규제로 반사적 이익을 얻고 있는 신문사들, 낮은 청취율과 낮은 광고 효과에도 불구하고 높은 광고비에 강제적 광고 판매로 재정적 도움을 받고 있는 종교 방송사들, 과거에는 공익 자금으로 불리던 방송 발전 기금의 지원을 받는 많은 문화예술 단체들, KOBACO로부터 프로젝트를 얻는 학자들, 그리고 정치가들 등등. 지난 25년 이상 광고가 통제되면서 오히려 이익을 얻은 많은 수혜자들은 당연히 현재의 억압을 지지하고 자유를 반대한다. 그중에서도 아이러니한 것은 종교 방송들이 군부독재 정권의 산물인 KOBACO의 지원을 받아 사랑과 자유와 정의를 전파하고 있다는 사실이다. 개인이든 조직이든 자신의 이익을 추구함을 비난하고자 함이 아니라, 공익에 반하는 사익을 추구하도록 조장하는 현재의 통제 체제를 비난하고자 하는 것이다.

　마지막으로, 평범하지만 중요한 교훈을 얻는다. 어떤 제도든지 일단 만들어지면 없애거나 개혁하기가 매우 어렵다는 사실이다. 따라서 처음 제도를 만들 때 정말 좋은 제도를 만들어야 한다는 교훈이 소중하다. KOBACO 제도로 불리는 현재의 통제 제도는 1980년대 전두환 군사정권이 언론을 통제하는 수단으로 만든 체제다. 현재 같은 통제 제도의 출발이 그 어떤 정당성도 갖지 못했음은 공익론자들이나 현 체제의 수혜 집단들도 부인하지 않는다. 그러나 만들어지지 말았어야 하는 제도가 25년 이상 지속되어오면서 사람들은 과거를 잊고, 현 상황에 순응했으며, 많은 이익집단들의 이해관계가 얽혀버렸다. 국민이 TV 광고를 보면서 이런 이면의 스토리를 알 필요는 없다. 단지 소수의 진정한 공익을 걱정하는 힘 있는 정치가들이 세상을 바로잡아주기만을 기대할 뿐이다. (2008년 3월 18일)

영리 병원의 허용은 소비자를 위해 필요하다

▌ 김정호(자유기업원 원장)

학생들이 의과대학에 가는 이유 가운데 하나가 장래에 안정적으로 돈을 벌 수 있다는 것이다. 의사만큼 고수입을 올릴 수 있는 직업도 없다. 종합병원 의사가 되어도 쏠쏠한 월급을 받을 수 있고, 개업을 해도 조금만 열심히 하면 우리나라의 1% 부자 반열에 오를 수 있다. 그러다 보니 머리 좋고 똑똑한 아이들은 의사가 되는 길을 택한다. 병원은 영리 행위를 위해서 존재하며, 의사도 영리 행위로 돈을 벌기 위해 긴 시간 의사의 길을 걷는다.

하나마나 한 이야기를 늘어놓은 이유는 그 당연한 사실이 '영리 병원 허용'과 관련된 논란에서는 인정되지 않기 때문이다. 이미 모든 의사와 모든 병·의원이 영리 행위를 하고 있는 상황에서 '영리 병원'을 허용해서는 안 된다고 목청을 높이는 것은 이상한 일이다.

'영리 병원 허용'이라는 이름으로 불리는 새 제도의 내용은 병원의 영리 행위를 허용하겠다는 것이 아니다. 의사와 병원의 영리 추구 행위는 이미 수천 년 전부터 허용되어왔으니 말이다. 새 제도의 핵심은 의료 행위에 자본의 본격적인 유입을 허용하자는 것이다. 하긴 그 말에도 잘못이 있기는 하다. 지금도 의료 부문에 자본은 들어와 있다. 병원이든 의원이든 자본이 없다면 건물을 마련할 수도, 의료기기를 들여놓을 수도 없을 테니 말이다. 그러니까 새 제도의 핵심은 누구의 투자를 허용하는가에 있다. 지금까지의 의료 자본은 의사 개인 주머니에서 나오는 자본뿐이었다. 새 제도에서는 의사가 아닌 다른 사람도 의료에 자본을 투자할 수 있게 하자는 것이다. 벤처와 영화와 주식을 사는 데에 투자되는 그 자금들을 병원에도 투자하도록 허용하자는 것이 새 제도의 핵심이다.

이렇게 본다면 새 제도의 이름을 '영리 병원의 허용'이라고 부르는 것은 잘못이다. 그보다는 '의료에 대한 투자 개방'이 더 정확하다. 하지만 논의의 편의를 위해서 필자도 '영리 병원'이라는 단어를 계속 쓰겠다. '영리 병원'이 허용되면 진료비가 비싸질 것이라는 말은 경제의 원리를 몰라도 너무 모르는 소리다. 투자가 늘어나서 값이 오르는 것을 본 적이 있는가. 투자가 늘면 의료 수준은 높아지고, 가격은 낮아질 것이다.

'영리 병원'이 허용되어 고급 수요를 대상으로 한 병원이 더 빨리 생겨날 수는 있다. 성형이나 피부 관리, 라식 수술 같은 것이 대표적이다. 하지만 고급 의료 수요가 영리 병원 때문에 생겨나는 것은 아니다. 오히려 영리 병원의 허용은 그런 고급 서비스를 대량 공급함으로써 서민들에게도 고급 의료의 보급을 촉진한다. 자본의 목적은 최대한 많은 사람에게 판매함으로써 이익을 남기는 것일 때가 많기 때문이다. 반면 지금처럼 의사들의 아마추어적 투자만 허용되는 상태에서는 권위적인 기술 우선주의를 벗어나기 어렵다. 최근 어느 의사로부터 소개받은 중국 아이캉 병원의 사례는 자본의 논리와 의사의 논리가 어떻게 다른지를 잘 보여준다.

아이캉 병원은 SK가 중국 측과 합작해서 설립한 병원이다. 물론 영리 행위가 허용된다. 이 병원의 경영진은 투자자다운 제안을 한다. 여름방학을 맞아 라식 수술을 50% 세일하자는 것이다. 그러나 의사들은 반대하고 나섰다. 의술에 '세일'이라는 말을 붙인다는 사실에 대해 '의료에 대한 모독'쯤으로 느꼈을 법하다. 결과가 어떻게 되었는지는 잘 모르겠지만 자본을 투입해서 규모의 경제를 이룩하고 그것으로 고급 서비스를 많은 사람에게 보급해나가는 것, 그것이 자본의 논리다.

서민용 병원에 대해서 투자가 확대되더라도 사정은 마찬가지다. 자본 투자가 늘어날수록 원가가 줄어 서비스 가격이 낮아지고 품질은 좋아지는 이 현상은 서민용 진료라고 해서 달라질 것이 없다.

게다가 아무리 국내에서 '영리 병원'을 허용하지 않는다고 해도 소비자들이 영리 병원을 찾아나서는 것을 막을 수는 없을 것이다. 2002년 영리 병원이 허용되면서부터 중국의 의료 수준은 나날이 높아지고 있다. 언어가 문제라지만 통역도 곧 가능해질 것이다. 무엇보다도 한국의 기업과 의사들이 중국에 합작 병원을 설립하고 나섰다. 방금 소개한 SK의 아이캉 병원뿐 아니라 예치과네트워크 등 한류 열풍을 타고 중국 내 한국 영리 병원들의 숫자는 빠르게 늘고 있다. 이미 상하이 지역에만 30개가 넘는다. 그런 중국의 한국계 영리 병원들은 한국의 병원들과 소비자를 유치하기 위한 경쟁에 나설 것이다. 그 '영리 병원'들의 의료 수준이 높아지는 날 한국의 소비자들은 언제든지 비행기를 타고 그곳으로 날아갈 것이다. 그리고 그런 날이 그리 멀지 않아 보인다.

이렇게 본다면 제주도에 '영리 병원'을 허용해서는 안 된다고 목소리를 높이는 시민단체의 반대는 점점 더 의미가 없어지고 있다. 제주도에 가서 진료를 받겠다고 마음먹을 정도의 환자라면 상하이나 베이징의 한국 병원으로 가지 않겠는가. 소비자를 위해서도, 의사를 위해서도, 투자자를 위해서도 '영리 병원'은 허용되어야 한다. (2008년 7월 1일)

법학 전문 대학원 설립은
자유롭게 허용되어야

▌ 김영용(전남대 경제학부 교수, 한국경제연구원 초빙연구위원)

2007년 11월 9일 동아일보 A13 면의 "의사들, 지방서 개업 떡 돌린다"는 제하의 기사는 최근 의사의 공급 증가와 이에 따른 의사들의 반응을 보도하고 있다. 1980년대 후반에 의과대학의 신·증설을 대거 허용한 이후 의사의 수가 크게 증가하여 전문의 취득 후 대도시 개업을 포기하고 지방에서 개업하는 의사가 부쩍 늘었다는 것이다.

실제로 의사(한의사)의 수는 1995년에 5만 7,188명(8,714명)에서 2005년에 8만 5,649명(1만 5,027명)으로 늘어나 인구 10만 명당 의사 수(한의사를 포함한 수)는 126.82명(146.14명)에서 177.34명(208.46명)으로 늘었다. 의사의 공급 제한이 완화되면서 의사의 수입은 예전보다 줄었겠지만, 소비자 복지는 향상되었음을 알 수 있다. "예전에는 병원이 멀어 몸이 아파도 갈 생각을 못했는데 이제는 서울에서 환자를 돌보던 '실력파 의사'가 있어 마음이 든든하다"는 기사도 의료 소비자의 사정이 나아졌음을 표현한다.

의사와 변호사 같은 전문 직종 종사자가 제공하는 서비스를 신뢰재(credence good)나 경험재(experience good)라고 부른다. 소비자가 서비스를 받아보기 전에는 그 품질을 잘 알 수 없거나 받아본 이후에도 잘 모르는 특성을 지닌 서비스를 일컫는다. 이런 특성으로 인해 의료나 법률 서비스 직종에 종사하기 위해서는 면허를 소지해야 한다. 즉, 공급자는 자신이 제공하는 서비스 수준을 잘 알지만 소비자는 무지하고 식별 능력이 부족하기 때문에 정부가 일정한 실력 수준을 갖춘 자에게만 면허를 부여함으로써 정보의 비대칭성 문제를 해결하려는 것이 면허제(licensure)의 취지다. 그 취지에 일리가 없는 것은 아니다.

그러나 면허제는 정보의 비대칭성 해결이라는 표면적 이유를 넘어 공급을 제한하는 진입 장벽으로 기능하는 문제를 야기한다. 면허제 도입 목적이 사실은 종사자 수를 제한하려는 의도에 있기 때문이다. 그 정도가 더 약한 것은 사실이지만, 공인회계사나 전문의 제도와 같은 인증제(certification)도 그런 기능을 한다. 의사나 변호사들은 자신들의 업종에 종사하는 인력 수가 늘어나면 실력이 낮은 이른바 '돌팔이'들이 판을 칠 것이므로 종사자 수를 적절하게 통제해야 한다는 점을 강조한다. 의학협회가 의과대학 신·증설과 정원 증가를 강하게 반대하는 것은 의과대학 졸업생들이 국가고시를 보지만, 결국 대부분 면허를 취득하므로 아예 의과대학의 수와 정원을 통제하여 공급을 제한하려는 것이다.

최근 법학 전문 대학원의 정원 문제를 둘러싼 정부와 대학 간의 마찰도 마찬가지다. 당초에 1,500명 선으로 정해졌던 정원이 2,000명으로 늘어났지만 두 숫자 모두 별다른 근거가 없기는 마찬가지다. 이는 곧 우리 사회에 변호사·의사·치과의사·한의사·회계사 등의 전문 인력이 어느 정도 있어야 적정한지를 아무도 알 수 없다는 사실을 뜻한다. 물론 OECD 국가들을 비롯한 다른 나라의 통계를 참고할 수는 있다. 소득 수준에 따른 전문 인력 수요나 각국의 사회·경제·문화적 요인을 고려하여 적정 인원을 예측해볼 수도 있다. 그러나 방해받지 않는 시장 과정(unhampered market process)을 통해 나온 정보만이 소비자 선호와 공급자 선택이라는 연결고리를 가장 잘 반영해줄 수 있다. 그러므로 시간이 걸리고 그로 인한 비용도 따르겠지만, 정원을 제한하지 않고 시장 과정을 통해 조정되는 방법을 택하는 것이 바람직하다. 전지전능한 신과 같은 존재가 있어 미래의 우리 사회에 적정한 인원을 알 수 있다면 좋겠지만, 세상은 변화무쌍하고 이에 대한 인간의 예측에는 한계가 있을 수밖에 없기 때문이다.

정원을 제한하지 않을 경우 가장 우려되는 사항이 변호사 시험 합격률을 엄격하게 제한하면 많은 고시 낭인이 생길 것이라는 점인데, 그렇다고 하더라도 이는 법률 시장의 오류 교정 기능에 맡겨야 한다. "올해에 의대에 입학하려는 아들 고생시키지 않으려고 공대로 지망을 바꾸게 했다"라는 신문 기사는 아버지가 의사들의 수입 감소와 서울 개업이 어려울 것이라는 전망 하에 아들이 의사가 아니라 공학도가 되도록 조언한 것으로서 시장의 조정 과정을 나타낸 것이다. 시장 과정을 통해 조정되어야 하는 것은 전문 직종이라고 해서 예외가 아니다.

결론적으로 원하는 대학은 모두 법학 전문 대학원을 설립할 수 있는 자유를 허용해야 한다. 그것이 법률 서비스의 소비자 복지를 가장 높이는 길이기도 하다. 정원을 제한한 상태에서 법학 전문 대학원 제도가 출발하면, 이는 필히 기존 종사자들의 이익을 보호하는 장치가 될 것이다. (2007년 11월 13일)

정부, 교육 독점에서 손 떼야…

▌ 이인권(한국경제연구원 선임연구위원)

며칠 전 한 대선 후보가 교육 부문의 삼불정책에 대한 재검토 발언 후 삼불정책이 정치적 쟁점이 되고 있다. 향후 대선 과정에서 후보들 간에 치열한 공방이 있을 것으로 예상된다.

우리 사회에는 유독 교육 평등주의가 팽배해 있다. 교육이 공공재 라는 인식 때문인데 교육은 공공재가 아니다. 공공재는 사회구성원 모두가 동시에 소비할 수 있는 불가분성, 한 사람이 소비함으로써 다른 사람의 소비의 양이 감소하지 않는 비배제성, 한 사람이 소비함으로써 다른 사람이 소비로부터 얻는 혜택이 줄지 않는 비배타성의 특성이 있는 재화로 정의할 수 있다. 교육은 이러한 특성을 어느 하나도 가지고 있지 않은 서비스 상품이다. 다만 교육이 인적 생산성을 증대시켜 국가 전체의 부를 증가시키고 우리 모두를 잘살게 만드는 외부 효과가 있다는 측면에서 일부 공공성이 인정된다. 이 경우 교육의 공공성은 문맹을 벗어나게 하는 초등학교 및 중학교 교육 정도면 충분하다.

정부는 지난 수십 년간 대입 본고사, 고교등급제 및 대학 기여 입학제 불가라는 삼불정책을 전가(傳家)의 보도(寶刀)처럼 여기며 교육 정책을 좌지우지해왔다. 정부는 일률적인 잣대와 일정한 틀에 맞추어 공장에서 벽돌 찍어내듯, 때로는 양떼 몰듯 학생들을 이리저리 몰고 다녔다. 이로 인해 우리 사회에 돌아온 것은 인성과 창의성 교육은 고사하고 학생들의 전반적인 학력 저하 및 공교육 불신으로 많은 학생과 학부형을 해외로 내모는 결과였다.

고교등급제와 본고사는 교육 기회의 평등을 위배하는 것이 아니라 오히려 그것을 금지하는 것이 교육 기회의 불평등을 초래하는 것이다. 이는 실력 있는 학생과 실력 있는 고등학교에 대한 역차별이다. 이 규제로 인해 우수 학생이 원하는 대학에 갈 수 없는 경우가 발생한다.

고교등급제와 본고사 불가의 원칙은 개인 간 그리고 학교 간에 엄연히 존재하는 격차를 인정하지 않는 이른바 평등주의에 입각한 것이다. '인간이 평등하다'는 의미는 '신이나 법 앞에 평등하다'는 것이지 '모든 것에서 동일하게 대우하라'는 것이 아니다. 진정한 평등은 능력에 맞게 대우하는 것이다. 실력 있는 학생이 그에 걸맞은 대우를 받지 못해 원하는 대학에 가지 못할 경우 그는 더 좋은 교육을 받을 기회를 부당하게 박탈당하는 것이다. 특목고, 자립형 사립고, 비평준화 고등학교 등 학교 간의 수준 차가 존재하는 것이 현실이다. 고교등급제와 본고사를 금지하고 신뢰성이 떨어지는 내신과 변별력이 없는 수능 성적이 위주인 입시제도 하에서는 이런 학교 출신의 우수한 학생들이 좋은 교육을 받을 기회를 상실할 수 있다. 따라서 고교등급제와 본고사를 금지하는 것은 오히려 역차별이며, 교육 기회의 균등에 위배되는 것이다.

학생의 능력에 대한 선별 기능은 대학뿐만 아니라 고등학교에서도 동일하게 적용된다. 기업의 입장에서 명문 대학을 선호하는 것은 개인의 능력을 평가하는 데 드는 비용을 감소시킬 수 있기 때문이다. 마찬가지로 대학의 입장에서 명문고를 선호하는 것은 불확실성에서 유발하는 선발 비용을 감소시키기 위한 것이다. 또 본고사를 실시하여 학생을 뽑는 것 역시 우수 학생을 선발하는 데 드는 비용이 적게 드는 방법이기 때문이다.

평준화 정책으로 고등학교라는 선별 장치가 사라짐에 따라 상대적으로 대학을 통한 선별 기능에 더 많이 의존하게 되었다. 대학에 진학하지 못한다는 것은 그가 유능하지 않다는 신호를 시장에 보내는 것이고, 그것은 졸업 후 그의 삶에 커다란 영향을 미친다. 그래서 고교 교육이 더욱 입시 위주가 되었고, 입시 위주의 고교 교육은 갈수록 암기 위주가 되어 대학 진학이 예상되는 학생 위주의 교육이 되었다.

교육부가 몇 년 전 2008년부터 내신 위주로 대학입시를 바꾸고 고교 등급제를 금지한다고 발표하자마자 두 가지 기현상이 발생하였다. 하나는 과학고, 외국어고, 자립형 사립고 등 특목고 1학년 학생들이 대거 일반고로의 전학하는 사태고, 또 하나는 입시·보습학원 숫자가 급격하게 늘어난 것이다. 일반고라면 내신 최상위 등급을 받을 수 있는 학생들이 특목고의 내신 상대평가에서 하위권으로 밀려날 것을 걱정하여 상대적으로 유리한 일반고로 전학을 한 것이고, 내신 성적을 올리기 위해 학원과 과외가 증가한 것이다. 이는 고교등급제와 본고사 금지가 대학입시를 더욱 치열하게 만든다는 증거다.

대학에 입학하기 위해 과외를 하는 행위 같은 것은 사회가 선별 기능을 하는 기관으로 대학을 이용하는 한 존재할 수밖에 없다. 게다가 정부가 교육을 통제하여 교육 서비스의 고객인 학생과 학부모의 요구가 무시되고, 대신 획일적이고 조악한 교육 상품 몇 가지만을 고객인 학생과 학부모에게 강요하는 상황에서 학생과 학부모들은 그들의 다양한 욕구를 표출할 곳이 필요하다. 그 결과 과외를 비롯한 이른바 엄청난 사교육 시장을 형성하기에 이르렀다. 언론에 보도된 고교 비평준화 지역보다 고교 평준화 지역에서 사교육비가 더 많다는 연구는 현행 고교 평준화 정책이 사교육 억제보다 사교육을 조장할 가능성이 높다는 것을 보여준다.

특정 대학에 일정액 이상을 기부하여 현저한 재정적 공로가 있거나 대학의 설립 또는 발전에 비물질적으로 기여하는 공로가 있는 사람의 자손에게 입학 때 혜택을 부여하는 기여입학제에 대해서도 전향적인 입장을 취할 필요가 있다.

우리 사회는 기여입학제에 대하여 매우 민감한 알레르기 반응을 보인다. 실제로 기여입학제에 대하여 잘못 인식하고 과장된 측면이 크다. 기여입학이라고 해도 대학교육을 수학할 정도의 지적인 능력을 갖고 있는 학생이 대학에 가려고 할 것이다. 기여입학을 통해 들어온 학생이라도 지적인 능력이 부족하다면 학사관리와 주위의 시선에 의해 오래 버티지 못할 것이다. 따라서 지적인 능력을 갖추지 못한 학생이 단지 경제적 능력만으로 대학에 가지는 않을 것이다.

또한 기여입학생을 정원 외로 선발한다면 다른 학생들의 교육 기회를 박탈하지 않고 오히려 소득 재분배와 교육 기회를 확대할 수 있는 효과가 있다. 장학금을 확대할 수 있어 경제적 능력이 부족한 학생들에게도 혜택을 줄 수 있기 때문이다. 물론 기여입학을 둘러싼 비리 발생 가능성을 배제할 수는 없다. 그러나 기여입학과 관련한 재정 수입은 철저히 교육 시설 투자, 장학금 및 연구 활동 지원 등에 한정해 집행하도록 하고, 그 내용을 투명하게 공개하여 관리하도록 한다면 크게 우려할 일이 아니다.

이제 정부는 교육 독점의 관성에서 벗어나 학교의 선택권 및 학생의 선발권을 직접적인 이해당사자인 학생, 학부모 및 학교에 돌려주어야 한다. 정부는 실익이 적고 부작용이 큰 교육 삼불정책을 이제는 움켜쥔 손에서 내려놓아야 한다. (2007년 10월 9일)

연말 풍경에 대한 단상

▌ **김상겸**(단국대 경제학과 교수)

해마다 연말 때면 낯익은 거리 풍경이 펼쳐진다. 올해도 예외는 아니었다. 불우이웃 돕기 성금 모금이나 구세군 자선냄비 같은 흐뭇한 것들도 있지만, 그 반대의 것도 있다. 별 문제없던 도로를 파헤치고, 몇 년은 더 씀직한 보도 블록을 교체하는 것이 바로 그것이다. 여기서 거론하려는 것은 후자다.

한 해가 끝나가는 시점에 이 같은 광경이 벌어지는 이유는 잘 알고 있는 바와 같이 바로 '예산 불용액'을 처리하기 위함이란다. 예산 불용액이란 정부기관 등이 그 해에 받은 예산 가운데 다 쓰지 못하고 남긴 돈을 말하는 것이다. 우리나라 예산제도에 따르면 올해에 받은 예산을 다 처리하지 못하는 경우 남은 예산의 국고 환수는 물론, 다음해에 예산상의 불이익이 가해지게 되어 있다. 상황이 이렇다 보니 예산을 받은 기관의 입장에서는 해마다 남는 돈이 없도록 모두 써버리는 편이 더욱 유리할 것이다. 아껴서 남겨봐야 반납해야 하고, 그것도 모자라 다음 해 예산도 삭감되기 때문이다. 그러다 보니 억지로 일을 벌여서라도 돈을 쓰려는 행태가 나타나는 것이다. 이와 같은 현상을 전문 용어로 표현하자면 '재정의 비효율적 집행'이라고 하지만, 일상의 용어로 표현하자면 '귀한 돈을 허투루 쓰는 것'이다.

돈을 이렇게 쓰는 것도 문제지만, 그 과정에서 발생할 수 있는 더 심각한 문제는 '도덕적 해이(moral hazard)'다. 기관의 입장에서, 이왕 남는 돈을 쓰기로 했다면 아무래도 자기에게 유리한 방향으로 집행하려는 것이 일반적이다. 친분이 있는 사람이나 단체에 선심을 쓰면서 생색도 내고 싶을 것이다. 당연히 정치적인 고려도 개입될 것이다.

최근 한 언론 보도에 따르면 중앙정부의 어떤 기관은 남은 예산을 써버리기 위해 상품권을 구입해 직원들에게 나누어주었다고 한다. 해당 기관의 직원 입장에서야 기분 좋은 일이겠지만, 그 기관은 누구를 위해 무엇을 하는 곳이며, 상품권으로 변한 그 돈은 어디에서 난 것인가? 세금을 내는 국민의 입장에서는 황당한 일이 아닐 수 없다.

더욱 더 심각한 문제는 이렇게 처리하고도 남은 돈이 2007년 한 해 4조 4,000억 원 정도였다는 것이다. 이해하기 어려운 일까지 벌여가며 예산을 썼음에도 남은 돈이 4조 원이 넘었다는 말이다. 어쩌면 2007년의 예산 집행 과정에서 무엇인가 착오가 있었던 것은 아닐까 싶기도 하지만 그것은 아닌 것 같다. 2006년에도 3조 3,000억 원이 남았으며, 2005년에는 5조 원이 넘게 남았다고 한다. 그러니 꼭 필요한 사업에만 돈을 썼더라면 이보다 훨씬 더 많은 돈이 남았을 것이다.

물론 불용 예산액의 사용이 뭐 그리 잘못된 것이냐 반문할 수도 있을 것이다. 침체된 경제 상황 때문에 모든 경제 주체들이 움츠리고 있으니, 이럴 때 정부라도 나서서 돈을 써야 하는 것 아니냐고 생각할 수도 있을 것이다. 따지고 보면 그 유명한 '뉴딜 정책'이나 그것을 모방한 각종 '유사 뉴딜 정책'이라는 것도 넓은 의미에서는 같은 맥락이라 할 수 있으니, 그럴 수도 있을 것이다. 하지만 정부의 예산은 그냥 생기는 돈이 아님을 상기할 필요가 있다. 개인이나 기업으로부터 세금으로 거두어들이는 돈이 대부분이다. 과연 같은 액수의 돈을 가계나 기업이 쓰게 했더라도 그런 식으로 지출했을 것인지 다시 생각해볼 일이다. '민간 부분(private sector)이 더욱 효율적이다'라는 주장의 근거가 바로 여기에 있다.

그렇다면 해마다 이렇게 많은 예산이 남는 이유가 무엇일까? 단순하게 현상으로만 본다면 정부가 거두어들인 돈을 다 쓰지 못해서 벌어진 일로 보인다. 하지만 시각을 조금만 달리해서 본다면 그만큼 정부가 돈을 많이 거두어들였다는 말도 된다. 참여정부 때 해마다 10조 원의 세수가 증가했음을 생각해본다면 그동안 정부가 세금을 많이 거두었다는 것도 전혀 틀린 말은 아닐 것이다. 많은 우려에도 불구하고 이명박 정부가 감세 정책을 시도하는 이유도 여기에 있는 것으로 보인다.

경제학 이론으로 보자면 대부분의 세금은 비효율을 발생시킨다. 비효율이라는 다소 모호한 표현을 썼지만, 쉽게 말하면 세금을 부과하는 것은 그 자체로 누군가의 경제적 잉여를 소모시키는 것이다. 차라리 다른 이라도 쓰면 덜 아깝겠지만, 그냥 없어지는 것이다. 이를 경제학에서는 '조세의 초과부담(excess burden of tax)'이라고 한다. 세금은 그 외의 추가 비용도 발생시킨다. 세금을 거두고 쓰는 과정에서 발생하는 조세의 행정 비용이 바로 그것이다. 세금을 걷는 기관은 기관대로, 세금을 내는 납세자들은 납세자들대로, 각자 세금을 걷고 쓰기 위한 별도의 비용이 소요되는 것이다. 이 역시 결코 적지 않은 규모다. 결국 세금이라는 것은 그 현상 자체로 자원의 낭비 요인이 상존하는 제도인 것이다. 그럼에도 정부가 세금을 걷고 쓰는 행위가 어느 사회에서나 당연하다고 인정되는 이유는, 우리가 사는 세상에는 반드시 정부가 세금을 통해서 수행해야만 하는 일들이 있기 때문이다.

　그러나 아직 쓸 만한 도로를 파헤치고, 보도 블록을 새로 깔고, 상품권을 사서 직원들에게 나누어주는 일 등은 누가 보더라도 정부가 해야 할 일은 결코 아니다. 혹시 필요 이상으로 돈을 거두었더라도 꼭 필요한 사업에만 쓴다면, 아니 국민들이 어렵게 모아준 귀한 돈이니 아껴 쓰겠다는 노력만이라도 보여준다면 그것을 가지고 뭐라 하겠는가? (2008년 12월 23일)

외부 감사 대상 기업,
대폭 축소되어야

▎ 강선민(한국경제연구원 선임연구원)

2007년 10월 현재 규제 개혁위원회에 등록되어 있는 주식회사의 외부 감사에 관한 법률(이하 외감법)과 관련, 우리나라의 모든 주식회사는 일정 규모 이상이 되면 의무적으로 외부 감사인에게 회계 감사를 받도록 하는 규제(등록번호 1190000-자232-002-01)가 있다.

회계 감사는 고대 이집트, 로마제국 등에서 관리들이 권한을 남용하지 않고 황제를 위해 그들의 책임을 충실히 수행했다는 것을 스스로 확인하려는 목적으로 시작되었다고 알려져 있다. 이와 같이 회계 감사의 필요성은 기본적으로 대리인 문제, 즉 재산이 소유자의 통제 하에 있지 않고 이익을 창출하기 위해 고용한 다른 사람의 통제 하에 있는 경우 신뢰성 있고 목적 적합한 정보를 재산 소유자에게 제공할 필요성에 의해서 생겨난 것이다. 이후 회계 감사는 자본을 제공하는 사람들이 증가하고 그들의 더욱 많아진 요구에 부응하기 위하여 내부 전문가로부터 외부 전문가로 그 중심이 옮겨졌다.

우리나라의 경우 많은 기업들이 형식적으로는 주식회사의 형태를 취하고 있으나 실제로는 소유와 경영이 분리되지 않아 상법상 내부감사제도는 독립성이 결여되어 제기능을 다하지 못하는 경우가 많다. 이러한 지적에 따라 1980년 12월 31일 상법의 특별법 형식으로 제정된 주식회사의 외감법은 내부감사제도의 단점을 보완하고 적정한 회계 처리를 유도하여 이해관계인의 보호와 기업이 건전하게 발전하도록 하는 데 그 목적이 있다. 따라서 1981년 9월, 직전 사업연도 말 자본금 5억 원 또는 자산 총액 30억 원 이상의 기업을 법에 의한 외부 감사 대상 주식회사로 규정하고, 이러한 기업들에 대한 강제적인 외부 감사를 의무화했다.

그러나 외감법에 따라 기업의 외부감사를 강제화하는 것에 대해 해당 기업과 감사인들은 항상 대립되는 양상을 보여왔다. 즉, 기업들은 외부 감사 수수료 등이 부담된다는 이유로 외부 감사를 받아야 하는 중소기업의 범위를 줄여줄 것을 요구해왔으며, 공인회계사들의 이익단체인 한국공인회계사회는 회계 투명성이 후퇴한다는 논리로 이에 반대해왔다. 2006년 2월 대한상공회의소가 자산 총액 70억~100억 원 사이의 중소 제조업체 300곳을 대상으로 조사해 발표한 바에 따르면 응답 업체들의 회계 담당 인원은 평균적으로 2명이며 2005 회계연도 당기순이익은 평균 2,790만 원에 그쳤지만 외부 감사 수수료는 평균 1,270만 원으로 보고되었다. 더욱이 응답 기업의 30%는 당기순손실이 발생했음에도 평균 1,000만 원 이상의 외부 감사 비용을 지출함으로써 이들 중소기업들에게 외부 감사 비용은 상당히 큰 부담이 되고 있다.

한편, 1998년 외감법에 의한 외부 감사 대상 기업은 직전 사업연도 말 자산 총액 70억 원 이상으로 규정된 이후 한 차례도 상향 조정되지 않았으나, 지난 8년간 물가는 21.4%, 공시지가는 62%가 상승했다. 이에 따라 대한상공회의소는 외부 감사기준에 대한 자산 규모를 상향 조정할 필요성이 있다고 주장하고 있다. 외감법 대상 기업의 수는 1998년(자산 규모 70억 원 기준) 당시 7,352개 사였으나 외환위기의 여파로 1999년에만 6,853개 사로 감소한 것을 제외하고는 해마다 그 수가 큰 폭으로 증가하고 있다. 구체적으로 2000년 7,769개 사, 2001년 8,983개 사, 2002년 1만 161개 사, 2003년 1만 1,680개 사, 2004년 1만 2,963개 사, 2005년 1만 4,195개 사, 2006년 1만 5,848개 사였으며, 2007년 10월 8일 현재는 외감법 적용 대상 기업의 수가 18,588개 사에 달한다.

우리는 기업의 이해관계인 보호 및 회계 투명성 확보를 위해 도입한 강제적인 외부 감사가 1차적 회계 정보의 산출자인 기업들의 인식 부족과 회계 인력 부족 등 여건 미비로 원하는 바를 달성하고 있는가에 관한 근본적인 의문을 제기해볼 필요가 있다. 즉 중소기업은 내부 회계 인력이 충분한 대규모 기업과는 달리 인력이 충분하지 못하고, 더욱이 처음으로 외부 감사를 받는 경우 회계 시스템이 미비하여 감사인은 이러한 소규모 기업에 대하여 여러 가지 회계 서비스를 제공해야 외부 감사 본래의 목적을 달성할 것으로 보인다. 또 중소기업의 경우에는 경제적 부담 능력이 열악하여 감사인이 제공하는 서비스에 대해 시장 가격에 상응하는 보상을 지급하기 어려울 것으로 기대되는 상황에서 강제적인 외부 감사가 과연 효과가 있을지 보다 구체적으로 논의해볼 필요가 있다.

나아가 향후 상장 기업을 대상으로 도입될 국제회계기준은 시가주의 회계의 광범위한 적용 등 일반적으로 규모가 작은 기업이 적용하기에는 그 내용이 난해하고 비용 역시 무시할 수 없을 것으로 예측된다. 물론 비상장 기업들에 대해서는 국제회계기준과는 다른 비상장 회계기준의 제정을 추진하고 있으나 이들 비상장 기업들에게 적용될 회계기준을 제정하는 과정에서도 반드시 외부 감사의 효과에 대한 각계의 충분한 의견수렴이 필요하다. 실제로 일부 회계학자 및 실무자들은 외부 감사 의무 대상 기업의 자산 규모를 대폭 상향 조정하거나 일정 규모 이하의 중소기업에 대해서는 획일적으로 외부 감사를 의무화하기보다 기업 공개나 회사채 발행 등 필요한 경우에 자율적으로 하도록 하는 것이 바람직하다는 주장도 제기하고 있다.

모든 경제재(economic goods)는 그것으로부터 기대되는 편익이 그것을 제공하기 위하여 소요되는 비용을 초과해야만 가치가 있다. 이렇듯 경제재의 회계 정보도 정보로서 가치를 갖기 위해서는 사회적 편익과 비용을 고려해야 함을 잊지 말아야 할 것이다. (2007년 10월 16일)

비과세·감면 제도의 재정비를 준비하자

▌ 김학수(한국경제연구원 연구위원)

　　비과세·감면 제도는 일반적으로 특정 경제 행위를 장려하기 위해 기업이나 개인이 내야 할 세금을 물리지 않거나 깎아주는 제도다. 예를 들어, 기업의 연구 개발 투자 활동을 장려하여 미래의 성장동력을 확충하기 위해 연구 개발 투자를 수행한 기업들의 법인세를 투자 금액의 일정 비율만큼 돌려주는 제도가 있다. 보다 친근한 예로는, 일정 요건을 갖춘 장기 주택 담보대출 이자에 대한 1,000만 원 한도의 소득공제나 10만 원 한도의 정치 후원금 세액공제같이 많은 근로자들의 연말정산 서류에 포함되는 각종 소득공제나 세액공제 항목들에서 찾을 수 있다. 조세 지원을 통해 경제적 효율성과 사회적 형평성을 제고하기 위해 이러한 비과세·감면 제도를 시행하고 있으나 과세 기반을 약화시키고 지원제도의 수혜 계층이 특정 경제 행위를 수행하는 일부로 국한되어 조세의 수평적 형평성을 저해하는 부정적 측면도 있다.

　　조세 부담이 증가하는 시점에서 비과세·감면 제도를 재정비하자는 주장은 자칫 국민들에게 보다 많은 세금을 부담해야 한다고 주장하는 것처럼 들릴 수 있지만 꼭 그렇지만은 않다. 불필요하거나 일정 목적을 달성한 비과세·감면 제도를 축소 또는 폐지하고 그로 인해 증가한 세수를 소득세나 법인세의 세율 인하를 통해 개인과 기업에게 되돌려줌으로써 세수 중립적이고 조세의 효율성과 형평성을 개선하는 방향으로 재정비할 수 있기 때문이다. 현재 200가지가 넘는 비과세·감면 제도가 소득세와 법인세뿐만 아니라 부가가치세 및 기타 세목에서 시행되고 있으며 비과세·감면 이전 국세 수입 총액에서 차지하는 비과세·감면 총액의 비율은 2005년 약 14%(금액 기준 약 20조 원) 정도로 추정된다. 이들 중에서 꼭 필요한 것과 그렇지 않은 것, 혹은 제도 본연의 목적을 이미 달성한 것 등을 하나하나 살펴보고 분류하는 작업이 필요하다. 또한 대부분의 비과세·감면 제도에 존재하지만 실효성이 없는 폐지 기한(일몰 시한)의 타당성도 분석하여 상설화할 제도와 그렇지 않은 경우를 분류하고 폐지 기한을 강제화할 방안을 강구할 필요도 있다. 이러한 사전 작업은 간단하지 않고 많은 이해관계자들에 의해 좌우될 수 있으므로 효율성과 형평성이라는 기준에 의해서만 엄격하게 수행되어야 할 것이다.

2006년 10월 국회를 통과한 '국가 재정법'에는 비과세·감면된 총액이 비과세·감면 이전의 국세 수입 총액에서 차지하는 비율을 대통령령이 정하는 일정 수준 이하가 되도록 노력해야 한다는 조항(제88조)이 포함되어 있다. 이 조항의 목적은 지속적으로 증가하는 비과세·감면 세액의 총량을 일정 수준 이하로 통제함으로써 과세 기반 및 수평적 형평성의 약화를 방지하고 재정 건전성을 확보하는 데 있다. 그러나 이 조항의 실효성을 담보하기 위해서는 다음 두 가지 분석이 선행되어야 할 것이다. 첫째는 대통령령으로 정하게 될 국세 감면율을 어느 수준으로 설정해야 우리 경제에 바람직할 것인가에 대한 분석이다. 또 다른 하나는 조세의 효율성과 형평성을 제고하기 위해서 현행 비과세·감면 제도 중 어느 분야를 유지하거나 확대하고 어느 분야를 축소하거나 폐지해야 하는가에 대한 분석이다. 이를 위해서는 현재 시행되고 있는 200여 가지의 비과세·감면 제도 하나하나를 살펴보고 분석하는 작업이 필요하다.

'국가재정법'이 국회에서 통과되기 이전에 이러한 사전 작업이 면밀히 수행되고 그 결과를 반영하여 대통령령이 아닌 법 조항으로 국세 감면율을 명시하는 것이 가장 바람직했을 것이다. 최소한 '국가재정법'의 시행령이 공표되기 전에 수행되어야 하지만 아직까지 정부의 그러한 움직임은 감지되지 않고 있다. 그러나 지금이라도 늦지 않았다. 막연히 과거 국세 감면율을 기준 삼거나 또는 정치적 차원에서 국세 감면율을 특정 수준으로 정하기보다는 과연 현재의 국세 감면율을 어느 수준으로 조정하고 어느 분야를 지원하는 것이 바람직할 것인가에 대해 관련 전문가들의 견해를 수렴하여 면밀히 분석하고 시행령에 반영해야 할 것이다. (2007년 1월 9일)

공정거래법 정비 작업에 부쳐

▌임영철(법무법인 세종 변호사)

1. 들어가며

공정거래위원회(이라 공정위)는 지난 4월부터 법령선진화추진단을 구성하여 공정거래법을 전반적으로 재검토해왔다. 지금쯤이면 30년 이전의 공정거래법의 골격을 우리 경제 수준에 맞추어 한 단계 업그레이드할 시기가 되었으므로 필자는 공정위의 이러한 노력을 시기 적절한 것으로 높이 평가하면서, 이번의 법령 정비 작업에 반드시 반영되기를 바라는 내용들을 간략히 적어보고자 한다. 사실 다음의 내용은 필자가 2004년에 이미 어느 정기 간행물에 기고했던 것으로서, 그 이후에도 상황이 그다지 달라지지 않아 안타깝게 생각하는 부분이기도 하다.

2. 실체 규정의 정비

가. 시장지배적 지위 남용과 불공정거래 행위의 중복 문제 해소

우선, 경쟁법은 일반 이론상으로는 국적 불명의 개념인 불공정거래 행위 금지의 조항을 삭제하거나 그렇지 않더라도 어떠한 방법으로든 시장지배적 지위 남용 금지의 조항과 통합하여 그 내용이 중복되는 문제를 정리해야 한다.

　시장지배력의 남용에 해당하지 않는 단독 행위는 애초부터 경쟁법의 관심 대상이 아니다. 그럼에도 우리의 공정거래법은 시장지배력 남용에 대해서는 제3조의 2에 그 금지 규정을 설정해두었으면서도, 다시 제23조에서 불공정거래 행위 금지 조항을 만들어서 그 남용의 구체적인 유형이라 할 수 있는 행위들을 열거해두고 있어서 양자의 관계에 관하여 많은 의문을 발생시키고 있다.

　이러한 문제는 원래 일본이 미국의 경쟁법을 수계하는 과정에서 벌어진 실수에서 비롯되었다. 즉 셔먼법 제1조, 제2조는 그 나름대로 완결성을 갖되 DOJ가 집행하는 법이고, FTC법 제5조는 역시 그 자체로서 완결성을 갖되 별도의 기관인 FTC가 집행하는 법일 뿐이지 서로 보완해서 비로소 하나의 경쟁법 체계가 완결되는 것이 아니다. 그럼에도 일본은 공정취인위원회라는 하나의 집행기관만을 설치하면서도 이 두 가지 법체계를 중복하여 그들의 법에 담아버린 것이다.

　이러한 일본법의 수계상 오류 때문에 사적 독점 또는 거래제한의 금지조항과 불공정한 경쟁 방법 금지조항의 중복 문제를 해결하기 위하여 양자에 적용되는 ‘경쟁의 실질적 제한’ 과 ‘공정경쟁 저해성’ 사이에는 위법성의 정도가 다르다는 무리한 해석을 해야만 하는 큰 문제가 발생했다. 그래서 공정 경쟁의 저해성에 대해서는 그 ‘우려’만 있어도 금지의 대상이 되는 것으로 입법해서 이러한 중복의 문제를 비켜가려고 시도하게 된 것이다.

　우리 공정거래법은 일본의 경쟁법을 수계함으로써 일본이 저지른 이같은 오류까지 그대로 이어받았다. 더욱이 일본은 사적 독점의 금지라는 포괄적인 일반 조항으로 그쳤기 때문에 앞서 본 모순을 해석에 의하여 어느 정도 완화할 수 있는 여지를 남겨두었지만, 우리 공정거래법은 제3조의 2 제1항에서 그 구체적인 유형까지 설정하려고 시도함으로써 일부는 불공정거래 행위의 유형과 직접 중복되었고(제3호, 제4호, 제5호 전단), 일부는 시장의 가격 결정 원리에 정면으로 반하는 규정(제1호, 제2호, 제5호 후단)들이 생겨났다. 그리고 불공정거래 행위와의 중복 문제를 해결하는 방안으로 불공정거래 행위에서 요구되는 경쟁 제한성은 아주 미약하거나 조그마한 우려만 있어도 성립되는 것으로 해석함으로써 경쟁 질서와 관계없는 사소한 사적 분쟁에 경쟁법의 이름으로 정부가 개입하는 현상을 야기했다. 또 이로 인하여 경쟁 당국의 한정된 자원이 비효율적으로 사용되는 결과도 야기했다.

나. 경쟁법으로의 순수화

다음으로 경쟁법의 순수 혈통이 아닌 부분을 분리하여 별도의 법률로서 입법함으로써 경쟁법의 순수성을 확보하는 작업이 필요하다고 생각한다. 즉, 우리의 공정거래법에 포함되어 있는 경제력 집중 억제 부분은 그 합헌성과 필요성이 계속 인정된다고 하더라도 공정거래법과는 별개의 법으로 분리하는 것이 바람직할 것이고, 지금 불공정거래 행위의 한 유형으로 편제되어 있는 부당 지원 행위금지의 조항도 경제력 집중 억제의 한 유형으로서 요건을 깔끔하게 재설정하여 이 법에 포함시켜야 할 것이다. 그렇게 함으로써 이 조항의 요건인 경쟁 제한성을 둘러싼 명쾌하지 않는 논의를 정리해야 한다. 물론 이 제도 역시 먼저 경제력 집중 억제 제도로서 합리성과 합헌성을 먼저 이론적으로 재검증할 필요가 있다.

또 경쟁법의 순수성 확보와 관련하여, 불공정거래 행위의 유형들 중 '거래상 지위의 남용'은 경쟁이 아니라 경쟁자의 보호를 위하여 일본에서만 도입된 유형인데, 이렇게 개별 사안의 구제에 관련된 항목을 계속 유지할지 말지의 여부도 깊이 검토해야 할 것이다.

다. 형벌 등 제재 조항의 정비

마지막으로 공정거래법의 제재 규정인 형벌 조항과 과징금 조항들을 정비할 필요가 있다. 특히 불공정거래 행위에 대해서도 전면적으로 설치되어 있는 형벌 규정은 시급히 정비해야 한다.

물론 미국의 셔먼법도 형사법이고 그 위반 행위에 대해서는 형벌이 규정되어 있다. 그러나 앞서 지적한 바와 같이 우리의 불공정거래 행위는 시장지배력의 행사가 아닌 경우에도, 또 지극히 미약한 '우려'에 의해서도 그 위반이 성립한다. 사업자들로서는 일반 형법의 구성요건과 같은 단순 일의적인 행위가 아니라 경쟁 당국이 사후에 수행하는 경쟁 제한성의 평가에 따라 그 위법성이 좌우되는 행위에 대하여, 예측할 수 없고 광범위한 형사 제제의 위험에 무제한적으로 노출되는 것이다. 그렇기 때문에 우리 법의 원형인 일본의 독점금지법에도 불공정한 경쟁 방법에 대해서는 형벌 규정이 존재하지 않는다.

그리고 이러한 상황에서는 공정위의 전속 고발권이 그나마 꼭 필요한 보호장치로 기능한다. 그럼에도 공정거래법 개정 때마다 공정위의 전속 고발권의 기능을 오해하는 폐지론자들로부터 불필요한 공격을 당하는데, 이러한 소모적 논쟁을 피하기 위해서도 원천적인 문제가 있는 형벌 법규의 정비가 필요한 것이다.

3. 절차 규정의 정비 – 적법절차의 보장

사실 우리의 공정거래법에서 가장 미흡한 부분은 절차 규정이다. 사법부가 아니면서 이에 준하는 권한을 행사하는 독특한 기관인 공정위의 사건 처리 절차에서 가장 긴요한 것은 헌법이 보장하는 적법절차를 법률 차원에서 구체화하는 것이다. 그래서 미국의 FTC법이나 일본의 독점 금지법은 많은 조문을 할애하여 대심적인 심리 구조, 증거 원칙, 경쟁 당국의 자기 구속성 등에 관한 규정을 설치해두고 있다.

우리 공정위의 사건 처리 절차에서도 적어도 심사보고서가 작성된 이후에는 피심인에 의해 견제될 기회 없이는(ex parte) 심사관과 위원 사이에서 어떠한 의사 교환도 있어서는 안 되고, 심사관이 위원회에 제출하는 증거들의 증거 가치는 피심인에 의하여 탄핵될 기회가 반드시 부여되도록 제도적으로 보장되어야 한다. 특히 우리 법체계상 공정위는 그 처분에 대한 불복을 고등법원에 제기하도록 되어 있어서 일종의 특별법원으로 취급된다고 할 수 있기 때문에 이러한 대심구조의 제도적 구현은 더욱 절실한 형편이다.

그리고 이러한 대심구조의 절차는 공정위 내부의 사건 절차 규칙의 수준이 아니라 궁극적으로는 법률의 형태로 보장되어야 할 것이다.

4. 조직 규정의 정비

위원회라는 조직의 본질적 구성요소는 전문성의 확보와 그 보장을 위한 대외적·대내적 독립성이다. 거시적인 정책의 입안과 시행을 담당하는 기구는 판단에 필요한 보다 폭넓은 시야를 확보하기 위하여 외부의 직간접적인 영향을 받을 수 있다. 그러나 증거에 의하여 구체적인 사실관계를 확정하고 그렇게 확정된 사실에 법률을 적용하여 그 위반 여부를 판단하는 준사법 기구는 대내외적으로 어느 누구의 영향도 받으면 안 되는 것이며, 이것이 바로 우리의 경쟁 당국을 위원회 조직으로 설치한 이유다.

대외적 독립성은 주로 대통령과 그 보좌 기구로부터의 독립을 말한다. 대내적 독립은 다시 위원회 구성원인 위원 간의 독립과 심판 기구인 협의의 위원회와 소추 기구인 심사관 사이의 독립을 말한다. 이때 전자의 독립성은 위원 상호 간의 평등성에 의하여 구현되고 후자의 독립성은 위원회의 대심구조 확보의 문제와 표리관계에 있다.

5. 결론

우리나라에서는 형사법의 과잉 집행이 이미 심각한 수준에 이르렀다. 개인 간에 민사적으로 처리해야 할 분쟁들을 해결하기 위하여 국민들이 형사 고소라는 방법을 주로 선택한 결과 우리나라의 1인당 고소율은 일본의 그것보다 무려 120배나 높다. 남설된 처벌법규와 수사 과정에서의 공권력 남용을 막지 못하는 절차 규정의 미비 때문에 상대방을 형사 고소만 해놓으면 수사기관이 나서서 인신을 구속하는 등 위협적인 방법으로 합의를 강요해주고, 겁을 먹은 상대방은 빚을 내어서라도 합의를 모색하게 되므로 국민은 이러한 방법을 선호할 수밖에 없다.

지금까지 필자가 설명한 공정거래법의 실체 규정, 절차 규정, 조직 규정 등의 미비점들이 종합되어 우리나라 경쟁법의 과잉 집행을 초래한다고 볼 수 있다. 그 부작용을 한마디로 요약하면 경쟁법이 '경쟁'의 보호수단이 아니라 '경쟁자'의 보호수단으로 변질되고 있다는 것이다.

앞서 설명한 바와 같은 여러 가지 관점에서뿐만 아니라 예컨대 기업결합 심사절차 등을 포함한 전반적 차원에서 우리 공정거래법 제도의 세부적인 내용들이 국제 규격의 수준으로 정비되어야만, 궁극적으로는 시장경쟁 자체의 보호라는 경쟁법 본연의 목적에 충실히 이바지하도록 우리 경쟁법의 집행 수준이 크게 향상될 것으로 필자는 믿고 있다. (2008년 9월 8일)

전속 고발권 폐지는 시기상조다

▋ **최충규**(한국경제연구원 연구위원)

최근 의회 일각에서는 공정거래법상의 '전속고발제도'를 폐지하려는 움직임이 일고 있다. 이 제도는 '형사 처벌의 대상이 되는 공정거래법 위반죄에 대해서는 공정거래위원회(이하 공정위)의 고발이 있어야만 공소를 제기할 수 있도록 하는 것'을 말한다. 이에 따라 일반 형사 범죄에 적용되는 검사의 공소권은 제약을 받으며, 공정거래법 위반 행위에 대한 형사 처벌 여부는 공정위가 정책적으로 판단할 수 있는 권한을 갖는다. 여기서 형사 처벌의 대상이 되는 공정거래법 위반 행위는 법 제66조와 제67조에 열거되어 있는데, 시장지배적 지위 남용 행위·부당 공동 행위·불공정거래 행위 등이 포함된다.

이러한 공정거래법 위반 행위에 대하여 전속고발제도를 채택한 이유는 무엇일까? 그것은 크게 두 가지로 요약될 수 있다. 첫째는 공정거래법 위반 행위가 국민의 경제 활동과 밀접하게 관련되어 있으므로 이를 과잉 처벌하면 경제 활동이 크게 위축될 수 있기 때문이고, 둘째는 경쟁법 위반 행위의 특성상 형사 처벌이 부적절한 경우가 많기 때문에 전문 기관의 판단을 거쳐 중대하고 명백한 위반 행위만 형사 처벌하도록 할 필요가 있기 때문이다.

그럼에도 의회 일각에서 이 제도를 폐지하려는 데는 여러 가지 이유가 있다. 우선, 공정위가 형사 처벌 여부에 관해 재량적으로 판단할 여지가 있고, 국민의 재판받을 권리 내지 재판 절차상의 진술권이 침해될 수 있으며, 공정거래법 위반 행위 피해자와 일반 범죄 피해자 간의 차별 대우로 인해 국민의 평등권이 침해될 수 있기 때문이다. 또한 검찰의 공소권을 제약하여 권력분립의 원칙에 반하고, 공정위가 고발하지 않을 경우에는 위반 행위에 대해 형사 처벌을 면하게 해주는 효과도 있기 때문이다.

전속고발제도는 이와 같은 양면성이 있기 때문에 입법 당시부터 많은 논란이 있었고, 헌법소원도 제기되었다. 그러나 헌법재판소는 1995년 7월 이 제도를 합헌인 것으로 판시했으며, 다만 일부 제도 보완이 필요하다고 보았다. 이에 따라 공정위는 스스로 고발 의무를 명시하고 검찰총장에게 고발 요청권을 부여하는 한편, 고발 지침을 마련하여 고발권 행사 기준을 구체화·객관화하였다.

이것으로 모든 문제가 해결된 것일까? 그렇지는 않다. 왜냐하면 이 제도가 합헌이고 제도 보완이 이루어졌다는 것만으로 이 제도의 입법 타당성이 입증되는 것은 아니기 때문이다. 이 제도의 타당성 여부를 따져보기 위해서는 최소한 다음의 세 가지 질문이 검토되어야 한다. 첫째, 공정거래법 위반 행위는 반드시 형사 처벌해야 하는가? 둘째, 공정위가 고발권을 행사하지 않았을 때 피해자에게는 어떠한 구제 수단이 보장되어 있는가? 셋째, 이 제도를 폐지했을 때 법무부나 검찰은 법 위반 행위의 경제적 효과 및 형사 처벌 여부를 제대로 판단할 수 있는가?

우선 경쟁법 위반 행위에 대해 반드시 형사 처벌해야 하는지에 대해서는 나라마다 제도가 다르다. 독일, 스위스, 스페인, 이탈리아 등에서는 경쟁법 위반 행위를 형사 처벌하지 않는다. 미국에서는 셔먼법 위반 행위에 대해서는 형사 처벌하지만 사안이 중대하고 위법성이 현저한 담합 행위 등에 국한한다. 일본은 우리와 같이 전속고발제도를 도입하고 있지만 불공정거래 행위에 대해서는 형사 처벌하지 않고, 다만 시정조치 불이행에 대해서만 형사 처벌한다. 우리나라도 제도의 존폐와 관계없이 형사 처벌의 대상을 축소시킬 필요가 있다.

둘째, 공정거래법 위반 행위의 피해자는 그 사실을 공정위에 신고할 수는 있다. 그러나 공정위가 조사를 하지 않거나 무혐의, 경고처분 등으로 사건을 종결한 경우 피해자는 손해배상을 청구하는 것 이외에는 별다른 구제 수단이 없다. 미국, 독일 등 선진국에서는 경쟁법 위반 행위에 대해 피해자가 손해배상 청구는 물론 '사인의 금지 청구' 등을 통해 구제받을 수 있도록 하고 있다. 우리나라도 이와 같은 제도를 도입하여 피해자 구제 수단을 좀 더 확충할 필요가 있다.

마지막으로, 미국은 경쟁법 위반 행위를 형사 처벌하는 대표적인 나라다. 그런데 미국 법무부의 독점금지국은 경쟁법의 집행기관으로서 세계적으로도 가장 전문적인 인력과 경험을 갖추고 있다. 반면, 우리나라의 법무부와 검찰은 그렇지 못하다. 따라서 아무런 사전 준비 없이 전속고발제도를 폐지할 경우 경쟁법 위반 행위에 대한 형사소추권이 과도하게 시행될 가능성이 있다. 또한 공정거래법 위반 행위는 그 속성상 기업 활동과 밀접하게 결합되어 있어 전국의 경찰서와 검찰청이 법 위반 행위를 모두 범죄로 취급하여 수사 내지 형사 처벌할 경우 기업 활동은 크게 위축될 수밖에 없다. 따라서 궁극적으로 전속고발제도는 폐지하는 것이 바람직하다 하더라도 이의 실현을 위해서는 법무부와 검찰이 경쟁법의 일차적 집행기관으로서 역할을 다할 수 있도록 먼저 전문 인력과 경험을 갖출 필요가 있다. (2008년 12월 16일)

법인세율 인하 유보 유감

▌김상겸(단국대 경제학과 교수)

　이명박 정부는 출범 초기부터 경제회복을 국정운영의 가장 큰 목표로 천명했다. 친기업 정책(business friendly policy)에 대한 의지를 강하게 밝힌 것도 이와 무관하지 않다. 법인세율 인하는 이와 같은 정부의 친기업적 의지를 담은 구체적인 정책 표현이었다. 지금까지 법인세율은 과세 표준 1억 원을 기준으로 그 이상인 경우에는 25%, 그 이하인 경우에는 13%의 세율이 적용되었지만, 개편 방안에서는 과세 표준을 2억 원으로 상향 조정하고 적용되는 세율도 각각 22%와 11%로 인하하겠다는 방침을 밝힌 것이다. 아울러 어려운 경제 상황을 감안하여 당장 올해부터 시행한다는 뜻도 밝혔다.

　이러한 정책은 직접적 수혜 대상인 기업은 물론 경기 활성화를 기대하는 많은 국민으로부터 환영을 받았다. 세 부담이 줄어드는 만큼 기업들의 투자 여력은 늘어나게 되므로 고용, 소비 등 침체된 경제에 활력을 불어넣어줄 것이라고 평가되었기 때문이다. 또 법인세율 인하 방침에 대해 국민들이 환영의 뜻을 내보인 것은 세금을 덜 내게 된다는 직접적인 효과보다는 경제 활성화를 위한 새 정부의 강한 의지가 본격적으로 실천될 것이라는 기대감 때문이었을 것이다.

하지만 유감스럽게도 이러한 정책은 반쪽만 시행될 가능성이 높아졌다. 두 개의 적용 세율 가운데 하나만 인하하기로 했기 때문이다. 즉 중소기업에 적용하는 최고 한계 세율은 당초의 계획대로 인하하되, 대기업에 적용하는 최고 한계 세율은 내년부터 인하하기로 한 것이다. 정부와 여당은 이러한 정책 후퇴에 대해 취약 계층 보조를 위한 재원 마련 등을 이유로 그 불가피성을 역설하고는 있지만, 야심차게 밝힌 정책 의지를 불과 몇 달 사이에 반쯤 접어버린 것은 안타깝고 실망스럽다는 평가를 모면하기 어려워 보인다.

첫 번째로 이와 같은 정책 변화는 우리 경제 전반에 그리 긍정적이지 못한 영향을 미칠 것이다. 앞서 말한 바와 같이 세 부담 완화는 기업의 투자 여력을 제고시켜 경제 활력을 회복하는 데 도움을 준다. 이는 감세 효과가 더 큰 대기업에서 더욱 뚜렷이 나타날 것이다. 상대적으로 더 많은 감세 혜택을 보게 될 것이므로 이에 따른 투자 여력 또한 더 커질 것이기 때문이다. 세율 인하가 경제 활력 개선에 도움을 준다는 것은 이미 다수의 연구 결과를 통해 검증된 이론이다. 법인세율이 높은 국가보다 낮은 국가의 경제성장률이 높았다는 연구 결과(Lee & Gordon, 2005)와 상대적으로 낮은 세율을 적용받는 산업의 성장률이 높았다는 실증분석 결과(Lee et. al., 2008) 등이 바로 그것이다.

이러한 관점에서 보자면 경기회복이나 경제성장이라는 목표를 달성함에 있어서 세율 인하는 분명 긍정적인 효과가 있는 정책이다. 물론 중소기업에 대한 법인세율 인하 조치는 당초 계획대로 추진될 것이므로 세율 인하에 따른 정책 효과는 부분적으로나마 기대할 수 있을 것이다. 하지만 투자 및 고용 창출 효과가 훨씬 큰 대기업의 적용 세율을 인하하지 않은 것은 정책 효과의 크기 면에서 결코 바람직하지 않을 것이다.

두 번째로 세계적인 세제 개편의 흐름에서 우리나라가 뒤처질 수 있다는 점을 들 수 있다. 주지하는 바와 같이 세계 각국은 경쟁적으로 세제 개편을 추진하고 있으며, 이 가운데 빠지지 않고 등장하는 것이 법인세율의 인하다. 실제로 법인세율은 대부분의 국가에서 지속적으로, 그리고 빠르게 하향 조정되는 추세다. 당초 우리 정부가 세율 인하 방침을 밝힌 이유 가운데 하나도 선진적인 세제 구축을 위한 것이었음을 부정할 수 없다. 물론 과거 정부에서도 법인세율 인하는 추진된 바 있다. 하지만 올해 초 발표되었던 세율 인하 방침이 더 환영받은 이유는 세율 인하를 도모함에 있어서 상당히 적극적인 자세를 취했다는 점 때문이었다.

우리나라는 과거 세율 인하 정책을 추진함에 있어서 다른 나라들의 정책 변화를 수동적으로 받아들이는 인상이 짙었다. 즉, 다른 나라들의 세율 인하 움직임에 마지못해 따라가는 수동적인 방식이었던 것이다. 하지만 법인세율 인하가 세계적 흐름이고, 우리가 이 같은 흐름에서 자유로울 수 없다면 적극적이고도 선제적인 움직임이 훨씬 효과적일 수 있다. 어차피 내려야 할 세율이라면 남보다 먼저 내리는 편이 낫다는 뜻이다. 왜냐하면 세율 인하를 선도한다는 것은 단지 세율 자체가 낮아 기업 활동에 유리하다는 의미 외에도 정부가 시장경제 및 경제 활성화에 관심을 기울이고 있다는 강력한 신호를 국제시장에 전달한다는 매우 긍정적인 의미까지 내포하고 있기 때문이다. 이는 경제 활동의 국제화가 지속적으로 강화되는 점을 고려할 때 절대 간과해서는 안 되는 부분이다.

현대 경제에서 국가 간 생산요소의 이동은 나날이 자유로워지고 있다. 법인세율이 경쟁국에 비해 조금이라도 낮다는 것 자체만으로도 국제적 생산요소의 유치에 유리할 뿐만 아니라 '기업 활동하기 좋은 나라'라는 인식을 강하게 심어줄 수 있다. 아일랜드가 좋은 사례다. 주지하는 바와 같이 아일랜드는 정체된 경제성장을 해소하기 위해 파격적인 법인세율 인하를 단행한 바 있다. 이를 통해 세계 유수의 다국적 기업 지역 본부를 성공적으로 유치했으며, 그 결과 아일랜드는 고소득 국가에서 유례를 찾기 어려울 정도의 높은 경제성장률을 달성하고 있다. 이번 정책 변경으로 이와 같은 긍정적 효과를 충분히 누리지 못하게 된 것은 상당히 아쉬운 부분이다.

세 번째는 정책 신뢰도 저하의 측면에서 찾을 수 있다. 강력한 의지를 보였던 정책이 몇 달 사이에 후퇴하는 것은 정책에 대한 신뢰뿐만 아니라 정부 자체에 대한 신뢰도 약화로 이어질 수 있다. 물론 경제적 취약 계층을 돕는 것, 그리고 세제상의 형평성을 제고하려는 노력은 매우 중요하다. 하지만 이를 위해 또 다른 중요 정책 목표를 쉽게 포기하는 것은 결코 바람직하지 않다. 세율 인하 방안은 궁극적으로 경제 활성화를 위해 도모했던 정책이기 때문이다.

또한 취약 계층을 돕기 위한 재원을 반드시 (대기업이 내는) 법인세를 통해서만 조달해야 하는지도 의문이다. 해마다 계획보다 초과 징수되는 세수를 생각해보면 재원 마련을 위해 반드시 법인세율 인하를 철회해야만 했는지에 대한 의문은 더욱 강해진다. 진정 재원 부족 문제가 심각했다면 재정 지출을 줄이려는 노력이 선행되었어야 한다는 생각도 든다. 돈이 부족하면 덜 쓰는 것이 합리적인 것과 같은 이치다. 해마다 몇 곱절 더 큰 돈이 소요되는 부실 공기업의 정비는 등한시하면서 세금 낮춰주는 데는 미온적이라는 비판을 모면하기 어려운 대목이다.

이러한 측면에서 보자면 이번 정책 변경이 '대중 영합적'이라는 목소리도 비판을 위한 비판이라고만 치부하기 어렵다. '감세는 부자들만을 위한 것'이라는 비판을 의식한 정책 후퇴라는 인상을 지우기 어렵기 때문이다. 옳은 정책은 반대 의견도 설득해나가면서 추진해야 하는 것이다. 감세안이 설령 부자들에게 더 큰 혜택을 주는 정책이라 하더라도 궁극적으로는 국가경제 전체에 도움이 되는 정책임을 의지를 가지고 설득했어야 한다. '나누는 것'을 등한시해서는 안 되겠지만 '나눌 것을 더 많이 만들어내는 것'은 더욱 중요한 일이기 때문이다. (2008년 9월 2일)

동의명령제의 도입 필요성

▌ 이상돈(고려대 법대 교수)

2007년 8월 공정거래위원회는 동의명령제 도입을 내용으로 하는 공정거래법 개정안을 입법 예고했고, 지난달 말엔 법무부도 이에 합의를 해주었다고 한다. 동의명령제란 피심인이 자신의 경쟁 제한적 행위의 중지를 포함한 시정 방안(경쟁 및 거래 질서의 회복)과 거래 상대방이나 소비자 등에 대한 피해의 구제 또는 예방을 위한 시정 방안(거래 상대방 및 소비자 보호)을 공정거래위원회에 제시하고, 공정거래위원회는 그 방안의 타당성이 인정될 경우에 동의명령(consent order)에 의해 사건을 종결짓는 것을 말한다. 이 동의명령제의 도입은 한미 FTA에서 합의된 사항이기도 하다.

동의명령제가 도입되어야 하는 이유는 공정거래 질서를 확립하는 데 드는 사회적 비용을 줄일 수 있다는 점에 있다. 다음의 세 가지 점에서 특히 그러하다.

첫째, 동의명령제는 공정거래위원회의 조사·심의·의결, 검사의 수사, 그리고 법원의 재판이라는 장기간에 걸친 과정을 조기에 종결시킴으로써 그 사회적 비용을 줄여준다. 하지만 피심인은 경쟁제한 상태를 회복시키는 조치를 스스로 취하고, 피해를 입은 소비자나 상대방에게 직접 손해배상을 해야 하며, 심지어 구조조정 조치까지 취해야 한다. 그러므로 동의명령제에 의해서도 공정거래 질서는 실질적으로 뿐만 아니라 신속하게 회복될 수 있다.

둘째, 동의명령제는 당사자들의 법적인 거래비용을 줄여준다. 공정거래법 위반이 문제되는 사안에서 그 법 위반을 판단하기 위해 공정거래위원회가 부담해야 하는 조사, 협의 등의 인적·물적 비용은 상당히 크다. 특히 피심인의 행위가 경쟁을 실질적으로 제한하는지에 대한 판단은 매우 전문적이고 불확실하며 정책적인 사항이어서 어떤 판단이든 수많은 불복 소송을 야기한다. 소송에 대처해야 하는 부담은 공정거래위원회의 활동 비용을 더욱 증대시킨다. 피심인인 기업의 부담도 만만치가 않다. 시정조치를 이행해야 하는 부담뿐만 아니라 기업의 수익률을 현저히 낮추는 과징금 부담, 언론 보도에 따른 기업 이미지의 실추와 소비자 소송의 유발, 그리고 주가 하락 등 다양한 부담이 기업에 돌아간다. 동의명령제도는 바로 이와 같은 당사자들의 법적인 거래비용 부담을 줄여줄 수 있다.

셋째, 동의명령제도는 공정거래법적 제재 절차가 시장 자체에 주는 부담을 줄여주기도 한다. 예컨대 공정거래위원회의 조사가 진행되면, 법 위반 혐의를 받고 있는 특정한 행위와 동일하거나 유사한 활동을 이미 하고 있거나 하려고 계획하고 있던 기업들은 법적 불확실성 때문에 그런 활동을 그만두거나 계획을 포기해야만 한다. 그로 인해 관련 분야의 시장은 급격히 위축될 수 있고, 투자자들도 그와 같은 시장으로부터 발길을 돌리게 된다. 동의명령은 이런 부작용을 최대한 줄여줄 수 있을 것으로 기대된다.

그러나 동의명령제를 도입함에 있어 계속 논란이 될 소지가 있는 몇 가지 쟁점이 있다. 첫째, 동의명령제는 중대한 형사 범죄를 처벌할 수 없게 함으로써 형사 정의를 왜곡시킬 수 있다는 우려다. 그래서 법무부는 동의명령을 승인하기 전에 법무부장관의 승인을 얻을 것을 요구하기도 했다. 그러나 최근 법무부는 승인 대신 사전 협의를 제도화하는 것으로 한발 양보했다고 한다. 여기서 간과해선 안 될 점은 동의명령이 형벌권을 침해한다고 단정 짓기 어렵다는 점이다. 왜냐하면 동의명령제는 주로 공정거래위원회의 조사, 심의, 의결 절차를 거쳐 행해지는 시정명령이나 과징금 납부 명령에 대한 행정소송 또는 공정거래위원회의 고발에 따른 형사소송의 승패에 대한 전망이 불확실한 경우에만 작동하기 쉽기 때문이다.

둘째, 하지만 법 위반이 중대하고 명백한 사안인데도 공정거래위원회와 피심인의 은밀한 거래에 의해 동의명령이 발하게 될 가능성을 배제할 수는 없다. 그런 남용의 가능성은, 이를테면 동의명령심의위원회를 설치하여 동의명령을 심의하고, 그 남용을 감시하게 함으로써 어느 정도는 차단할 수 있을 것이다. 법무부는 이 위원회에 참여하여 동의명령제의 남용을 적극적으로 감시하는 역할을 수행할 필요가 있다. 하지만 법무부가 위원회의 결정을 실질적으로 지배하는 것, 즉 위원회의 구성에서 다수를 차지하는 것은 바람직하지 않다.

셋째, 동의명령제가 특히 담합과 같은 사업자나 사업자 단체의 '부당한 공동행위'에 대해서는 적용되지 않도록 해야 하는지도 중요한 문제다. 이러한 적용 배제는 담합과 같은 행위에 대한 시민사회의 부정적인 여론을 의식한 것이다. 또한 이러한 적용 배제에는 법 위반행위 가운데 현실적으로 형사소추의 대상이 되는 것은 중대한 '부당한 공동행위'이므로 이를 동의명령의 대상에서 제외한다면 결과적으로 형벌권은 침해되지 않을 것이라는 계산도 깔려 있다. 그러나 공정거래법의 제재 대상이 되는 행위 유형 가운데 유독 '부당한 공동행위'만을 동의명령의 대상으로부터 배제할 합리적인 이유는 없다. 이를테면 관점에 따라서는 개별적 불공정거래 행위가 부당한 공동행위보다 오히려 형사상 불법성을 띠는 일탈행위이고, 따라서 적용 배제의 대상으로는 개별적 불공정거래 행위가 우선적으로 선택되어야 한다고 주장할 수도 있다. 사실 기업의 입장에서 보면 다른 어떤 유형의 불공정거래 행위보다도 부당한 공동행위에 대해 동의명령제가 적용되어야 한다는 점을 간과해서는 안 된다.

　마지막으로 동의명령제는 공정거래 질서를 확립하는 매우 현대적인 수단임을 강조할 필요가 있다. 경제 영역에서 발생하는 법적 정의와 경제적 합리성 사이의 간극을 외면하고, 법이 기업 활동에 대해 융통성 없는 제재를 가하면, 기업의 주가 하락과 그에 따른 투자자들의 손실 그리고 경영 악화와 그로 인한 고용불안 등 다양한 부작용이 발생하기 쉽다. 이를 두고 법 체계와 경제 체계 사이의 갈등과 충돌이라고 말할 수 있다. 동의명령제는 규제 당국뿐만 아니라 기업의 입장에서도 수용 가능한 조치를 통하여 공정거래 질서를 확립시켜나간다는 점에서, 현대 사회의 특징인 사회 체계들 사이의 갈등을 조정하고 체계 간 통합을 달성하는 하나의 기제가 될 것이다. 동의명령제의 조속한 도입을 통해 우리 사회에서도 합의 지향적인 방식으로 사회적 갈등을 해결하는 기제가 더욱 더 풍부해지기를 기대한다. (2008년 7월 11일)

재판매가격 유지행위를 다시 생각한다

▌ 김현종(한국경제연구원 연구위원)

자신의 물건을 구입해서 제3자에게 다시 팔려는 사람에게 물건 값에 대해 이래라저래라 간섭을 하는 행동을 '재판매가격 유지행위(resale price maintenance)'라고 한다. 구체적으로, 얼마 이하로는 판매하지 말라고 주문하고 만약 이를 어길 경우 물건을 공급하지 않겠다고 했다면 이는 '최저가격 유지행위'에 해당한다. 반대로 얼마 이상으로 팔지 말라고 재판매가격을 통제하는 행위에 대해서는 '최고가격 유지행위'라고 한다. 우리나라에서 최저가격 유지행위는 무조건 불법이고, 최고가격 유지행위는 정당한 사유에 한해 위법이 아니다.

최저가격 유지행위에 대하여 무조건적으로 불법(당연위법, per se illegal)이라고 간주하는 현행 규정은 일면 수긍이 간다. 기업들이 '일정 가격 이상으로만 팔라'고 주문한다면 소매가격은 올라갈 것이다. 이는 곧 소비자가 고스란히 비싼 값을 치르도록 만든다. 그래서 우리나라는 이 같은 최저가격을 유지하도록 강제하는 기업의 행동에 대해 경쟁을 제한하는 행위라고 인식하고 불법으로 규정해놓고 있다.

그런데, 과연 가격을 올리는 행위라고 해서 반경쟁적이라고 판단해야만 하는 것일까? 경제학자들은 이에 대하여 그렇지 않다는 연구 결과를 내놓고 있다. 예를 들어 한 판매업체는 직원을 파견하여 제품에 대해 친절하게 설명해주는 반면, 같은 종류의 물건을 파는 다른 판매업체는 그렇게 하지 않는 대신 그만큼 가격을 싸게 판매한다고 가정하자. 그러면 고객들은 친절한 제품 설명을 들은 다음, 가격이 싼 다른 판매업체의 제품을 구입하려 할 것이다. 즉, 싼 값으로 판매한 판매업체는 경쟁사의 서비스에 무임승차한 것이 된다. 이러한 무임승차 문제로 시장에는 친절한 서비스가 사라지게 되고 값싼 제품만이 유통될 것이다. 따라서 제품을 생산하는 기업으로서는 판매업체에 자사의 제품을 판매할 때 친절한 제품 설명을 곁들여 높은 가격을 유지하도록 요구하는 경영 방침을 통해 고품질 서비스를 할 수 있다. 즉, 최저가격 유지행위는 무임승차의 문제를 해결함으로써 질적으로 다양한 제품 간의 경쟁을 촉진시키는 역할을 수행한다.

2007년 6월 28일, 미국에서는 제품의 가격을 올린다는 부정적 측면과 질적 경쟁의 촉진이라는 긍정적 측면을 지닌 최저가격 유지행위에 대하여 주목할 만한 대법원 판결이 나왔다. 바로 '리진 사건(Leegin Creative Leather Products Inc v. PSKS Inc.)'이다. 리진사는 '브라이턴(Brighton)'이라는 상표로 다양한 피혁 제품을 만들어온 회사로, 대형 유통점 판매보다 고객 중심 서비스를 제공하는 소규모 판매점을 중시하고 있었다. 리진사는 브라이턴 제품을 할인 판매할 경우 공급을 중단하겠다는 방침을 표명함으로써 판매자들에게 리진사가 제시한 최저가격에 맞게 좋은 서비스를 제공하도록 독려했다.

브라이턴 제품을 판매하는 소매점 중에는 PSKS사가 보유한 '케이스 클로짓(Kay's Kloset)'이라는 75개 점포들도 포함되어 있었다. 케이스 클로짓이 브라이턴 제품을 20% 할인하여 판매하자, 리진사는 거래를 중단했고 이에 PSKS사는 리진사를 재판매가격 유지행위로 고소함으로써 사건이 시작되었다. 피고 리진사는 매우 불리한 상황에 놓여 있었다. 1911년 의약품 제조사인 닥터 마일스(Dr. Miles)사가 도소매업자와 계약해 할인을 금지시키는 등 최저가격 유지행위를 했는데, 대법원은 이를 경쟁 제한 행위로 규정했다. 이 사건 이후 100년 가까이 최저가격 유지행위는 당연위법으로 판결되어왔으며, 리진사가 앞선 두 재판에서 모두 패소한 것도 이러한 배경 때문이었다. 그러나 무모해 보였던 리진사의 상고는 대법원에서 받아들여졌으며, 100년간 적용되어온 닥터 마일스 사건을 뒤집는 판결을 이끌어냈다.

대법원의 결정은 수직적으로 가격을 제한하는 행위는 기본적으로 수직적 거래를 제한하는 행위와 다르지 않다는 판단에서 비롯하였다. 즉, 수직적 거래 제한이 소비자의 후생을 증가시킬 수 있는 요인이 있듯이 수직적 가격 제한도 소비자의 후생을 증가시킬 수 있다는 논리다. 고품질의 서비스를 제공하지 못하여 소비자의 수요를 만족시키지 못하는 업체에 거래를 거절하는 것은 부당한 행위가 아니라 소비자의 이익을 보호하기 위한 행동이며, 더 나아가서 시장의 위축을 방지하는 수단이다. 마찬가지로 리진사는 브라이턴이라는 피혁 제품과 고객 중심 서비스를 함께 판매하여 고급 제품의 수요자를 만족시키기 위하여 가격을 제한했다. 이러한 경영 방침을 당연위법으로 처리할 경우 케이스 클로짓의 무임승차 행위로 고품질의 서비스는 위축되고 시장에서 사라지게 될 것이다. 대법원은 바로 무임승차의 문제를 인정한 것이다. 대법원은 판결에서 "반트러스트법의 우선되어야 할 목적은… 브랜드 간 경쟁을 보호하는 데 있다"고 지적했다.

물론, 이 미국 대법원의 판결은 최저가격 유지행위가 무조건 합법이라고 인정한 것은 아니다. 최저가격 유지행위를 했다고 해서 무조건 위법이라고 판단해서는 안 되며, 그러한 행위의 영향을 논리적으로 따져보고 위법성을 판단해야 한다는 점이 이번 판결의 핵심이다. 최저가격 유지행위의 위법성을 따져보기 위해서는 경제학적 분석이 요구된다. 앞선 두 번의 재판에서 거부되었던 전문가 증언(expert testimony)이 대법원 재판 과정에 채택된 이유도 보다 논리적으로 분석해야 한다는 인식이 반영되었기 때문이다.

당연위법으로 규정하는 것이 행정적으로 보다 편리할 수도 있다. 일률적으로 무조건 위법으로 판단한다면 재판매가격 유지행위의 영향력을 분석해야 하는 수고를 덜 수 있기 때문이다. 그러나 미국의 대법원은 이러한 부분도 충분히 고려하여 판단했다. 판결의 요지에서 "당연위법의 원칙이 행정상 편리하다는 이유만으로 채택되어서는 안 된다(A per se rule should not be adopted for administrative convenience alone)"고 밝혔다. 경제학자들의 분석을 토대로 한 양측의 공방은 매우 복잡하고 지루한 과정이 될 것이다. 그러나 분명한 것은 이러한 절차를 통한 판례의 형성이 가장 효과적인 문제 해결 방법이라는 점이다.

앞서 말한 바와 같이 우리나라의 공정거래법은 최저가격 유지행위를 당연위법으로 규정한다. 이는 대부분의 재판매가격 유지행위가 위법적이며 따라서 행정적 편의를 위해 당연위법으로 규정해야 한다는 인식에서 비롯되었다고 판단된다. 그러나 행정적으로 편리하다고 해서 무조건 유지해야 한다는 논거는 더 이상 받아들여지기 어렵다. 기술적으로 가격 제한 행위의 영향을 분석하기 어려웠던 시기에 당연위법으로 규정해놓았던 제도를 분석 기술이 향상된 현재에도 여전히 유지한다는 것은 적절하지 않다. 이제 우리나라에서도 재판매가격 유지행위에 대하여 당연위법이 아니라 합리의 원칙을 적용하도록 제도를 개선할 시기가 왔다고 생각한다. (2007년 8월 21일)

적대적 M&A의 방어 수단으로서
테뉴어 보팅

▎ 김광록(충북대 법대 교수)

방어 수단의 입법 필요성

2008년 3월 19일 법무부는 과천청사에서 열린 대통령 업무 보고에서 '2008년도 주요 업무 계획'을 통해 "포이즌 필(poison pill) 및 차등의결권주식 등 기업이 경영권을 방어할 수 있는 제도적 장치를 도입하기 위하여 법무부 안에 태스크포스를 결성한다"고 밝혔다. 이에 따라 법무부는 '경영권 방어법제 개선위원회'를 구성하여 소위 적대적 M&A가 시도되는 경우 대상 기업이 적절한 방어 수단을 확보할 수 있도록 한창 논의를 진행하고 있는데 방어 수단의 정도를 놓고 상당한 격론이 오가고 있다는 소식이다.

사실 우리나라는 IMF 경제 위기 이후 지속적으로 국내 자본시장을 개방해왔다. 특히 1998년 2월 증권거래법의 의무공개매수제도를 폐지함과 동시에 그간 적대적 M&A에 대한 각종 규제를 지속적으로 철폐함으로써 현재 우리나라 기업법제는 자유로운 적대적 M&A는 전면적으로 허용하는 반면에 그에 대한 방어 수단은 어느 것 하나도 마련하지 않아 상대적으로 매우 불평등한 상황이다. 이러한 상황에서 우리나라의 경우 M&A는 지난 1997년 말 소위 IMF 경제위기 이후 자본 시장을 통하여 핵심적인 구조조정의 수단으로 잘 활용되었고, 기업을 직접 경영하는 경영진의 입장에서도 지배구조를 개선하고 기업 경영을 투명하게 한다는 측면에서 긍정적으로 받아들여졌다. 그러나 최근 국내 시장에 외국 자본이 자유롭게 유입되면서 국내 기업에 대한 외국인 투자자의 경영권 위협이 크게 늘어 소위 적대적 M&A에 대한 방어 수단의 입법이 절실한 실정이다.

지난 2006년 3월 상장회사협의회에서 주권 상장 법인을 대상으로 설문조사한 것을 보면, 최대 60.9%의 상장 기업이 경영권 불안을 느끼고 있으며, 이러한 경영권의 불안은 적대적 M&A에 대한 방어 제도의 미흡 때문이라는 응답이 25.9%로 가장 높게 나타났다. 특히 경영권 방어 대책을 마련해야 하는 이유로는 투기성 자본의 부당한 M&A 시도로 인한 기업 가치의 훼손 방지 및 주주 보호를 위해서라는 응답이 43.3%로 가장 많았다. 이로써 우리나라 상장 기업의 현실적인 경영권 불안을 해소해준다는 측면에서도 적대적 M&A에 있어 대상 회사가 다양한 방어 수단을 선택할 수 있도록 하는 제도적 개선은 반드시 필요한 것이다.

다양한 방어 수단의 도입 필요

적대적 M&A에 대한 경영권 방어 수단은 다양하게 나타날 수 있다. 이 가운데 최근 우리나라에서 주로 논의되는 사항은 포이즌 필이다. 이러한 상황에서 앞서 말한 바와 같이 법무부에서 구성한다는 '경영권 방어법제 개선위원회'는 단순히 몇몇 방어 수단을 도입하는 것으로 그 역할을 끝낼 것이 아니라 그간 적대적 M&A에 있어 공격 회사와 방어 회사 간의 심각한 불균형을 바로잡겠다는 기본 취지를 충분히 달성해야 할 것이다. 다시 말해 적대적 M&A에 있어 공격 회사가 자유롭게 공격할 수 있는 것과 마찬가지로 대상 회사에도 다양한 방어 방법을 제공하고, 대상 회사는 자신이 처한 구체적 상황에 따라 자신에게 맞는 최적의 방어 방법을 선택할 수 있도록 해야 한다는 것이다. 따라서 위원회는 포이즌 필 이외의 다양한 방어 방법의 도입도 충분하게 검토해야 할 것이다.

테뉴어 보팅의 의의 및 장점

이러한 맥락에서 주목할 만한 것은 법무무가 경영권 방어 수단으로 도입하겠다고 언급한 차등의결권 주식(dual class stock)이다. 일반적으로 차등의결권 주식은 정관에 여러 종류의 주식을 발행할 수 있는 근거를 두고 일부 다른 종류의 보통 주에 대하여 특별히 많은 수의 의결권, 예를 들어 주당 10개 또는 100개의 의결권을 주어 주주총회 시 다른 종류의 보통 주와는 달리 결의에 큰 영향력을 행사하도록 함으로써 경영권을 방어하는 수단을 말한다. 그런데 이러한 차등의결권 주식은 우리 상법에서 규정하는 1주 1의결권 원칙에 위반한다는 비판이 따른다.

따라서 주식의 종류가 아니라 보유 기간에 따라 복수의 의결권을 부여하는 방안을 생각해볼 수 있다. 즉, 같은 종류의 주식이라도 보유한 지 일정 기간(일반적으로 24개월 또는 36개월)이 경과한 경우라면 복수의 의결권을 부여하는 방법이다. 이렇게 한다면 대부분의 적대적 M&A가 특정한 단기간에 집중적으로 주식을 매집함으로써 이루어진다는 측면을 고려할 때 매우 효과적인 방어 수단이 될 수 있고, 물론 주식 평등의 원칙에 대한 위반이라는 비판에서도 자유로울 수 있다는 장점이 있다. 이러한 제도가 바로 미국에서 적대적 M&A에 대한 효과적인 방어 수단으로 활용되고 있는 '테뉴어 보팅(tenure voting)'이다.

　이러한 테뉴어 보팅은 단순히 적대적 M&A에 있어 기업 사냥꾼으로부터 회사를 보호할 뿐만 아니라 여러 장점이 있다. 첫째 장기 보유 주주의 가치를 최대화하고, 둘째 단기 사업보다는 장기 사업의 가치에 중점을 두고 기업을 경영할 수 있도록 하며, 셋째 기업의 목,적 사업에 대한 장기 투자 그리고 사업 참여 보호와 아울러, 넷째 회사의 경영권을 확보하기 위한 어떠한 계획에 대해서도 모든 주주들의 최대 이익이라는 관점에서 공정하게 평가하거나 협상할 수 있는 최선의 기회를 이사회에 부여할 수 있다는 점이다.

　그런데 법무부의 '경영권 방어법제 개선위원회'는 포이즌 필을 적극적으로 검토하지만 여타의 방어 방법, 즉 테뉴어 보팅 등은 그 도입이 어려울 것이라는 의견을 개진하는 것으로 알려져 있다.

최근의 국내외 M&A 경향

　최근 우리나라의 기업 환경은 급격하게 변화하고 있다. 특히 M&A 시장 규모는 지난 1995년 이후 2005년까지 31% 성장했다. 특히 2004~2005년간 성장률은 무려 115%를 기록했다. M&A 거래 건수를 보면 2006년 747건에서 2007년 757건으로 10건이 증가했으나 거래 금액으로는 2006년 414억 달러에서 2007년 738억 달러로 약 78%나 증가한 것으로 나타났다. 이러한 현상은 비단 우리나라에 국한된 것만은 아니다. 세계적으로도 M&A 시장 규모는 1995년 9,250억 달러였던 것이 2000년에 이르러 약 3조 4,000억 달러로 급격히 증가하다가 2003년까지 다소 주춤하는 모습을 보이더니 다시 2005년 2조 7,000억 달러, 2006년 3조 7,000억 달러, 2007년 4조 5,000억 달러로 증가했고 향후 지속적으로 증가할 것이 예상된다. 이러한 상황에서 적대적 M&A에 대한 방어 수단도 다양해질 것은 자명한 일이다.

결론

물론 M&A에 대한 방어 수단은 그 남용을 방지하는 대책도 함께 마련되어야 한다. 그래야 비로소 M&A도 자유로운 시장 원리가 적용되는 건전한 기업 활동의 하나로 인식될 수 있기 때문이다. 그러나 우리나라의 경우 무엇보다도 먼저 고려해야 할 것은 그간 적대적 M&A 과정에서 일어난 공격 회사와 방어 회사 간의 심각한 불균형을 바로잡고 공격과 방어의 형평을 이루는 일이다. 이러한 의미에서 테뉴어 보팅과 같은 적절한 방어 수단을 확보하는 것도 공정한 M&A를 활성화하는 노력의 일환이 될 것이다. (2008년 8월 8일)

Chapter 5

고용과
실업문제의 해법

임금 피크제, 정부가 나서지 말아야

▌박성준(한국경제연구원 선임연구위원)

우리는 2000년을 기점으로 고령화 사회로 접어들었다. 이렇다 보니 기업의 인력도 자연적으로 고령화되고 있다. 지난 1985년만 해도 종업원의 평균 연령은 30.6세였던 것이 2005년에는 38.3세로 높아졌다. 이렇게 기업의 인력이 고령화됨에 따라 우리 기업의 인건비 부담은 커질 수밖에 없다. 왜냐하면 우리 기업의 임금 체계가 연공급에 치우쳐 있기 때문이다.

오늘날과 같이 무한 경쟁에 노출되어 있는 기업들은 생존하고 성장하기 위해서는 무엇보다도 높은 성과를 내야 한다. 기업이 성과를 올리기 위한 가장 손쉬운 방법 중 하나가 비용을 최소화하는 방안일 것이다. 따라서 연공급 임금 체계로 이뤄진 기업들은 인건비 부담이 큰 중고령자에 대한 해고 유인이 끊임없이 생겨날 수밖에 없다.

이렇듯 중고령자에 대해 해고 유인이 있는 기업은 여러 방안을 모색하게 된다. 첫째는 희망 퇴직 등을 통하여 정리해고하는 것이다. 이는 분명 인건비 절감 효과가 있다. 그러나 중장기적으로는 경험과 노하우를 갖춘 우수 인력이 빠져나감으로써 마이너스 효과가 올 수 있다. 둘째는 성과 중심의 보상 관리로 전환하는 방안이다. 사실 우리나라의 경우 팀제 혹은 연봉제로 많이 전환되었다. 그렇지만 실제 그 내용을 들여다보면 무늬만 연봉제인 경우가 많다. 원인은 인사고과 때문이다. 인사고과 시스템이 잘 작동하기 위해서는 종업원의 수용성이 중요하다. 아무리 좋은 제도라도 종업원이나 노조가 수용하지 않으면 아무런 의미가 없다. 따라서 현실적으로 성과 중심으로 보상 관리를 하는 임금 체계의 개선이 쉽지 않다. 그렇지만 연공급 임금 체제하에서 노사가 상호 윈-윈(win-win)할 수 있는 방안도 있다. 바로 임금 피크제다.

임금 피크제는 일정 연령을 기준으로 임금을 조정하고 일정 기간 동안 고용을 보장하는 제도다. 기업의 입장에서는 명예퇴직 등으로 인해 발생할 수 있는 경험과 노하우를 갖춘 우수 인력의 유출을 막으면서 인건비도 절감할 수 있다. 게다가 절감한 인건비로 신규 인력을 채용할 수도 있다. 또한 고령 근로자의 입장에서는 고용 유지 및 보장이라는 이점이 있다. 이러한 여러 가지 장점으로 인해 7~8년 전부터 신용보증기금을 비롯한 많은 기업이 임금 피크제를 속속 도입하고 있다.

그러나 노사가 합의하에 도입하는 임금 피크제에 정부가 관여함으로써 또 다른 문제가 발생한다. 정부는 지난 2006년부터 고용보험기금 가운데 107억 원을 떼어 고령자 고용 연장을 위해 임금 피크제를 도입하는 기업을 지원하고 있다. 물론 그 취지는 높게 살 만하다. 문제는 지원 내용이다. 주로 300인 이상 사업장을 지원 대상으로 삼았는데 본래 취지대로 중고령자의 고용 안정을 위한다면 중고령자의 비중이 상대적으로 높은 중소기업을 지원해야 한다. 그럼에도 300인 이상 사업장으로 제한하여 정부의 지원이 아니더라도 필요에 의해 임금 피크제를 도입할 여건이 마련된, 다시 말해 내부 노동시장이 잘 발달된 일부 대기업과 공기업을 지원한다는 점은 문제가 있다.

게다가 5인 이상 사업장의 근로자들이 내는 고용보험금을 활용해 상대적으로 고용이 안정되어 있는, 소위 좋은 사업장(good firm)에 종사하는 일부 근로자를 보호하는 결과를 초래한다는 것은 문제가 있다. 또한 정부가 성과주의 임금 체계가 정착될 때까지 한시적으로만 운영한다지만 장기적으로 보았을 때 오히려 연공급 체계를 고착화할 우려가 있다. 기업의 입장에서는 굳이 노조와 마찰을 빚으면서까지 임금 체계를 성과주의제로 전환하기보다는 정부가 지원한다면 임금 피크제를 도입해 노조와의 마찰 없이 연공급 체계를 그대로 유지하려고 할 것이기 때문이다.

따라서 정부가 중고령자의 고용 안정을 위한다면 새로운 또 하나의 지원 방안을 마련하기보다는 '고령자 신규 고용 장려금' 및 '정년 퇴직자 계속 고용 장려금' 등의 기존 고령자 고용 제도에 대한 충분한 검토와 보완이 선행되어야 한다. 뿐만 아니라 고용보험기금이 고임금 및 고용 안정이 보장된 기업의 임금 피크제 실시를 지원할 정도로 기금이 넘친다면 오히려 고용 보험료를 인하해야 할 것이다. (2008년 2월 12일)

우리의 노동 현실과 향후 과제

▌**김필헌**(한국경제연구원 연구위원)

제17대 대통령 선거가 막을 내리고 새로운 정부가 들어섬에 따라 사회 전반에 걸쳐 대대적인 개혁의 바람이 일고 있다. 그런데 최근 노동계에서 나오는 일련의 발언들의 수위가 심상치 않아 경제계를 긴장시키고 있다. 일부 언론 보도에 따르면, 노동계의 한 지도자는 전기와 가스를 끊고 비행기를 세우겠다는 말까지 했다고 한다. 어떤 맥락에서 그런 발언이 나왔는지 모르겠지만, 변치 않는 우리나라의 후진적 노사관계의 한 단면을 보는 것 같아 마음이 편치 않다.

우리나라의 노사관계는 참여정부 출범 후 지난 5년간 악화일로를 걸어왔다. 그 단적인 예로 이전 정부에 비해 빈도수와 강도 면에서 더욱 격렬해진 불법 파업을 들 수 있다. 통계에 따르면 참여정부가 출범한 2003년 두산중공업과 화물연대의 불법 파업으로 시작된 불법 파업 건수는 지난 5년간 모두 142건에 이르렀고, 파업 지속 일수도 이전에 비해 두 배 수준인 39일에 육박했다.

또한 노동부가 발표한 노동통계연감에 따르면 2003~2005년간 1,069 건의 노동 관련 분규가 발생하여 빈도수에서 국제적으로 타의 추종을 불허했다. 가까운 이웃 나라이자 한국의 최대 경쟁국 중 하나인 일본의 경우 노동 관련 분규 건수는 2000년 이후 급격히 줄어드는 추세고, 통계상 가장 최근인 2004년에는 51건의 분규만을 기록했다. 반면 우리나라의 노동 관련 분규 건수는 2000년을 기점으로 일본을 추월하여 지속적인 상승 추세를 보여 2004년에는 일본의 9배가 넘는 462건을 기록했다. 다행히 2005년 이후 그 빈도수가 다소 잦아들긴 했으나 그 수준은 여전히 일본에 비해 매우 높은 편이다. 이외에 노동통계연감에 수록된 주요 국가들 중 최근 우리나라보다 분규 건수가 많은 나라는 호주(1,835건, 2003~2005년간)와 요즘 들어 강성노조의 개혁 정책 저지로 홍역을 치르고 있는 프랑스(2,229건, 2002~2004년간)뿐이다. 그나마 호주의 경우는 파업으로 인한 총 손실 일수가 우리나라의 3분의 1 수준에 지나지 않았다.

빈번한 파업과 더불어 노사분규의 절대 다수를 차지하고 있는 제조업 분야의 임금은 해가 갈수록 가파르게 상승하고 있다. 미국 노동통계국이 내놓은 자료를 보면, 2003~2006년간 우리나라 제조업 부문 시간당 실질임금이 연평균 5.3% 증가하여 구매력을 감안한 실질 1인당 GDP 연평균 증가율인 3.8%를 껑충 뛰어넘었다. 일본의 경우 같은 기간에 실질 1인당 GDP는 연평균 2.2% 증가한 반면, 제조업 부문 시간당 실질임금 증가율은 연평균 0.18%에 불과했다. 일본과 비슷한 경제 성장세를 보인 미국과 영국의 경우를 보더라도 임금 증가율이 우리나라의 절반에도 미치지 못했고, 강성노조로 유명한 프랑스의 경우에도 1인당 실질 GDP가 연평균 1% 증가했는 데 반해 임금은 거의 변동이 없었다. 이 같은 통계 수치는 한국의 제조업 분야 임금이 다른 나라의 유사 직종이나 우리나라의 다른 산업 분야에 비해 훨씬 빠르게 증가한다는 것을 시사한다.

제조업 분야 임금이 급등하는 반면에 우리나라의 노사관계 경쟁력은 여전히 전 세계에서 꼴찌 수준을 면치 못하고 있다. 스위스 국제경영원(IMD)의 국가 경쟁력 보고서에 따르면 우리나라는 노사관계 측면에서 2003년 이후 조사 대상 국가 중 지속적으로 최하위에 머무르고 있는데, 그 가장 큰 원인으로 빈번한 파업과 경직적인 노사관계가 지적되었다. 이러한 노동계의 강성 투쟁은 우리나라의 새로운 성장동력이 될 수 있는 외국인 투자를 가로막는 큰 장애 요소로도 작용한다. 2005년에 발표한 한국국제노동재단의 보고서에 따르면, 국내 외국인 투자 기업 경영자의 38%가 한국의 불안한 노사관계가 투자의 걸림돌이 된다고 지적했다. 실제로 덴마크의 완구회사 레고가 2005년에 경기도 이천 공장의 폐쇄를 단행했고, 2006년에는 소니사가 경남 마산 공장의 가동을 중지했다.

노동계의 지나치게 급진적인 태도는 단순히 일개 회사의 경영을 위태롭게 하는 데 그치지 않는다. 노조의 불법행위로 인해 경제적 손실이 연간 8조 원에 이르고, 경제성장률도 1%p 낮아지고 있다고 한다. 경제가 x% 성장하면, 1인당 소득이 두 배가 되기까지 70/x년이 걸린다는 법칙을 한국의 경우에 적용해보자. 만약 우리나라 경제가 앞으로도 지난 5년처럼 연 4%대로 성장한다고 할 경우, 우리 국민의 소득이 두 배가 되려면 약 17.5년이 걸린다. 그러나 만약 노사관계가 극적으로 크게 개선된다면 우리 경제의 성장률은 5%대로 높아지고, 우리 국민의 소득은 14년 만에 두 배가 된다. 결국 현 경제 상황에서 노조의 불법행위는 국가 전체의 후생을 3년 반 뒤처지게 하는 결과를 가져온다.

노동계에서는 자신들의 과격한 집단행동을 노동자의 삶의 질을 향상시키고 사회구성원 간에 공평한 경제 이익 분배를 위해서라고 정당화한다. 그러나 세계은행의 최근 통계에 따르면 노동계의 주장은 근거가 희박하다. 세계은행의 2007년 소득 불평등 지수를 살펴보면, 그

값이 0에 가까울수록 소득 분배가 평등하고, 100에 가까울수록 소득 분배가 불평등한데, 우리나라는 31.6을 기록하고 있다. 이는 같은 아시아 경제권인 홍콩(43.4)이나 싱가포르(42.5)는 물론 프랑스(32.7), 미국(40.8), 영국(36), 캐나다(32.6) 등 주요 선진국보다 나은 수치다. 그리고 전체적으로도 통계 대상 국가 126개 국 중 23위로 우리나라는 선두 그룹에 속해 있다. 결국 우리나라의 소득 분배는 비교적 평등하게 이루어지고 있음을 알 수 있다.

노동계의 급진적·경직적 노사관은 우리나라 경제에 악영향을 미칠 뿐만 아니라, 전통적 지지 기반까지 약화시키고 있다. 노동연구원이 조사한 노사관계 국민의식 조사 결과에 따르면, 각종 노사분규에서 근로자의 요구가 정당하다고 보는 사람들이 1989년의 67%에서 2007년에는 41.3%로 크게 줄었다. 또한 근로자가 기업으로부터 정당한 대우를 받고 있는지에 대한 질문에도 1989년에는 3분의 1만이 그렇다고 했으나, 2007년에는 과반수가 넘는 52.3%가 정당한 대우를 받고 있다고 대답했다.

그렇다면 우리나라의 고질적 노사관계 불안을 어떻게 해결해야 할까? 수많은 이익집단의 이해가 걸려 있고, 노사 간 상호 신뢰가 부족한 상황에서 손쉬운 해결책을 찾기란 결코 쉬운 일이 아니다. 그러나 2007년 세계 경제포럼 보고서가 시사하는 바와 같이, 노사관계 개선의 첫 단추를 바르게 꿰는 것은 정부의 역할에 달려 있다. 건전하고 생산적인 노사관계를 정립하기 위해서 우선 정부가 분명하고 명확한 심판의 역할을 담당해야 한다. 노사를 불문한 불법행위의 엄단과 엄정한 노사관계의 법치화로 노동시장의 질서가 확립될 때, 노사 간 대타협도 가능하리라 본다. (2008년 1월 22일)

비정규직 보호법 시행 1년을 평가한다

▋ **최승노**(자유기업원 대외협력실장)

비정규직 보호법(이하 비정규직법)이 시행된 지 1년이 지났다. 2007년 7월 1일 이후 새로이 고용계약을 체결한 기간제 근로자는 고용 기간이 2년을 넘으면 정규직으로 전환하고 합리적 이유 없는 차별을 금지한다는 내용이다. 시행 당시 300인 이상 사업장에 적용했다가 2008년 7월부터 100인 이상 사업장으로 확대, 시행했다.

이 법은 '기간제 및 단기간 근로자 보호 등에 관한 법률', '파견 근로자 보호 등에 관한 법률' 그리고 '노동위원회법' 등 비정규직 관련 3개 법률로 구성된다. 외환위기 이후 비정규직(기간제) 근로자가 늘어나고, 고용의 질이 정규직 근로자에 비해 열악하다는 사회적 인식하에 비정규직 근로자의 처우를 개선하겠다는 취지에 따라 제정했다.

실질적인 내용은 비정규직 근로자를 정규직으로 전환하도록 유도하는 것이다. 법률이 시행된 지 1년이 지난 지금, 비정규직 근로자의 수가 3만 명 정도 감소한 것으로 나타났다. 이는 어떤 의미일까? 법의 효과가 긍정적으로 나타난 것인가, 아니면 부정적 효과를 보인 것인가. 만약 비정규직 근로자가 정규직으로 전환하여 감소한 것이라면

법의 목적이 달성된 것으로 보아야 하지만 현실적으로는 그렇지 않다. 정규직으로 전환한 근로자의 수는 기대에 못 미쳤고, 법 시행으로 인해 노동비용이 증가하여 비정규직 근로자에 대한 수요가 감소했다.

예견된 실패

처음 노사정위원회에서 비정규직 논의 결과를 정부에 넘긴 것이 2003년 7월이었다. 정부의 입법안은 2004년에 발표되었고, 이 법률안은 여러 차례 국회 통과가 유보되었다. 2년여의 추가 논의 과정에서 노동계의 요구를 상당 부분 받아들이면서, 비정규직법은 노동 시장의 유연성을 더욱 떨어뜨리는 반시장적인 법률의 성격을 굳혔다. 그럼에도 2006년 11월 비정규직법은 노동계의 반대 속에 입법화됐고, 민주노동당의 적극 저지 속에 열린우리당과 한나라당의 찬성으로 국회 본회의에서 통과되었다.

애초에 노동계의 요구에 따라 입법화되었고, 그 주장과 논리를 대부분 충족시킨 비정규직법을 노동계 스스로 극렬하게 저지했다는 사실은 이 법이 입법화되지 말았어야 하는 법률임을 상징적으로 설명한다. 노동단체의 무리한 입법 요구도 문제지만, 비정규직 양산의 본질적 이유를 외면한 채 이익단체의 요구에 끌려 다닌 정치권에도 책임이 있다. 이익단체의 요구는 '크면 클수록 더 좋은 것'이라는 자기 이익의 관점에서 늘어나게 마련이고, 그 한계가 없다. 노동조합이 지닌 이익단체의 속성을 그대로 법으로 담아낸다면 노동시장의 효율성이 떨어지고 고용사정이 악화되어 결국 경제에 부정적 영향을 줄 것이 뻔하다. 즉 비정규직법은 특정 근로계층의 요구에 의해 그들의 이익을 지키고 보호하는 제도적 한계를 지니고 있다.

외환위기 이후 경제 시스템이 바뀌면서 비정규직이 크게 늘었다.

기업이 정규직에 비해 생산성이 떨어지는 비정규직 근로자를 선호하고 채용하는 이유는 한 가지다. 정규직 근로자에 대한 과도한 보호와 강력한 노동조합의 존재 때문이다. 기업이 정규직 근로자 채용을 꺼리고 비정규직 근로자를 택할 수밖에 없는 상황에서 비정규직 근로자를 정규직화하라는 법률안을 만든 것 자체가 문제다. 정규직에 대한 과도한 보호를 해소하려는 노력 없이 비정규직 근로자 채용을 부담스럽게 만든다면, 이는 노동시장 전체에 부정적 효과를 미치게 마련이다. 비정규직은 우리 노동시장이 경직화되어 발생하는 문제점을 피하도록 하는 탈출구 역할을 했는데, 이조차 봉쇄하려는 것은 더 큰 문제를 야기할 뿐이다.

정규직으로 전환해야 하는 2년의 계약 기간이 아직 1년여 남아 있다. 지난 1년보다 앞으로 비정규직 일자리가 더 줄어들 수 있다는 뜻이다. 더구나 100인 이상 사업장으로 법 시행이 확대되면서 그 폐해가 상당히 커질 것으로 보인다. 지금까지 법 시행의 대상이었던 300인 이상 사업장은 비교적 대기업에 속하고, 대기업은 노동비용에 대한 어려움보다는 노동시장의 경직성에 대한 우려가 큰 것이 일반적이다. 이는 대기업의 경우 상대적으로 위기 대처 능력이 있다는 말이기도 하다. 사실 비정규직법은 중소기업에 더 심각한 문제다. 비정규직의 93.2%(2005년 기준)가 중소기업에서 일한다는 사실은 앞으로 비정규직 축소가 심각해질 수 있음을 뜻하기 때문이다.

비정규직 보호법 실험이 실패한 이유

최근 비정규직 근로자가 정규직으로 전환한 사례들을 보면, 대부분 공공기관이나 정부의 영향력하에 있는 기업들이다. 그런 기업들은 시장의 경쟁보다는 국민의 세금과 정부에 의존하여 생존하는 특성이 있다. 따라서 소수의 근로자가 비정규직에서 정규직으로 이동하여 더 나은 근로 조건을 얻는 것은 국민의 세금으로 보조금을 받는다는 것을 말한다. 이는 올바른 일이 아니며, 떳떳한 일도 아니다.

비정규직법은 노동비용을 늘려 노동시장을 위축시키는 비현실적 법률이기에 애초에 성공할 수 없는 태생적 한계를 지니고 있다. 일반 기업에서 비정규직을 파트타임, 용역 근로자(파견직)로 대체하는 일이 벌어지고 있다. 이는 영리를 목적으로 하는 기업이 불가피하게 택하는 자구 방안이다. 기업이 수익성만을 추구한다고 비난할 일이 아니다. 누가 경영자라 하더라도 정규직으로 전환하는 것과 비교하여 더 나은 것을 택하는 것은 당연하다.

법을 만들면서 고려해야 할 점은 기업이 더 나은 선택을 할 수 있도록 유도하는 인센티브와 시장친화적 방안의 마련이다. 이를 무시한 것이 이번 법률 시행의 문제를 드러낸다. 노동시장에 대한 무리한 통제·간섭이 노동시장을 왜곡하고, 비정규직 일자리를 줄이고 있는 것이다.

비정규직 보호법 실험은 사실상 실패했다. 고용은 자발적 계약에 따른 행위인데, 법률로 계약의 자유를 위축시켰고, 그 결과가 고용의 감소로 나타난 것이다. 시장경제 원리에 위배되는 반시장적인 규제가 부정적 효과를 보인 것은 이상한 일이 아니다. 사회주의 실험이 늘 그렇듯이 이상 세계를 만들려고 하지만, 현실은 늘 지옥을 만든다. 의도가 좋다고 해서 무조건 좋은 결과가 나오는 것이 아니라 법과 제도가 친시장적이어야 좋은 결과가 나올 수 있다.

노동자 피해와 사회적 폐해

노동비용을 고려해서 경영하고 영리를 추구하는 것이 기업의 본질상 올바른 선택이다. 기업에 대해 경영의 목적에서 벗어나 시혜적 복지기관의 성격을 강요하는 것은 기업 경영을 위축시켜 일자리를 줄이는 일에 불과하다. 개방된 경제에서 기업에 대한 규제를 늘리면 기업과 자본은 더 나은 조건을 찾아 떠나게 마련이다. 그 결과는 일자리 축소로 나타난다.

비정규직법은 일자리를 줄이는 것에 그치지 않고 소득 양극화까지 초래한다. 비정규직 일자리는 정규직에 비해 열악하지만, 일용직, 단순 파견직 등 다른 근로 형태에 비해 나은 일자리이기도 하다. 비정규직법은 기업들로 하여금 이러한 중간 형태의 일자리를 회피하게 만든다. 따라서 일부는 정규직으로 이동하여 혜택을 입지만, 대다수는 더 못한 일자리로 가게 만드는 양극화의 원인을 제공하기도 한다.

비정규직법은 노사분규의 원인이 되기도 했다. 이랜드그룹이 까르푸를 인수하여 운영한 홈에버는 노사분규에 휩싸여 결국 사업을 포기했다. 비정규직법이 초래한 노사 불안이 기업의 노동비용과 사업비용을 급격하게 올렸고, 그 결과가 사업 철수로 나타난 것이다. 물론 이 사태에서는 노사분규를 야기하고 기업을 적대시한 과격한 노동운동이 더 큰 문제였다. 자신이 근무하는 매장의 상품이 팔리지 못하도록 영업을 방해하고, 자신이 속해 있는 회사 상품의 불매운동을 전개하는 노동운동은 사실 비정규직법보다 더 큰 사회적 폐해를 야기했다.

노동시장의 유연성을 높여야

비정규직 근로자 양산의 본질적인 이유는 정규직에 대한 과도한 보호에서 비롯됐다. 우리나라의 정규직 시스템은 강력한 노동조합의 힘을 바탕으로 전 세계에 유례없는 경직성을 띠고 있다. 정규직 노동자를 과보호하는 것이 우리 경제를 어렵게 하는 요인임을 직시할 필요가 있다. 즉 대기업 정규직이 새로운 고용 창출에 걸림돌이 되고 있는 셈이다. 해고가 쉬워야 고용도 쉽게 늘어나는 법이다. 외환위기 이후 우리 사회의 패러다임이 변했다. 좋든 싫든 시대가 변했음을 받아들여야 한다. 이제 와서 '평생 직장의 시대'로 되돌아갈 수는 없다.

분명한 것은 일자리를 늘리려면 노동시장의 유연성을 높여야 한다는 점이다. 양질의 일자리는 규제와 강제로 만들어지지 않는다. 노무현 정부가 일자리 창출에 실패한 이유는 정부가 일자리를 만들 수 있다는 착각에 빠져 있었기 때문이다. 일자리는 본질적으로 상품시장에서 파생되는 노동 수요다. 그래서 기업하기 좋은 나라를 만드는 것이 바로 좋은 일자리 창출을 위한 가장 빠르고 정확한 최선의 길이다.

이제 온정주의적 접근이나 대중영합적인 방식으로 법률을 제정하는 것이 우리 사회의 일자리를 줄이는 원인임을 명확히 인식할 필요가 있다. 법률이 반시장적으로 만들어지면 시장의 효율성은 저해되고, 그 폐해는 결국 사회 구성원 전체가 부담해야 한다는 점을 명심해야 한다. 정부와 입법부는 법을 만들 때, 시장 친화적 관점에서 판단하여 일자리를 창출하고 투자를 늘리는 효과를 낳을 수 있는지를 확인하는 노력을 기울여야 한다.

비정규직법은 노동비용을 높이고 계약에 대한 과도한 개입과 규제로 고용을 줄이는 반시장적 법률로, 폐지하는 것이 바람직하다. 법 시행이 성공적이려면 시장 원리에 충실한 방법론을 택해야 한다. (2008년 7월 24일)

이랜드 사태는 이미 예견된 일

▌박성준(한국경제연구원 선임연구위원)

2007년 7월 1일부터 시행에 들어간 비정규직 보호법은 비정규직 근로자가 우리 노동시장에서 차지하는 비율이 상당히 높음에도 이들이 임금 및 근로 조건에서 정규직에 비해 상대적으로 불이익을 받기 때문에 이들에 대한 적절한 보호의 필요성이 대두되면서 만들어졌다고 볼 수 있다.

비정규직 보호법은 그 취지는 좋았으나 과연 우리 노동시장의 사정을 제대로 고려하여 만들어졌는지 의문이다. 즉 비정규직이 늘어나고 있는 원인이 무엇인지, 법을 만들면 실제 이들이 보호를 받는지, 그리고 노동시장이 왜곡됨으로써 경제의 걸림돌이 되는 것은 아닌지 등에 대해 면밀한 검토가 있었는가 하는 것이다.

먼저, 비정규직 근로자는 외환위기 이후 해마다 꾸준히 늘어 현재 548만 명으로 전체 노동자의 37%를 차지한다. 비정규직 비중이 늘어나는 이유는 경영상의 이유라고 하더라도 정규직에 대한 정리해고 절차가 여전히 까다롭고, 노조의 반발로 고용 조정에 따른 부담이 크며, 임금 상승률이 생산성 상승률을 크게 웃돌아 기업의 인건비 부담이 가중되는 등 정규직에 대한 과보호에 기인한다고 볼 수 있다.

그러면 비정규직 보호법은 실제로 비정규직 근로자를 보호할 수 있을까? 비정규직 보호입법의 근본 취지는 '동일 노동−동일 임금'의 차원에서 비정규직의 차별적 처우를 금지하자는 것이고, 그 일환으로 2년 이상 고용된 비정규직을 정규직으로 전환하도록 강제하고 있다. 이는 입법 한계를 벗어난 것으로 사적 자치라는 일반적 계약 원칙의 본질을 침해하는 것이다. 또한 현실적으로 고도의 전문성이나 숙련도가 요구되지 않는, 누구나 할 수 있는 일마저 정규직화를 강제한다면 기업의 입장에서는 고용을 기피할 것이고, 이는 입법 취지와는 달리 비정규직 근로자를 보호하기는커녕 오히려 이들의 일자리를 빼앗는 결과를 초래할 것이다.

실제 최근 한 조사에 의하면 조사 대상 기업 가운데 약 53.7%가 2년마다 새 사람으로 바꾸겠다, 25.3%가 기존 정규직을 활용하겠다, 그리고 나머지 20.7%가 완전 정규직으로 전환하겠다고 응답했다. 한편 근로자의 입장에서는 정규직으로 취업하기가 어렵기 때문에 그나마 비정규직으로 취업을 한 것인데, 법으로 정규직화를 강제하는 것은 어느 정도 비정규직 근로자에게 고용 안정을 줄 수 있지만 나머지 근로자에게는 고용만 불안하게 만들고 계약해지 등을 둘러싸고 최근에 벌어진 이랜드 사태와 같은 노사분쟁만 야기하는 우를 범하고 있다. 결국 비정규직의 정규직화는 기업에게 인건비 부담 및 고용 조정의 어려움을 가중시켜 신규 고용을 꺼리게 해 말없는 다수의 청년 및 재취업 의사가 있는 자의 실업을 가중시킬 수 있다.

실제 전국경제인연합회의 조사에 따르면, 많은 기업이 해외 투자를 늘리는 이유 중의 하나로 우리 노동시장의 경직성을 꼽는다고 한다. 결국 기존 취업자를 보호하자고 그나마 있는 일자리를 없애면서 다른 한편으로는 일자리 창출을 외치는 이율배반적인 우를 범하고 있는 것은 아닌지 심히 우려된다.

OECD는 우리나라 노동시장에 대해 '한국은 정규직에 대한 고용보호가 지나치게 높기 때문에 비정규직 근로자가 늘어날 수밖에 없다'고 지적한다. 이는 정규직에 대한 고용 조정이 용이하도록 노동시장 개혁이 이루어지지 않는 이상 법으로 비정규직을 보호할 수 없다는 뜻이다. 그런데도 비정규직마저 정규직으로 전환하도록 강제하다면 가뜩이나 동맥경화증에 시달리고 있는 우리 노동시장을 더욱 악화시키는 꼴이 되고 만다. (2007년 8월 14일)

합리적 인간, 부도덕한 정책

■ 정기화(전남대 경제학부 교수)

2007년 6월 말부터 본격화되었던 이랜드 계열사의 노사분규가 결국 공권력의 투입으로 막을 내렸다. 이번 분규는 비정규직 보호 법안의 시행을 앞두고 이랜드가 비정규직 근로자와 계약을 해지하면서 시작되었다. 이것은 비정규직 보호법이 통과되면서 예상되었던 일이기도 했다. 비정규직으로 2년 이상 계속 고용했을 때 정규직으로 채용해야 한다면 고용비용이 큰 기업들은 이들을 해고하거나 다른 방법을 찾을 것이기 때문이다. 비정규직을 보호한다는 법이 결국 비정규직의 고용을 불안하게 만든 결과를 초래하고 만 것이다.

예상된 일이 발생했지만, 이러한 법안의 입법에 일조했던 당사자들은 말이 없고 비정규직 근로자를 해고한 기업과 불법 파업을 일으킨 비정규직 근로자들만 비난받고 있다. 잘못된 정책에 따른 비용을 기업과 비정규직 근로자가 고스란히 떠안은 셈이다.

잘못된 정책을 반성하기보다 이해 당사자들만 비난받는 사례는 과거에도 여러 차례 있었다. 임대차 보호법이 대표적이다. 10여 년 전 부동산 가격이 폭등할 당시 정치인, 일부 시민운동가와 일부 경제학자들이 나서서 세입자를 보호한다는 명분으로 임대차 보호법을 개정하도록 했다. 이러한 법이 통과되면 전세 가격이 상승하고, 세입자들이 집을 구하기 어려워질 것이라고 우려했지만 세입자를 보호한다는 명분에 변변한 토론도 없이 법은 통과되고 말았다.

세를 놓아본 경험이 조금이라도 있는 사람 같으면 누구나 쉽게 예상할 수 있었다. 기존 세입자에게서 전셋값을 올려 받기 힘들게 되면 새로운 세입자를 구해 값을 올려 받으려고 할 것이고, 2년 이상 세를 놓아야 한다면 전세 공급 물량은 줄어들어 셋집 구하기가 더 어려워질 것이라는 사실을 말이다. 실제 임대차 보호법의 개정을 전후로 전셋값은 폭등했고, 많은 기존 세입자들이 정든 집을 떠나야 했다. 절망한 일부 세입자는 스스로 목숨을 끊기도 했다. 하지만 이러한 결과를 초래한 법안을 비난하는 소리는 적었다. 그리고 이러한 법안을 제정하도록 한 정치인이나 시민운동가, 그리고 경제학자에 대해 비난하는 소리도 없었다. 오히려 집세를 올려 받은 집주인을 비난했고 집주인의 임대 소득에 대해 국세청이 세무조사에 나서야 한다는 소리만 크게 등장했다.

시장경제에서 개인은 자신의 책임하에 자신의 행위를 결정한다. 그리고 그러한 결정은 자신의 이해와 관련되기 때문에 정부나 제3자에 비하여 훨씬 합리적으로 이루어진다. 비정규직 시장은 현재의 경직적인 정규직 시장에 반응하여 기업이나 근로자가 합리적으로 선택하여 형성된 것이다. 비정규직으로 고용되어 있는 근로자는 누구보다 정규직을 바란다. 훨씬 높은 급여와 안정된 직장을 바라지 않는 사람은 없다. 하지만 정규직 일자리를 구하기 어려운 상태에서 근로자들은 실업보다는 열악한 비정규직이라도 택할 수밖에 없다.

기업도 마찬가지다. 기업은 고용비용이 똑같다면 정규직으로 고용

하기를 원한다. 정규직일수록 기업에 대한 애사심이 클 것이기 때문
이다. 하지만 정규직이 생산성보다 높은 임금을 받고 노동조합이 비
합리적인 노사분규를 자주 일으킨다면 기업은 임금 대비 생산성이
훨씬 높으면서도 노사분규의 우려도 없는 비정규직을 고용할 수밖에
없다.

이처럼 비정규직 시장은 노사 모두 경제 여건에 합리적으로 반응한
결과 형성된 것이다. 비정규직 보호법이 제정되어 여건이 변화하면
노사는 또 다른 선택을 할 수밖에 없다. 기업은 고용 기간이 2년이 되
어가는 비정규직 사원을 해고하고, 새로운 비정규직 사원을 고용하거
나 외부 용역에 의존하게 된다. 이것은 합리적 선택의 결과다. 이러한
결과를 부도덕하다고 비난할 수는 없는 것이다. 정작 어렵게 된 것은
계약 해지로 일자리를 잃게 된 비정규직 근로자라고 할 수 있다. 이들
의 절망감을 이해하지 못할 것은 아니다.

비용을 줄이기 위해 비정규직 근로자와 맺은 계약을 해지할 수밖에
없는 기업, 생계가 막막해져 불법적인 노사분규를 일으킬 수밖에 없
는 비정규직 근로자들, 이들을 모두 부도덕하다고 비난할지 모른다.
하지만 이들을 그렇게 행동하도록 만든 것은 비정규직 근로자를 보호
한다는 법이요, 이러한 법률을 입법하도록 한 노동조합, 그리고 정치
인이다.

이들 정치인은 이러한 결과를 초래할지 알 수 없었다고 변명할지
모른다. 그리고 법안의 취지 자체는 비정규직 근로자를 보호하는 것
이었고 자신들의 진정성은 도덕적으로 정당하다고 강변할지 모른다.

도덕이란 사람이 지켜야 할 도리를 말한다. 설혹 진정으로 비정규
직 근로자를 위해 입법을 했지만, 그 결과 비정규직 근로자에게 피해
를 주었다면 이를 반성하고 죄송스러운 마음이라도 갖는 게 인간의

도리다. 진정성이라는 명분 뒤에 숨어서 인센티브에 합리적으로 반응한 개인들을 비난하는 것이야말로 부도덕한 것이다. 지금이라도 잘못된 법안을 고치는 것이 바른 자세다. 무지는 용서받을 수 있을지 모르지만, 책임 회피는 용서받기 힘들다. (2007년 7월 24일)

실업률이란 지표의 맹점 I

▌ **변양규**(한국경제연구원 연구위원)

예전엔 경제성장률에 대해 관심이 많았지만 요즘은 실업률에 더 많은 관심이 모아지는 것 같다. 아무래도 경제성장률보다는 실업률이 실제 경기를 더 잘 느끼게 해주는 지표이기 때문일 것이다. 한 가지 다행인 것은 최근 실업률이 안정적으로 낮아지고 있다는 것이다. 2007년 1월 3.6%이던 실업률이 2007년 10월에는 3.0%가 되었다. 그런데 비교적 낮은 수준의 실업률이 유지되는 상황인데도 모두 체감 경기가 좋지 않다고 하는 것은 왜일까? 이런 의문을 가지고 실업률이라는 지표를 볼 때 한번쯤 생각해봐야 하는 것 중 하나에 대해 얘기하고자 한다. 아니, 좀 더 자세히 말하자면 실업률이란 지표가 우리에게 말해주지 않는 것 가운데 하나에 대해 이야기하고자 한다.

우리는 실업률이 분자와 분모로 이루어진 비율이라는 점을 쉽게 간과한다. 실업률이란 일하고자 하는 사람들 중에서 얼마나 많은 사람들이 일자리가 없어 일을 하지 못하고 있는지를 나타내는 비율이다. 즉 경제활동 인구 중에서 실업자가 차지하는 비율을 나타낸다. 분자에는 실업자의 수가 들어가고 분모에는 실업자와 취업자의 합인 경제

활동 인구의 수가 들어간다. 따라서 실업률의 변화에는 분자가 바뀐 영향과 분모가 바뀐 영향 모두가 반영된다. 그런데 실업률은 분자와 분모 어느 것이 얼마나 바뀐 것인가에 대해서는 이야기해주지 않는다. 바로 이런 점이 실업률의 변화를 살펴볼 때 유의할 사항이다.

간단한 예로 전체 인구는 150명, 이 중 일할 의사가 있는 사람은 100명인 상황을 생각해보자. 현재 100명의 경제활동 인구 중 10명이 일자리가 없어 실업 상태에 놓여 있다고 한다면 실업률은 10%이다. 불행하게도 경제 상황마저 나빠져 앞날이 어둡다고 생각해보자. 10명의 실업자들은 열심히 일자리를 찾고 있으나 좀처럼 일자리가 나타나질 않는다. 이런 상황이 지속되자 10명의 실업자 중 5명이 일자리 찾기를 포기하고 육아, 가사, 학업, 취업 준비 등의 비경제활동을 하게 된다. 이들은 더 이상 경제활동 인구가 아니다. 이 때 실업률은 경제활동 인구 95명 중 5명만이 실업 상태에 있으므로 5.3%로 현저히 낮아진다. 이런 경제 상태에 사는 사람들은 과연 실업률이 낮아진 것처럼 체감 경기가 좋아졌다고 생각할까? 오히려 그 반대가 아닐까?

이런 경우 고용률이란 다른 지표를 한번 생각해볼 수 있겠다. 고용률은 전체 인구 중에서 취업자의 비율을 나타내는 지표다. 위 경제의 고용률은 여전히 60%로 변함이 없다. 미흡하지만 체감 경기를 느끼기에는 실업률보다 더 나은 지표가 아닐까 싶다. 좀 전문적인 얘기이긴 하지만 미국 노동통계청(Bureau of Labor Statistics)에서 작성하는 노동력 저활용 대체지표(alternative measures of labor underutilization) 중 U4라는 지표도 살펴볼 수 있다. 이 지표는 기존의 실업자와 구직 단념자를 합한 것을 실업자라고 새로 정의하고 산출한 실업률이다. 즉 비경제활동 인구 중 취업 의사와 능력은 있지만 노동시장 여건상 일자리가 없을 것 같아서 조사 기간에 구직 활동을 하지 않은 사람들도 실업자로 간주하고 계산한 실업률이다. 위 경제의 경우 기존의 정의에 의한 실업자 5명과 구직 단념자 5명을 합해 여전히 10명의 실업자가 있다. 따라서 U4는 여전히 10%로 계산된다. 이런 이유에서 필자는 실업률을 살펴볼 때 고용률이나 다른 대체 지표들도 함께 살펴보라고 권하고 싶다.

지난 2007년 10월 경제활동 인구조사에 의하면 우리나라 실업률과 구직 단념자의 숫자는 다행히 감소하고 있다. 하지만 고용률은 60.4%로 전년 동월과 비교하여 변화를 보이지 않고 있다. 그 수준 역시 낮아 2006년 OECD 15세 이상 인구의 평균 고용률 68.5%에 비하면 우리나라 전체 인구 중 여전히 많은 사람들이 일을 하지 않고 있다. 특히 비경제활동 인구 중에서 취업 준비를 하고 있거나 별다른 이유 없이 쉬고 있는 사람의 숫자는 지난 1년 사이 3만 7,000명이나 늘었다는 것이 걱정거리다.

이런 상황에서 낮아진 실업률만 보고 안심하기엔 올겨울이 조금은 춥게 느껴진다. 모든 대선 주자들이 일자리 창출에 대해 목소리를 높이고 있다. 그런데 OECD 15세 이상 인구의 평균 고용률에 도달하려면 우리에겐 여전히 약 315만 개의 새로운 일자리가 필요하다. 이를 긍정적으로 표현하여 우리나라 국민 중 추가로 약 315만 명이 일을 하고 싶어 한다고 말하고 싶다. 정말로 엄청난 규모의 뛰어난 노동력이다. 그리고 노동시장 전체를 대상으로 하는 과감한 규제 완화 등을 통해 더 많은 사람들이 일하는 사회를 만들어달라고 대선 주자들에게 부탁하고 싶다. 다음 기회에는 실업률이 우리에게 말해주지 않는 것 중 고통의 분담이라는 것에 대해 이야기할 것을 약속한다. (2007년 12월 11일)

실업률이란 지표의 맹점 Ⅱ

▌ **변양규**(한국경제연구원 연구위원)

지난해 12월 본란에서 실업률이란 지표의 맹점에 대해 이야기했다. '실업률이란 일하고자 하는 사람 가운데 얼마나 많은 사람들이 일자리가 없어 일을 하지 못하는지를 나타내는 분자와 분모로 이루어진 비율이다. 따라서 분자나 분모 또는 양자 모두가 바뀔 경우 실업률은 변한다. 하지만 실업률의 변화는 분자와 분모 어느 것이 얼마나 바뀐 것인가에 대해서는 이야기해주지 않는다. 이럴 경우 실업률의 변화가 실제 체감 경기의 변화를 잘 반영하지 못하는 경우가 있을 수 있다'라는 내용이었다. 이번에는 지난번에 소개한 내용에 대한 부연 설명과 더불어 실업률이란 지표의 또 다른 맹점인 실업의 분포에 대해 설명하고자 한다.

우리나라의 경우 데이터를 보면 OECD 회원국에 비해 실업률이 경기변동에 덜 민감하게 반응함을 알 수 있다. 예를 들어, 1970년부터 2006년까지 실업률의 변화를 실질경제성장 중에서 장기적 추세를 제거한 부분(즉, 경기변동 부분)에 대해 선형 회귀 분석을 하면 계수가 −0.24 정도 되고 통계적으로도 유의하다. 이는 실질경제성장률이 1%p 하락할 경우 실업률이 약 0.24%p 올라감을 의미한다. 하지만 동일한 분석을 OECD 회원국에 대해 적용하면 실업률은 평균 0.34%p 올라간다. 미국의 경우 0.42%p, 스페인의 경우 0.69%p까지 올라간다. 이런 차이를 보이는 이유는 우리나라의 경우 노동시장과의 연계(labor force attachment)가 약한 근로자가 상대적으로 많기 때문이다. 이런 근로자들은 실직을 할 경우 실업자로 노동시장에 머물면서 새로운 일자리를 찾기보다는 노동시장에서 빠져나와 비경제활동 인구가 되는 경향이 강하다. 따라서 실업률 변화에 큰 영향을 미치지 않는다.

예를 들어 현재 100명의 경제활동 인구 중 5명이 실업자인데 경기가 나빠져 5명이 추가로 실직했다고 가정해보자. 만약 이들이 노동시장과의 연계가 강해서 노동시장에 남아 구직을 한다면 실업률은 10/100=10%로 올라가게 된다. 하지만 이들이 구직을 포기하고 노동시장에서 물러난다면 실업률은 5/95=5.3%가 된다. 즉, 경기가 나빠져 기존 실업자만큼의 추가 실업이 있었음에도 실업률은 0.3%p 상승하는 데 그친다. 따라서 우리나라와 같이 노동시장과의 연계가 약한 근로자가 많은 경우 실업률은 체감 경기와 괴리를 보일 수 있다.

한편 실질경제성장률이 1%p 하락하면 우리나라의 경우 노동시장 참여율은 약 0.11%p 하락한다. 이는 2008년 1월 기준으로 약 4만 3,000명의 근로자가 노동시장에서 물러남을 의미한다. 반면 미국을 포함한 상당수 OECD 회원국의 경우 노동시장 참여율은 경기변동에 통계적으로 유의한 반응을 보이지 않는다. 그만큼 노동시장과의 연계가 강한 근로자가 많고 그들은 경기가 나빠진다고 해서 쉽게 노동시장에서 물러나지 않고 구직 활동을 지속한다는 얘기다. 따라서 우리나라 실업률의 변동을 살펴볼 때는 이와 같은 우리나라 노동시장의 특성을 염두에 두어야 할 것이다.

실업률의 또 다른 맹점 중에 하나는 실업의 분포, 즉 누가 얼마 동안 실업 상태에 놓여 있었는지를 말해주지 않는다는 점이다. 예를 들어 120명의 경제활동 인구 중 항상 10명이 실업에 놓여 있는 두 개의 경제 상황 A와 B를 상정해보자. A의 경우 다달이 번갈아가며 새로운 10명이 실업자가 되고 기존의 실업자는 다시 취업이 된다고 하자. 그리고 B의 경우에는 기존의 10명이 1년 내내 실업 상태에 놓여 있다고 생각해보자. 실업률은 두 경제 모두 10/120=8.3%이다. 과연 경제 전체로 봐서 어느 경우가 덜 고통스러울까? 근로자들이 위험기피(risk-averse)적인 간단한 모형하에서 확률적 우위(stochastic dominance)를 이용하면 A의 예상 효용이 B의 예상 효용보다 더 높음을 보일 수 있다.

이를 좀 더 직관적으로 설명하면 다음과 같다. A의 경우 근로자들은 1년 가운데 1개월은 실업 상태로 지내야 한다. 따라서 11개월치 임금으로 12개월을 살아야 한다. 경제 B의 경우 취업자는 1년 내내 취업 상태지만 일단 실업 상태에 놓이게 되면 실업은 1년 동안 유지되고, 이 경우 1년 동안은 소득 없이 살아야 한다. 그리고 실업자가 될 확률이 10/120이기 때문에 평균 소득은 여전히 11개월치 임금이다. 따라서 A, B의 평균 소득은 동일하다. 하지만 위험기피적인 근로자들은 실업에 처하게 되는 경우 감당해야 할 고통이 너무나 크기 때문에 차라리 1년에 1개월씩 실업에 처하게 되는 A를 더 선호하게 되는 것이다.

실업률은 두 경제 모두 동일하다. 그러면 두 경제의 차이를 보여주는 노동시장 지표는 무엇이 있을까? 그것은 바로 실업자들이 실업 상태를 벗어나는 데 소요되는 기간을 나타내는 평균 실업 기간(mean duration of unemployment) 또는 평균 구직 기간(mean duration of seeking for work)이다. A의 경우 평균 실업 기간은 1개월이고, B의 경우에는 12개월이다. 평균 실업 기간이 길수록 실업의 고통이 일부 근로자에게 집중됨을 의미한다. 따라서 실업률이 같다면 평균 실업 기간이 긴 경제의 후생이 더 나빠진다. 간단히 말해 동일한 분량의 실업이라는 고통이 일부 근로자에게 집중되고 이들이 실업 상태를 벗어나는 데 오랜 시간이 걸린다면 경제 전체의 후생 수준도 낮아진다는 것이다. 따라서 평균 실업 기간은 실업이 불러오는 일종의 분배의 효과를 가늠하게 해주는 지표다. 이런 측면은 실업률이란 수치로는 전혀 가늠할 수 없는 부분이기도 하다.

우리나라의 경우 다행히 평균 구직 기간은 1999년 3.5개월에서 2006년 2.8개월로 안정적인 감소세를 보이고 있다. 하지만 여성이나 60세 이상 고령자, 20~29세 청년, 중졸 이하의 저학력자 그리고 취업 경험이 없는 신규 인력의 경우 2003년 이후 평균 구직 기간이 계속 늘어나는 추세다. 이미 경제적으로 취약한 계층에 실업의 고통이 더 집중되고 있다는 것이다. 앞으로 더욱 관심이 집중되어야 할 부분이라고 할 수 있다. 또한 평균 구직 기간의 감소가 구직의 가능성이 낮은 일부 취약 계층의 인력이 노동시장에서 빠져나감으로써 생기는 현상일 가능성에 대해서도 관심을 기울여야 하겠다. (2008년 3월 4일)

노동시장에서 노동법의 역할

▌**신석훈**(한국경제연구원 선임연구원)

　　노동 정책의 큰 흐름은 노동시장의 유연성과 안전성을 동시에 추구하는 유연안전성(flexicurity)의 달성이다. 노동시장에서 이러한 목적을 달성하기 위한 노동법의 역할은 무엇인가? 이에 대한 답은 시장과 법의 관계로부터 찾아보는 것이 순리다.

　　시장은 거래 당사자들 사이의 자발적 교환을 가능하게 해주고 이를 통해 경제는 발전한다. 이러한 자발적 교환은 계약이라는 법적 수단을 통해 이루어진다. 계약은 시장에서 거래 당사자들의 자율성과 대등성을 전제로 서로 간의 이기적인 의사를 상호 검증하고 때로는 일치시켜가며 자원을 보다 효율적이고 생산적으로 이용할 수 있는 사람에게 이전시켜주는 사적 자치 수단이다. 그리고 이러한 과정에서 계약 체결 전에는 발생하지 않았던 협력적 잉여가치가 창출되고 이를 계약 당사자들이 분배해 가짐으로써 모두의 후생은 증가하게 된다. 다만 계약 당사자들이 계약을 위반하고자 하는 기회주의적 행동을 보일 수 있다. 이로 인해 계약 기능이 원활히 작동하지 않을 위험이 있으므로 이에 대비하여 시장 기능을 보완해주기 위해 민법상의 계약

관련 규정들(계약법)이 필요하다.

이러한 관점에서 볼 때, 노동계약은 민법상의 계약 관련 규정의 지원을 받으며 노동시장에서 노동이라는 인적 자원을 가장 효율적으로 사용할 수 있는 사용자에게 이전하여 최대의 잉여를 창출하고 이를 공정하게 배분하는 사적 자치 수단이다. 그러나 근로자는 생존을 위해 자신의 노동력이라는 상품을 낮은 가격에라도 팔 수밖에 없으므로 사용자에게 종속되어 노동을 제공하는 경우가 적지않다. 따라서 국가는 계약 당사자들의 자율성과 대등성을 전제로 출발하는 민법상의 계약 관련 규정만으로는 노사 간의 공정한 계약이 체결·유지되는 데 한계가 있다고 판단하여 민법의 특별법인 노동법을 통해 시장의 노사관계에 개입하고 있다.

그러나 사용자들이 제한적 노동시장에서 구인 경쟁을 해야만 하는 현대의 노동시장은 산업화 초기의 무제한적 노동 공급의 시기와는 확연히 다르기 때문에 모든 근로자가 약자라는 것을 전제로 이들을 보호해야만 한다는 생각에 급급해 노사 간의 자율적 계약관계에 노동법이 너무 깊숙이 개입해서는 안 된다. 노동시장에서 계약 본래의 기능이 오히려 훼손될 수 있기 때문이다.

이러한 잘못은 법이 당장 눈에 보이는 효과에 집착하여 현재의 법적 판단이 미래의 인간 행동에 어떠한 영향을 미칠 것인가를 명시적으로 고려하지 않았기 때문에 발생한다. 이러한 고려가 없을 경우 애초에 의도했던 것과는 다른 결과를 불러올 수 있다. 현행 법제도 중 의도는 좋았지만 결국 실패하는 것들은 대부분 이러한 이유 때문이다.

예를 들어 임대차 계약관계에서 민법상의 임대차 관련 규정만으로는 약자인 임차인을 보호할 수 없다고 판단하여 임대차 보호법이라는 민법의 특별법을 통해 임대료 등 계약의 내용을 지나치게 규제할 경우 현재의 임차인은 보호를 받는 듯하다. 그러나 임대인들은 앞으로 더 이상 새로운 임대주택을 짓거나 기존의 주택을 보다 잘 관리하고 자 하는 유인이 줄어들어 궁극적으로는 대부분의 임차인들에게 피해를 주게 되는 문제점이 나타난다. 그러나 이와 같은 임대인들의 행동 변화로 인한 효과는 임대차 시장에서 서서히 나타나기 때문에 규제 정책의 유혹을 떨쳐버리기가 쉽지 않은 것이다.

같은 맥락에서 노동법이라는 민법의 특별법에 사용자의 해고권 등을 지나치게 제한하는 규정이나 시장 환경의 변화에 따른 기업의 유연한 대응을 어렵게 하는 노동조합 관련 규정을 마련하는 것은 이미 취업한 일부의 근로자들을 당장은 보호하는 듯하지만 궁극적으로는 모든 근로자의 후생을 감소시킬 수 있다. 자율적인 노동계약을 통해 다양한 특성을 지닌 인적 자원을 신속하고 효율적으로 배치하며 최대의 잉여를 창출해야만 하는 사용자의 입장에서 노동법상의 이러한 규정들은 고용비용을 증가시키고 결국 이는 고용기회의 감소로 이어져 취업 근로자와 취업 희망자 간의 갈등을 야기할 수 있다.

이러한 논리를 노동법이 불필요하다는 의미로 받아들여서는 안된다. 노사 간 계약의 대상인 노동력이라는 상품은 분명 다른 계약의 대상들과는 성질이 다르므로 일반적인 민법상의 계약 규정들의 연장선에서 이를 달리 취급할 필요성은 존재한다. 이러한 필요성은 현재와 같은 무한 경쟁의 시대에서 노사가 모두 원–원(win-win) 하기 위함이다. 이것은 효율적이고 신속한 인적 자원의 배분을 통한 최대의 협력적 잉여가치 창출과 공정한 배분이라는 계약의 기본적 기능 회복을 통해서만 가능하다. 이것을 가능하게 해주는 것이 노동시장 유연화를 위한 노동법의 역할이다.

그러나 노동시장에서 노동법의 역할은 여기에 그쳐서는 안 된다.

노동법은 노사 간의 계약적 효율성 외에도 근로자의 생존권 보장이라는 이념을 추구하기 때문에 노사 간의 관계 또는 노노 간의 관계를 시장에서의 계약 논리로만 설명하는 데는 분명 한계가 있다. 따라서 노동관련법 중에는 근로기준법 등과 같이 계약 논리에 기초하며 계약법의 연장선에서 노동계약의 기능을 지원해 주는 법 외에도 이러한 계약 논리가 더 이상 작동하지 않는 계약 영역의 외곽에서 노동계약의 기능을 지원해주는 법이 있어야만 한다. 계약관계 내부의 노동시장에 머무는 취업 근로자와 아직 계약관계로 들어서지 못하고 외부 노동시장에 머물러 있는 취업 희망자 사이의 진입과 퇴출 과정에서 발생할 수 있는 마찰을 최소화하며 사회 안전망으로서 역할을 수행하는 근로자 복지 관련법 및 고용 정책 관련법들이 그것이다. 다만 이러한 법들은 단순히 시혜적인 성격의 것이 되어서는 안 되고 근로 유인을 높일 수 있도록 시장친화적인 성격을 띠어야만 한다. 그래야만 고용계약 영역에서 유연성과 조화를 이루며 노동시장의 안전성을 지속적으로 유지해 나갈 수 있을 것이다.

이와 같은 측면에서 보면 노동시장에서 노동관련법이 추구해야 할 유연성과 안정성은 서로 모순되는 것도 아니고 충돌되는 것도 아니다. 다만 노동시장에서 계약 기능이 수행해야 할 역할과 사회 안전망이 수행해야 할 역할을 구분하지 못하고 가시적인 정책 효과를 얻기 위해 계약 기능에 대한 직접적 개입이라는 손쉬운 방법을 통해 안전성을 추구하고자 할 경우에는 노동계약의 경직성만 야기할 뿐 노동시장의 안전성과 유연성 중 그 어느 것 하나도 제대로 달성할 수 없다는 사실을 잊어서는 안 될 것이다. (2008년 3월 27일)

에이지퀘이크, 시작되었나?

▌ **김상권**(한라대 경영학과 교수)

투자나 수출에 비해서 안정적으로 움직여야 할 소비가 예사롭지 않다. 1980년에 GDP에서 61.8%나 차지했던 가계소비가 2000년 52.9%, 2003년 51.6%, 2005년에는 48.8%로 하락했다. 경기변동에 따른 소비 침체로 치부하기에는 그 골이 너무 깊다.

소비는 평생 동안 벌어들일 것으로 예상되는 소득의 평균 규모인 항상소득(permanent income)에 좌우된다. 따라서 소득의 증가가 기대수명의 증가를 따라잡지 못하면 항상소득(소득의 평균 규모)은 감소하게 된다. 1980년 한국인의 기대수명은 65세였으나, 2005년 78세로 25년 동안 13년이나 늘어났다. 매년 기대수명이 0.5년 늘어난 셈이다. 소비 비중에 변화가 없으려면 수명이 늘어난 만큼 소득 증가가 따라와야 한다.

그러면 현재의 소비 침체가 기대수명이 늘어난 결과일까? 항상소득의 개념을 이용해서 1980년을 기준으로 하여 2005년의 소비 비중을 추정해보자. 기준년도와 비교년도 간에 생애소득에서 생애소비가 차지하는 비중은 일정하고 취업 기간이 동일하다는 가정 하에 계산해보면 2005년의 가계소비 비중은 52%로 추정된다. 실제치는 48.8%다. 단

순 계산임에도 추정치와 실제치가 근접한다. 에이지퀘이크(agequake)가
진행되고 있다는 증거다.

통계청 자료에 따르면 총 인구 중에서 65세 이상 인구 비율은 1993
년 5.7%에서 2005년 9.1%, 2018년 14.3%, 2026년 20.8%, 2050년에는
38.2%까지 빠르게 증가한다. 2026년에는 인구 5명당 1명이 65세 이상
노인이 되는 초고령 사회로 진입한다. 그리고 기대수명은 2030년 83.1
세, 2050년 86세로 늘어날 것으로 예측된다. 이 같은 고령화 속도라면
소비 침체는 장기화될 수밖에 없다.

소비 침체를 극복하고 경제의 활력을 유지하기 위해서는 구시대의
제도와 관행을 시대에 맞게 혁신할 필요가 있다. 혁신의 속도는 고령
화 속도만큼 빨라야 한다. 가장 시급한 것은 고령 인구에 대한 고용
기회 확충과 정년 연장이다. 정년 연장을 위해서는 임금 피크제가 도
입되어야 하고, 고용 기회의 확충을 위해서는 고령자에 적합한 직종
개발과 작업 프로그램 개발이 필요하다. 아울러 근로소득세와 특별소
비세 등의 인하를 통해서 가처분 소득을 늘리는 정책이 추진되어야
한다. 그리고 고령자 소유의 부동산이 쉽게 처분될 수 있도록 부동산
관련 세제의 손질이 필요하다. 늦으면 일본의 잃어버린 10년이 우리
나라에서도 재현될 수 있다. (2007년 2월 13일)

저출산, 해법은 무엇인가

▌ **박성준**(한국경제연구원 선임연구위원)

우리나라는 불과 30년 사이에 초고속의 출산율 하락을 보여 2005년 현재 1.08로 그 유래를 찾아볼 수 없을 정도로 세계 최저 수준이다. 이러한 출산율 하락은 그간 초혼 및 출산 시기가 높아진 데에 기인한다고 볼 수 있다. 실제 1980년대에는 초혼 연령이 23~24세였던 것이 2000년대에는 27~28세로 높아졌고 이에 따라 여성의 출산 시기도 늦춰져 1980년대에는 20대 초반, 1990년대에는 20대 후반, 그리고 2000년대에는 30대의 출산 비중이 높아지고 있다. 이러한 출산율 하락은 노동 공급의 감소와 내수 부진을 유발하여 경제성장률을 저하시킬 뿐 아니라 노령자 부양을 위한 젊은 세대의 부담을 증가시켜 세대 간 갈등을 야기하는 등 경제적·사회적인 부작용을 유발한다.

이러한 문제의 심각성을 인식한 정부는 저출산 고령화 위원회를 중심으로 2006년 6월 '새로마지 플랜 2010'을 마련하여 2020년까지 출산율을 OECD 국가들의 평균 수준인 1.6명이 되도록 목표를 정하고 이를 위해 세 차례에 걸친 종합대책을 세웠다. 먼저 1차 계획으로 2006년부터 2010년까지 5년간 19조 3,000억 원 이상의 예산을 편성해영·유아에 대한 보육·교육비를 중산층까지 지원하는 한편 방과 후 학교의 내실을 기해 사교육비를 경감시키는 데 투입하기로 했다. 그러나 출산 장려 정책으로 운영될 20조 원 가까운 금액은 비록 전체 규모면에서는 매우 크다고 볼 수는 있으나 국민 개개인에게 나눠질 금액은 그리 크지 않아 이 돈 때문에 아이를 더 가질 부부들이 과연 얼마나 될지 의문이 된다.

따라서 정부는 출산 장려 정책에 앞서 무엇 때문에 초혼 및 초산시기가 늦어지는지를 진단할 필요가 있다. 알다시피 경제가 성장함에 따라 자녀의 수가 감소한다는 것은 인류 역사를 보아도, 그리고 이미 저출산을 경험하고 있는 선진국들을 보아도 알 수 있다. 국민소득 수준이 높아짐에 따라 남자 아이든 여자 아이든 교육을 시킬 여유가 생기게 된다. 이에 따라 여성의 교육 수준이 높아지고 이러한 여성의 고학력화는 여성의 경제활동 참가 비율을 증가시킨다. 또한 여성과 남성의 임금 격차가 줄어드는 등 출산에 따른 기회비용이 너무 커 출산을 미루게 된다. 뿐만 아니라 비록 아이를 낳는다 하더라도 이에 따른 비용, 특히 아이가 성장함에 따른 교육비가 만만치 않아 자연 출산을 주저하거나 자녀 수를 줄이는 선택을 하게 된다. 이러한 현상은 경제가 발전함에 따라 발생하는 자연스러운 현상이라 할지라도 경제 정책의 실패도 한몫하고 있다고 볼 수 있다. 즉 저성장에 따른 높은 청년 실업률은 결혼 연기와 출산 중단을 유도하고 최근에 나타나고 있는 높은 지가 상승도 출산율을 저하시키는 요인으로 작용하지 않을까 우려가 된다.

따라서 정부는 국민의 세금을 들여 출산을 유도하기에 앞서 출산에 따른 임금 손실·기회비용·교육비를 절감하는 방안을 모색해야 한다. 먼저 청년층이 쉽게 일자리를 가질 수 있도록 노동시장의 유연성을 높여 일자리를 창출하는 고용 환경을 조성해야 하고, 양성 평등 정책 등 여성이 쉽게 출산 결정을 내릴 수 있는 경제적 여건을 마련하는 한편, 교육비를 절감할 수 있는 효율적 교육제도를 구축하고 지가 안정을 위한 노력도 기울여야 할 것이다. (2007년 1월 30일)

여성 고용의 증대로
저출산 · 고령화 문제 해결해야

▌ 한현옥(부산대 경제학과 교수)

2007년 5월 7일 통계청이 발표한 '2006년 출생 통계 잠정 결과'에 따르면 2006년 합계 출산율은 1.13명으로 전년(1.08명)보다 0.05명 늘었다. 출생아 수는 전년보다 1만 4,000명 늘어 45만 2,000명을 기록했다. 미미한 증가임에도 우리나라의 출산율이 6년 만에 증가세로 돌아섰다고 반가워하고 있다. 그러나 이러한 결과를 가지고 우리나라 출산율이 완전히 증가 추세로 바뀌었다고 하기에는 시기상조다. 국내 출산율은 아직도 전 세계 평균 2.69명, 선진국 평균 1.56명에는 훨씬 못 미치는 실정이다.

이러한 저출산 문제는 고령화 문제와 더불어 우리 사회가 해결해야 할 가장 심각한 과제 중 하나다. 저출산과 고령화가 지속되면 생산 가능 연령 인구 비율은 감소하고 노인 부양 비율은 증가해, 결국 지속적인 성장과 발전을 저해하는 요인으로 작용하기 때문이다.

저출산과 고령화 문제를 동시에 해결할 수 있는 방법 중 하나가 여성의 취업이 증대될 수 있는 여건을 만드는 것이다. 여성 고용의 증대는 저출산과 고령화 문제를 떠나 우선 기회비용 측면에서 필요하다.

양질의 고급 인력을 활용하지 못하고 사장시키는 것은 막대한 손실일 것이다. 얼마 전에 발표된 유엔 아시아·태평양 경제사회위원회(ESCAP) 연례 보고서에 의하면 아시아 태평양 지역에서 남녀 간 성차별로 연간 800억 달러(약 74조 원)의 경제적 손실이 발생한다고 한다. 구체적으로 여성의 고용 기회를 제한함으로써 매년 420억~470억 달러, 교육 부문의 성차별로 160억~300억 달러의 손실이 발생한다고 하니 여성 인력이 활용되지 못함으로써 발생하는 경제적 손실이 얼마나 큰지 알 수 있을 것이다.

여성과 남성의 고용률을 비교하면 국가 간에 차이가 있으나 대체로 여성 고용률이 남성 고용률보다 낮다. 2005년 기준으로 남성과 여성 고용률 차이를 살펴보면 여성 고용률이 70%에 이르는 스웨덴은 5%p 이내이며, 미국은 12%p, 일본은 20%p 이상 차이를 보이고 있다. 우리나라 경우 2005년 기준 여성 고용률은 48.3%로 남성 고용률인 72%와 23.7%p의 차이를 보였다. 그런데 한 연구에 의하면 여성의 고용률을 남성의 고용률 수준으로 증대시키면 GDP가 미국은 9%, 유럽 지역은 9%, 일본은 16% 증가할 수 있다고 한다. 즉, 여성의 고용 증대로 GDP를 증대시킬 수 있음을 보여준다.

이처럼 여성의 고용 증대는 막대한 경제적 이익을 가져온다. 그렇다면 출산율에는 어떤 영향을 미치는가? 앞서 언급한 연구는 남성과 여성의 고용률 차이와 출산율과의 관계도 보여준다. 국가별로 남성과 여성의 고용률 차이와 출산율 간의 관계를 살펴보면, 남성과 여성 간 고용률의 차이가 적은 나라일수록 출산율이 높은 것으로 나타난다. 고용률이 높은 나라는 여성들에 대한 보육 지원이 잘되어 있어 육아와 직장생활을 양립하기 수월했기 때문일 것이다. 즉 여성이 취업하기 수월한 환경일수록 출산율도 증가됨을 시사한다.

　따라서 여성의 취업이 수월한 환경을 조성해 여성의 고용을 증대시키는 정책은 막대한 경제적 이익을 가져올 뿐만 아니라 저출산과 고령화 문제를 동시에 해결하는 정책이 될 수 있다. 예를 들어 출산장려금 같은 것은 저출산 대책은 될지 모르나 고령화에 따른 부양 인구 증가 문제를 해결하기는 어렵다. 따라서 보육 지원과 같이 출산 유인과 취업 유인을 동시에 제고할 수 있는 정책을 마련하는 것이 저출산과 고령화 문제를 해결하기에 가장 효과적일 것이다. (2007년 5월 15일)

GM과 도요타의 자리바꿈이 주는 교훈

▌ 송원근(한국경제연구원 연구위원)

1963년에 발표된 미국의 컨트리 가수 바비 베어(Bobby Bare)의 '디트로이트 시티Detroit City'라는 노래에는 이런 내용이 있다. "Home folks think I'm big in Detroit city." 자신은 두고 온 부모형제와 고향의 목화밭이 그리워 돌아가고 싶지만 고향 사람들은 디트로이트라는 큰 도시에서 자동차 공장에 다니는 자신을 출세한 것으로 생각한다는 내용이다.

미국 미시간 주에 위치한 디트로이트는 미국 자동차산업의 본산으로 20세기 전반기에 황금기를 구가하던 도시였다. 바비 베어의 노래는 이 시기를 떠올리게 한다. 그러나 이후의 디트로이트는 전미자동차노조(United Auto Workers)의 파업과 흑인 폭동을 떠올리게 하는 도시로 변해버렸다. 최근에는 미국 자동차업체들의 쇠락으로 작년에만 7만여 명의 실업이 발생한 도시이기도 하다. 우리나라의 대표적 공업 도시인 울산에서도 최근 수년간 국내 최대 자동차회사 노조의 파업이 이어지고 있어 디트로이트를 연상시킨다.

미국의 GM은 1990년대 후반 시장점유율 회복과 사상 최대의 수익

을 기록하여 세계 최대의 자동차 메이커로서 위상을 회복했다. 그러
나 이 시기 빈번하게 발생한 파업을 수습하기 위해 전미자동차노조
의 요구를 계속 수용한 결과 기존 근로자와 퇴직자 및 그 가족에 대
한 연금·의료비 지원비용이 급격히 상승했다. 특히 연금의 경우 연
금 수혜 대상인 GM의 퇴직자와 미망인의 수가 30만 명에 달해 이로
인한 천문학적인 유증 비용의 급증은 GM의 가격 경쟁력을 약화시키
고 최근 경영 실적의 악화와 그에 따른 시장점유율 하락의 주요인이
되었다.

반면 일본의 도요타자동차는 지속적인 노사 간의 협력관계 속에서
생산성 향상과 경영 혁신을 통해 세계 1위 자동차회사로 등극하는 순
간을 눈앞에 두고 있다. 노조의 파업은 오래전 추억이 되어버렸고
2007년 사상 최대의 흑자를 기록했음에도 올해 임금 인상은 기본급
1,500엔, 우리 돈으로 만 2,000원에 불과할 정도로 회사의 발전을 위
해 노조가 적극적으로 협력하고 있다.

GM과 도요타의 이러한 차이점은 올해 두 회사가 세계 1위와 2위
자동차회사의 지위를 맞바꾸게 된 결정적인 원인이다. 자동차산업과
같이 고임금 근로자들이 종사하는 산업에서 노조의 잦은 파업과 과도
한 요구는 그 영향이 단순히 노동비용의 상승에만 그치지 않는다. 노
조와의 잦은 마찰은 생산성 향상을 위한 기술 및 경영혁신뿐만 아니
라 수요 패턴의 변화에 대응하는 경영 전략의 수립에도 부정적 영향
을 준다. 미래의 자동차시장에서 경쟁우위를 확보하게 해줄 미래형
자동차의 기술 개발 및 상용화에 있어서 도요타자동차가 GM 등 여타
업체에 비해 월등한 우위를 점하고 있는 사실이 이를 잘 보여준다. 또
한 시장 상황에 대응한 경영 전략의 수립을 위해 노조의 과도한 요구
를 수용할 경우 노동비용의 증가로 인한 가격 경쟁력의 약화를 가져오

게 된다. 이는 최근 적자를 기록하고 있는 GM과 포드의 예에서 확인할 수 있다.

그렇다면 한국의 자동차산업은 GM과 도요타 중 어느 쪽에 가까운 상태인가? 한국의 자동차산업은 지난 30년간 비약적인 성장을 해왔고 외환위기 이후 성공적인 구조조정을 통한 효율성 향상과 R&D 투자 확대, 과감한 해외 투자 등 효율적인 경영 의사결정으로 가격 및 품질 경쟁력이 향상되어 미국·유럽의 주요 업체에 비해 상대적으로 우수한 경영 실적을 보여왔다. 그러나 지속적인 강성노조의 파업과 임금 인상 요구는 최근의 원화 강세와 더불어 가격 경쟁력을 유지하는 데 걸림돌로 작용하고 있으며 세계시장을 상대로 하는 경영 전략의 수립에도 차질을 빚고 있다.

현대자동차의 경우 노조는 임금 협상을 위한 파업을 매년 연례 행사로 벌이며 2006년에만 열한 차례의 파업을 감행했다. 반면 회사는 노조의 과도한 요구 사항을 매번 수용하여 높은 임금인상과 노조의 실질적인 경영 간섭을 허용하고 있다. 올해 들어서도 문제가 되었던 노조의 부당한 성과급 요구를 수용했고 생산 라인의 탄력적 운용도 노조의 반대로 좌절되었다. 미국 자동차산업의 전철을 밟는 듯하다.

한국 자동차산업의 노사관계에서 더욱 심각한 것은 노조의 행태가 집단 이기주의에 더해 정치적이라는 것이다. 한미 FTA가 한국자동차산업 및 산업 종사자에게 유익하다는 것은 누구도 쉽게 부정하지 못한다. 그럼에도 우리 자동차업체의 노조들과 이들의 상급 단체는 정치적인 이유로 한미 FTA를 반대하고 이의 저지를 위한 파업까지 감행하고 있는 실정이다.

미국의 GM, 포드 등 전미자동차노조에 속한 근로자 31만여 명 가운데 12만여 명이 구조조정 계획에 따라 올해 말까지 직장을 떠나게 된다. 미국 자동차산업 역사상 최대 규모의 구조조정을 눈앞에 두고 있는 것이다. 귀족 노조의 과도한 요구와 이를 수용하는 회사의 행태는 회사의 쇠락과 더불어 대규모 실직이라는 부메랑이 되어 돌아온다는 것을 잘 보여주는 예다. 노조의 과도한 임금 인상 요구 및 경영 간섭과 이에 속수무책인 회사, 이런 행태를 반복적으로 보여주고 있는 우리 자동차업체와 노조들은 GM과 도요타의 자리바꿈, 미국 자동차산업의 대규모 구조조정에서 교훈을 얻어야만 한다. 지금과 같은 행태를 반복한다면 자동차산업 종사자만이 아니라 우리 경제가 치러야 할 대가가 너무 크기 때문이다. (2007년 2월 21일)

세계화와 고용위기의 타개

▌ 김태기(단국대 경제학과 교수)

세계화가 진전됨으로써 우리나라 수출이 증가하고 해외에서 부품은 물론 자본까지 용이하게 조달할 수 있게 되었다. 하지만 우리나라의 산업 정책은 점차 힘을 잃고 있다. 고용마저 어려워지고 있는 것 같다.

수출 보조금을 지원하는 방식으로 국내 산업을 육성하는 정책은 이제 시대에 뒤떨어진 것으로 인식된다. 그러나 세계화가 진전될수록 국내 산업의 경쟁력을 높이기 위한 정책은 더욱 더 중요해진다.

우리나라는 세계화에 적극적으로 대응하기 위한 수단을 강구하는 데 있어서 많은 것을 놓치고 있다. 그러다 보니 제조업이 강성 노동운동과 급등하는 인건비 때문에 공장을 해외로 이전한다 해도 바라보고만 있었다. 또한 중소기업이 자립할 수 있도록 지원한다면서도 국내에서 충분히 만들 수 있는 부품을 해외에서 수입하는 것도 어쩔 수 없는 일로 받아들이고 있었다. 뿐만 아니라 서비스 산업을 육성한다고 큰소리치지만 이해관계 집단이 반발하면 마치 아무 일이 없었던 것처럼 손을 놓고 있었다.

사정이 이렇다 보니 세계화 과정에서 우리나라의 산업 경쟁력은 저하되고 고용 문제는 갈수록 악화되었다. 기획재정부와 한국은행에 따르면 금년도 2분기 고용탄력성은 0.15로 사상 최악의 수준이다. 고용탄력성은 실질 국내총생산(GDP) 1% 성장에 대비한 취업자 증가율을 의미하는데, 고용탄력성이 낮아질수록 경제성장을 해도 일자리 증가 폭은 작아진다는 것을 의미한다. 우리나라의 고용탄력성은 지난해 1분기 0.29에서 금년도 1분기에는 0.16으로 낮아졌고, 2분기 들어서는 0.01포인트 더 내려앉았다.

성장을 해도 고용이 부진한 원인 중의 하나는 세계화되면서 내수가 갈수록 위축되어온 데 있다. 한국은행에 따르면 우리나라는 수출과 내수의 격차가 사상 최고 수준을 나타냈다. 실질 GDP 대비 수출 비율은 2분기 64.9%로 관련 통계를 작성하기 시작한 1970년 이후 최고치인 반면, 내수에 해당하는 민간 소비의 비율은 48.3%로 사상 최저치였다. 수출과 내수의 격차가 벌어진 원인은 1990년대 들어 IT 등 자본 집약 업종이 수출을 주도하면서 일자리 증가 폭이 줄고 이에 따른 소득 증가 위축으로 내수 부진이 초래된 데 있다.

또한 수출 구조가 내수와의 연계성이 줄어드는 방향으로 바뀌어 수출 증가 폭에 비해 고용의 증가 폭은 줄어들었다. 수출 기업은 국내 생산을 늘리기보다는 부품의 수입과 해외 아웃소싱에 대한 의존도를 늘려왔기 때문에 수출의 고용 유발 효과는 줄어들었다. 수출액 10억 달러당 취업자 유발 효과는 1995년 26.2명에서 2000년 16.6명으로 낮아졌고, 또 2003년에는 12.7명으로 더 낮아졌다. 수출의 부가가치 유발 효과도 낮아 수출이 늘어도 내수 산업에 별다른 도움을 주지 못해 내수 산업의 고용 창출 효과도 적다. 수출의 부가가치 유발계수가 우리나라는 2003년 0.647로 일본의 0.892에 비해 매우 낮다. 부가가치 유발계수가 0.647이라는 것은 1000원어치 상품을 수출했을 때 국내에서 창출되는 부가가치가 647원이며, 나머지는 모두 해외로 빠져나간다는 의미다.

우리나라는 수출 주력 분야인 제조업이 노동집약형에서 자본집약형으로 전환하는 동안 내수의 주력 분야인 서비스 산업을 육성하지 못했다. 이러다 보니 전통적으로 고용 유발 효과가 큰 제조업은 제조업대로 일자리를 만드는 역할을 하지 못했고 고용 유발 효과가 큰 서비스 산업은 서비스 산업대로 제자리걸음을 해 제조업과 서비스업 모두 일자리 창출에 기여하지 못하는 상황에 처하게 된 것이다.

세계화에 적극적으로 대응하지 못하면 우리나라의 고용 사정은 더 악화될 것이다. 세계화의 함정에서 벗어나 고용 위기를 타개하기 위해서는 산업 정책을 가다듬어야 한다. 제조업은 부품 산업의 경쟁력을 높이고 기술력을 지닌 중소기업을 육성함으로써 산업의 부가가치를 높여야 한다. 또한 대기업은 협력 중소기업의 단가를 정상화하고 하청 기업에 일방적으로 불리한 하도급의 문제를 해결하도록 제도와 관행도 개선해야 한다. 서비스 산업의 경쟁력을 높일 수 있도록 시장 개방과 규제 완화를 과감하게 추진해야 한다. 여기에 반발하는 집단에 대해서는 일자리를 갈구하는 사람들의 애절한 희망을 외면할 수 없다고 설득해야 한다. 고용 유발 효과가 비교적 빠른 시일 내에 나타나는 건설업이 침체에서 벗어나도록 부동산 관련 규제와 세제도 개선해야 한다. (2008년 8월 11일)

최근 고용 창출 부진과
우리나라 서비스 산업

▌ **변양규**(한국경제연구원 연구위원)

최근 우리 경제의 일자리 창출 성적표를 보면 상당히 우려된다. 지난 2004~2007년 월간 자료를 보면 취업자가 해마다 32만 4,000여 명씩 증가했다. 하지만 국제 금융시장의 불안과 원자재 가격 상승을 동반한 해외 경기의 침체로 인해 2008년의 취업자 수 증가는 6월에 14만 7,000명, 7월에 15만 3,000명 등 3월 이후 5개월째 20만 명 미만이다. 이는 그간 우리나라 고용 성장의 중추적 역할을 해왔던 서비스업의 부진에 따른 결과라고 볼 수 있다. 지난 2004~2007년 사이 평균 2만 1,000명씩 고용 감소를 보인 제조업을 대신해 서비스업은 평균 39만 2,000개의 일자리를 만들어왔다. 하지만 2008년 서비스업은 과거에 비해 10만 명 이상 줄어든 29만 1,000개의 일자리를 만들어냈으며, 7월에는 24만 4,000개의 일자리를 만들어내는 데 그쳤다.

이런 서비스업 고용 창출 부진은 단순히 최근의 경기 불황 여파만은 아닌 것으로 보인다. 최근 불황기를 제외한 지난 15년간의 분기별 고용 자료를 살펴보면 서비스업의 고용 창출 능력 저하는 우리 경제가 외환위기에서 회복한 때부터 시작되었음을 알 수 있다. 외환위기 이전인 1993~1997년 사이 우리나라 경제 전체 고용 성장률 2.2% 중에서 서비스업의 기여는 2.8%p로 전체 고용 성장의 100% 이상을 차지했다. 이런 추세는 2004~2007년 사이에도 지속되어 평균 고용 성장률 1.4% 중에서 서비스업의 기여는 전체의 100%를 넘는 1.7%p였다. 즉 외환위기 이전인 1993~1997년이나 이후인 2004~2007년이나 마찬가지로 서비스업 위주의 고용 성장이 이루어져왔음을 알 수 있다. 하지만 차이점은 서비스업 고용 성장 기여의 절대적 규모가 절반으로 감소했다는 것이다.

과연 서비스업 고용 창출 부진의 근원지는 어디일까? 서비스업의 고용 성장을 업종별로 세분해보면 서비스업 고용 부진의 근원이 어디인지를 가늠할 수 있다. 1993~1997년 사이 우리나라 서비스업의 평균 고용성장률은 5.1%였다. 그중 2.7%p는 도소매 · 음식 숙박업의 기여이고, 1.8%p는 사업 · 개인 · 공공 서비스의 기여였다. 하지만 2004~2007년 자료를 살펴보면 서비스업 고용성장률 2.7% 중 사업 · 개인 · 공공 서비스의 기여는 2.5%p나 되지만 도소매 · 음식 숙박업의 기여는 크게 감소하여 −0.2%p에 불과하다. 즉 2004년 이후 서비스업 고용 창출 부진은 도소매 · 음식 숙박업의 부진에 기인한다고 볼 수 있다.

그렇다면 도소매 · 음식 숙박업의 고용 창출이 활발해지도록 정책적으로 지원해야 할까? OECD 자료에 의하면 우리나라 서비스업 중 도소매 · 음식 숙박업의 고용 비중은 OECD 평균 30.1%보다 높은 36.6%이다. 이는 멕시코, 터키, 그리스에 이어 30개국 중 네 번째로 높은 수준이다. 또한 도소매 · 음식 숙박업의 생산성은 서비스업 중에서도 낮은 것으로 알려져 있다. 한국생산성본부의 자료에 의하면 우리나라 도소매업의 부가가치 노동생산성은 미국을 100으로 할 경우

22.1로 서비스업 평균 39.6의 절반 수준에 불과하다. 따라서 고용 창출을 위해 도소매·음식 숙박업을 집중적으로 지원하는 것은 우리나라 산업구조를 선진화한다는 장기적 관점에서 바람직하지 않은 것으로 보인다. 오히려 통신·금융보험·사업·교육·보건 및 복지 서비스의 고용 비중을 늘릴 수 있는 합리적 방안이 모색되어야 할 것으로 보인다. 다행히 사업·교육·보건 및 복지 서비스의 고용 비중은 특히 2003년 이후 지속적으로 상승하고 있는 것으로 나타났다. 하지만 문제는 이들 업종의 부가가치 비중은 정체 내지 감소하고 있다는 것이다. 즉, 생산성의 확대 없이 고용만 늘어나고 있다는 것이다. 비록 지금 당장의 고용 창출 효과는 기대 이하일지라도 장기적 관점에서 서비스 산업 체질을 개선하는 방안을 모색해야 할 것이며, 이는 장기적으로 지속적인 고용 창출의 효과를 가져올 것이다.

그렇다면 사업·교육·보건 및 복지 서비스 등과 같은 업종의 지원을 위해 어떤 식의 접근이 필요한 것일까? 다양한 접근 방법이 있는 것은 사실이지만 본 칼럼에서는 그간 왜 우리나라 도소매·음식 숙박업의 고용 비중이 지나치게 높았는가에서 하나의 답을 구하고자 한다. 외환위기 이후 우리나라 서비스업은 제조업에서 방출된 인력을 흡수하는 기능을 했다. 하지만 상당수의 인력이 진입·영업 규제가 낮은 도소매·음식 숙박업으로 이동했다. 실제로 한 연구에 의하면 우리나라 도소매업과 음식 숙박업의 매출액 및 사업체 수 기준 진입 장벽 지수는 다른 업종에 비해 낮은 수준이다. 이를 달리 해석하면 사업·교육·보건 및 복지 서비스업 등에 존재하는 반시장적인 진입·영업규제가 시장원리에 근거한 자연스러운 노동의 이동을 저해했고 그 결과 우리나라 서비스업의 고용 구조를 비정상적으로 만들었다는 얘기다. 또한 이러한 진입·영업 규제는 건전한 경쟁을 제한하고 지대 추구

(rent-seeking)라는 비효율적 경제 활동을 조장하며 따라서 산업 전체의 경쟁력을 저하시키는 주요 요인으로 작용한다.

정부는 지난 4월 25일 서비스 산업에 존재하는 경쟁 제한적 규제를 발굴하고 개선하여 서비스업의 고부가가치화를 달성하려는 목적으로 '성장동력 확충과 서비스 수지 개선을 위한 서비스 산업 선진화 방안'을 발표했다. 이에 즈음한 신문기사를 살펴보면 그간 우리나라 서비스업에 존재했던 규제가 얼마나 세세한 사항까지 관여했는지를 알 수 있다. 예를 들어 '기획재정부는 서비스 산업 선진화 방안의 하나로 관광 호텔의 옥외 음식점 영업을 허용할 계획'이라는 기사가 있다. 도대체 어떤 나라에서 관광 호텔의 옥외 음식점 영업을 막는 규제가 있을까? 야외에서 식사를 하면 공익에 해가 되는 것일까? 필자는 야외에서 식사를 해서는 안 된다는 납득할 만한 이유를 도저히 찾을 수가 없다. 이런 예는 그간 우리나라 정부의 규제가 민간의 경제적 기능을 보완하는 수준을 넘어 대체하려는 수준이었음을 짐작케 한다. 모든 일을 정부의 관할에 두고 싶은 유치하면서도 비효율적인 발상이다. 이런 의미에서 경쟁 제한적 규제를 개선하려는 정부의 선진화 방안은 바람직한 방향으로 가고 있다고 하겠다. 하지만 정부의 선진화 방안이 서비스 산업의 규제 개혁과 고부가가치화를 위해 너무 세세한 항목까지 열거했다는 점에서 이 또한 다른 형태의 규제가 되는 것은 아닌지 염려스럽다. 정부는 민간 부문이 마음껏 뛰어놀 수 있는 커다란 운동장과 최소한의 규칙을 정하고 나머지는 민간에게 맡기는, 그간 미루어왔던 실험 아닌 실험을 해야 할 때가 바로 지금인 듯하다. (2008년 9월 4일)

Chapter 6

산업구조 개편과 민영화

산업 정책과 경쟁 정책의 갈등

▌ **최충규**(한국경제연구원 연구위원)

근래에 들어 국내 석유화학 업계의 위기감이 고조되고 있다. 세계적인 공급 과잉으로 수익성이 저하되고 있는 가운데 중동 산유국과 중국이 생산 능력을 확대하고 있고, 선진국 기업들은 수익성 개선을 위해 대형화 및 전문화를 적극 추진하고 있기 때문이다. 국내 업계는 범용 제품 위주로 생산하고 있는데다, 수출 의존도가 높아 해외시장의 변화에 매우 민감하다. 또한 단위 공장 규모가 작고 기업별 생산 능력이 낮아 효율성이 떨어지며, 생산 능력에 비해 업체 수가 많아 수익성이 낮다. 이에 따라 현재의 산업구조가 지속될 경우 2010년 이후 국내 업체는 경쟁력을 잃고 고사할 것이라는 비관적인 전망마저 나오고 있다. 상황이 이렇게 되자 산업자원부에서는 국내 석유화학 업계의 위기를 타개하기 위한 대책으로 지속적인 구조조정의 필요성을 절감하고 있다. 특히, 석유화학 산업이 대규모 장치 산업임을 감안하여 업체 간 기업결합을 통해 규모의 경제 효과를 높이고, 또한 효율성을 향상시킴으로써 경쟁력을 제고하며, 수익성을 개선할 필요가 있다고 본다.

그런데 문제가 하나 있다. 이와 같은 산업 정책은 불가피하게 경쟁 정책과 충돌을 일으킨다는 것이다. 관련 업체 간 합병이나 통폐합은 업체 수를 감소시켜 시장의 독과점화를 초래하고 업체 간 담합의 가능성을 높이므로 국내 시장에서의 경쟁이 제한될 수밖에 없다. 또한 이로 인해 석유화학 제품을 원료나 중간재로 사용하는 다른 사업자나 최종 소비자의 후생을 떨어뜨릴 가능성이 높다. 따라서 경쟁 촉진을 최우선 정책 목표로 삼고 있는 경쟁 정책 당국에서는 이러한 기업결합을 허용할 가능성이 매우 낮다. 이것이 현재 산업자원부가 직면하고 있는 딜레마다.

그러나 해결책이 없는 것은 아니다. 공정거래법 제7조는 경쟁을 제한하는 기업결합을 금지하되, 효율성 증대 효과가 경쟁 제한의 폐해보다 크거나, 회생이 불가한 회사와의 기업결합에 대해서는 예외로 인정할 수 있도록 하고 있다. 또한 공정거래위원회의 기업결합심사기준(이하 심사기준)에 따르면, 효율성 증대 효과를 판단할 때 규모의 경제, 생산설비의 통합, 생산공정의 합리화 등을 통해 생산비용을 절감할 수 있는지 여부를 고려하도록 되어 있다. 뿐만 아니라 전후방 연관 산업의 발전에 기여하는지 여부, 에너지의 안정적 공급 등 국민경제 생활의 안정에 기여하는지 여부 등 국민경제 전체에서의 효율성 증대 효과도 함께 고려하도록 되어 있다. 따라서 시장의 독과점화를 가져오는 기업결합이라 하더라도 규모의 경제 효과 등 효율성 증대 효과가 충분히 크고 국민경제 전체에 도움이 된다면 예외적으로 허용할 수 있는 것이다.

그렇다면 산업자원부가 고민할 필요가 없는 것이 아닌가? 그러나 그렇지가 않다. 문제가 그렇게 간단한 것이 아니기 때문이다. 전술한 심사기준은 효율성 증대 효과가 가까운 시일 내에 발생할 것이 명백해야 하고, 설비 확장 등 기업결합이 아닌 다른 방법으로는 효율성 증대를 실현시키기 어려워야 하며, 생산량의 감소 등 경쟁 제한적인 방법을 통한 비용 절감이 아니어야 한다고 규정하고 있다. 다시 말해서, 유화업계에서 규모의 경제가 그렇게 중요하다면 경쟁을 제한하는 기업결합을 통해서가 아니라 자체적인 설비 확장을 통해 효율성을 높이고 경쟁력을 제고시키라는 뜻이다.

업체 간 통폐합을 통해서라도 서둘러 구조조정을 추진할 필요성을 절감하고 있는 산업자원부의 입장에서 이와 같은 예외 규정은 답답하고 까다롭기 그지없다. 그런데 문제는 이보다 훨씬 심각하다. 공정거래위원회에서는 최근 몇 년 전부터 경쟁 제한적인 기업결합을 심사함에 있어서 심사기준에 명시된 국민경제 전체적인 효과를 거의 고려하지 않을 뿐만 아니라, 기업결합 허용 여부를 현재의 심사기준보다 훨씬 엄격한 소비자 후생기준에 따라 판단하는 것이다. 최근에는 아예 심사기준 자체를 기존의 공익기준(기업결합에 따른 공익이 경쟁 제한의 폐해를 능가하면 허용하는 방식)에서 소비자 후생기준(기업결합에 따른 소비자 후생 증대가 경쟁 제한의 폐해를 능가하면 허용하는 방식)으로 개정하려는 움직임마저 보이고 있다. 이에 따라 효율성 증대 효과가 극히 소극적으로 고려되고 있으며, 효율성 증대를 이유로 한 경쟁 제한적인 기업결합의 예외적 허용 가능성도 거의 기대하기 어려워지고 있다.

역설적이지만 이러한 상황이 초래된 데에는 산업자원부의 공이 크다. 산업자원부는 이른바 산업 정책이라는 이름하에 시장경쟁을 저해하고 독과점화를 심화시키며 기존 사업자에게 특혜를 주는 성격의 통폐합이나 사업 교환, 또는 기업결합을 여러 차례 추진해온 것이다. 그럴 때마다 산업자원부는 공정거래법상의 예외 규정을 악용해왔고, 그 결과 경쟁 정책이 허수아비로 전락하거나 헌신짝처럼 버려졌다.

이제 원점으로 돌아가자. 우선 경쟁 정책이 바로 서야 한다. 경제가 발전하면서 시장 규모도 커지고 경쟁 기업의 수도 많이 증가했으므로 과거와 같이 시장경쟁을 심각하게 왜곡·저해하는 방식으로 경제 발전을 이루려는 산업 정책적 고려는 제거되어야 한다. 이를 위해서는 산업 정책적 고려, 정치적 고려 등 경쟁 외적인 고려가 많이 개입될 수밖에 없는 현재의 공익기준을 총잉여기준(기업결합으로 인해 소비자 후생과 생산자 이윤의 합이 증가하면 동 기업결합을 허용하는 방식)이나 소비자 후생기준으로 변경해야 한다.

다만 우리나라는 아직 국내 시장이 비교적 협소하여 국내 수준의 경쟁 촉진만으로는 세계적인 경쟁력을 갖추기 어렵고, 또한 아직 중진국 수준에 머물러 있어 앞으로도 역동적인 경제 발전을 계속해나가야 하므로 효율성 증대 효과를 보다 긍정적으로 고려하는 총잉여기준으로 우선 변경하는 것이 바람직하다. 소비자 후생기준은 국내 시장 규모가 더 확대되고 1인당 국민소득이 3만 달러 이상이 되는 시점에 도입해도 늦지 않다.

심사기준을 변경하는 것 외에도 부처 간의 공식적인 그리고 공개적인 협의 채널을 구축하는 것이 필요하다. 경쟁 정책과 산업 정책이 충돌할 때 과거와 같이 부처 간 물밑 작업을 통해 음성적으로 정책이 결정되어서는 곤란하다. 우선 심사기준을 개정할 때부터 관련 부처 간의 공식적인 협의가 충분히 이루어져야 한다. 또한 현안으로 대두되고 있는 석유화학 업계의 구조조정 문제에서와 같이 두 정책 목표가 상충될 경우 관련 부처 간의 공개적인 협의를 통해 사안별로 투명하고 합리적인 조정이 이루어지도록 해야 한다. 이것이 산업 정책도 살리고 경쟁 정책도 살리는 길이 될 것이다. (2007년 5월 29일)

제조업 공동화, 어떻게 할 것인가?

▌ 김필헌(한국경제연구원 연구위원)

최근 몇 년 새 국내 제조업의 활력 저하로 인해 경상수지가 적자로 전환되고 고용난이 가중되어 우려의 목소리가 커지고 있다. 제조업 부문의 비중이 줄어들면서 활력이 저하되는 현상은 산업구조의 고도화 과정에서 나타나는 전 세계적인 현상으로 '산업공동화'라고 불린다. 학계에서는 이러한 산업공동화를 '국제 경쟁력이 상실되면서 경상수지 적자의 확대와 동반하여 산업 혹은 기업이 소멸하거나 해외로 이전됨으로써 국내 산업 기반이 없어지고, 이를 대신할 신산업의 창출이나 산업의 고도화가 일어나지 않아 산업구조에 공백이 생기는 현상'으로 정의한다.

이러한 산업공동화의 정의는 우리나라의 현 경제 상황을 설명하는 것과 꼭 맞아떨어지는 느낌이다. 그러나 여러 가지 통계를 보면 우리나라 제조업의 전반적인 건강 상태는 아직 염려할 수준은 아닌 것으로 보인다. 다만 제조업 내에서의 산업구조 고도화로 인해 국한된 공동화 현상이 진행되고 있기는 하다. 정부 통계에 따르면 2000~2007년간 전체 고용에서 제조업이 차지하는 비중은 20.3%에서 17.6%로 줄어든 반면, 같은 기간 제조업의 실질 부가가치 비중은 29.4%에서 34%

로 꾸준히 상승하는 추세를 보이고 있다. 이러한 상반된 추세는 제조업이 고부가가치 기술집약적 산업구조로 이행하고 있음을 간접적으로 시사한다. 산업별로 볼 경우 이러한 추세는 더욱 두드러진다. 1981~2007년간 의복(-83%), 가죽(-88%), 섬유(-77%), 목재(-62%) 등 경공업 산업의 비중은 크게 감소한 반면, 화학 제품 산업(146%), 영상·음향 및 통신장비(1925%), 의료·정밀기계(215%) 등의 고부가가치 산업의 비중은 대폭 확대되었다.

우리나라 기업들의 해외 직접 투자 동향에서도 이와 비슷한 시사점을 발견할 수 있다. 우리 기업들의 해외 직접투자는 2003년 59억 4,000만 달러에서 2007년 276억 4,000만 달러로 급증했다. 특히 중국에 대한 직접투자 비중은 2000년 14%에서 2006년에는 33%로 크게 늘었다. 대한상공회의소의 설문조사에 의하면 중국으로 이전한 기업들의 대다수가 임금 경쟁력과 노동력 확보가 기업 이전의 가장 중요한 결정요인이었다고 대답했다.

종합해볼 때 현재 우리나라 제조업 구조는 고부가가치 기술집약 형태로 이행하고 있으며, 과거 기간산업의 역할을 담당했던 노동집약적 중저급 기술 산업이 중국 등 개발도상국들의 부상에 따라 국제 경쟁력을 상실하면서 부분적인 산업 기반 소실과 함께 고용 창출 여력의 저하가 나타나고 있는 것으로 볼 수 있다.

제조업의 이러한 구조 변화는 경제 발전에 따른 피할 수 없는 추세이므로, 이를 억제하는 것보다는 순응적 방안을 모색하는 것이 필요하다. 이런 측면에서 과거 비슷한 처지에 놓였던 일본과 대만의 경험은 우리에게 시사하는 바가 많다.

먼저 대만의 경우를 살펴보면, 대만 정부는 자국의 산업공동화 억제 정책의 일환으로 고급 기술 산업의 중국에 대한 대규모 투자를 억제했다. 그러나 대만 기업들은 홍콩이나 동남아를 경유하여 중국 진출을 시도했다. 뿐만 아니라 2001년 대만이 WTO에 가입하면서 이러한 억제 정책은 무효화되었다. 이를 계기로 대만 정부는 인식을 전환하여 2002년 'Challenge 2008 Program for National Development Priorities' 란 제하에 체계적이고 종합적인 산업 정책 방향을 설정했다. 이 프로그램은 다방면에 걸쳐 대만 경제의 체질 개선을 꾀했는데 투자 규제 완화, 중국과 관계 촉진 등이 포함되었다.

일본도 대만과 마찬가지로 인위적인 산업 유출 억제 정책보다는 사회 기반 시설의 효율성 제고, 신기술 개발에 대한 투자와 기업의 설비 투자 확대, 외국 기업 유치 촉진 방안, 교육 개혁을 통한 기초 과학 연구 인력 양성 등 경제 전반에 걸쳐 포괄적인 정책들을 도입하여 시행하고 있다.

대만과 일본의 경험은 제조업의 구조 변화에 따른 부분적 공동화 현상에 대한 가장 효과적인 대응책이 국제 경쟁력을 상실해가고 있는 산업에 대한 지원 확대가 아니라 오히려 구조 변화의 촉진에 있다는 것을 보여준다. 즉, 투자와 무역의 확대를 통한 신성장 동력 확충과 더불어 이를 뒷받침해줄 기술 개발 역량의 심화가 필요하다는 얘기다. 투자와 무역의 확대는 관련 규제 제도의 합리화를 통해 이루어지고, 기술 개발 역량의 심화는 장기적인 안목을 바탕으로 한 교육제도의 개혁을 통해 달성할 수 있다.

제조업 구조 변화에 따른 공동화 현상은 여러 다양한 대내외적 요인들이 복합적으로 빚어낸 결과다. 또한 제조업 중심의 우리나라 경제 구조상 막대한 사회적·경제적 영향을 미친다. 그럼에도 우리는 이러한 중차대한 문제에 대한 대비책이 아직 마련되지 않은 것으로 보인다. 외국의 경험으로 미루어볼 때 제조업 공동화에 대한 체계적이고 종합적인 대응 방안은 규제와 교육제도의 개혁이 될 것이다. 이를 바탕으로 우리 경제의 체질을 개선시켜나갈 수 있다면, 제조업 공동화 현상은 우리에게 오히려 좋은 약이 될 수 있다고 본다. (2008년 7월 21일)

서비스 산업 정책,
산업구조 변화 촉발할 수 있어야

▌ 이태규(한국경제연구원 연구위원)

한 나라의 경제가 성장할수록 전체 경제에서 차지하는 서비스 산업의 비중이 커지는 것은 보편적인 현상이다. 선진국의 경우 생산, 부가가치, 고용 등에 있어서 서비스 산업의 비중이 70%, 또는 그 이상을 차지한다. 우리나라의 경우에도 지난 4~5년 동안 제조업의 취업자 수는 감소한 데 비해 서비스 산업의 취업자 수는 지속적으로 증가하여 2007년 현재 전체 취업자 중 서비스 산업 취업자의 비중은 66.7%에 이르고 있다.

하지만 우리나라의 서비스 산업은 실질성장률 면에서 볼 때 부진을 면하지 못하고 있다. 2000년 이후(2000~2007년) 제조업의 연평균 실질성장률은 8.17%에 달했지만 서비스 산업은 4.33%에 불과했다. 생산성 측면에서는 더욱 심각한 상황이다. 우리나라 서비스 산업의 생산성은 선진국과 큰 폭의 격차를 보이는데 미국, 영국, 프랑스 등의 2분의 1 수준이며 업종별로는 크게는 4분의 1 수준까지 격차가 나는 부문도 있다.

서비스 산업이 경제 전체에서 차지하는 비중을 볼 때 이 같은 상황을 극복하지 않고서는 성장과 고용의 지속성이 보장되지 않는다. 따라서 정부는 그동안 서비스 산업 육성을 위한 다양한 정책적 노력을 기울여왔다. 참여정부 때에는 1 · 2 · 3단계 '서비스 산업 경쟁력 강화 종합대책'을 발표했고, 새 정부 들어서는 지난 4월 28일 '서비스 산업 선진화 방안' 1단계 계획을 발표했다. 2단계(2008년 9월), 3단계(2008년 12월) 계획도 추가로 발표할 계획이라고 한다.

최근 몇 년간의 이 같은 노력에도 불구하고 아직은 서비스 산업의 경쟁력 향상을 체감할 수가 없다. 물론 정책의 실효성이 나타나기까지는 상당한 시일이 필요하겠지만 한편으로는 제시된 여러 정책 방안들의 파급 효과가 그리 크지 않다는 느낌을 지울 수 없다.

제조업과 달리 서비스 산업의 몇몇 중요 부문은 공공 영역이어야 한다는 대중의 인식이 강하고, 정책에 따라 업계 내의 이해관계가 첨예하게 갈리는 부문도 많아 그동안 '산업의 효율성'이 우선시되지 못했다. 따라서 이러한 기본적 구조를 그대로 둔 상태에서 세제 혜택, 자금 지원, 부분적 규제 완화 등의 정책은 산업을 획기적으로 변화시키지 못할 가능성이 크다. 즉 교육 · 의료 부문 등에 영리법인 허용, 내국인이 독점하고 있는 시장(주로 자격증이 필요한 시장)의 개방 등 과감한 개혁이 시도되지 않고서는 근본적인 산업의 변화를 가져오기가 어렵다는 것이다. 물론 근본적 틀의 변화는 격렬한 반발과 논쟁의 촉발로 정부 입장에서는 취하기 부담스러운 선택이라는 것도 이해할 수 있다. 하지만 수십 년 동안 고착화된 비효율적 산업구조를 혁파하기 위해서는 어느 정도의 충격이 불가피할 것이다.

과거의 예를 보면 더욱 분명해진다. 우리나라 영화산업이 부족하나마 지금의 수준으로 성장한 근본은 자금 지원, 세제 혜택 이런 것이 아니다. 1980년대 초 시장 개방과 대기업의 진입으로 인한 산업구조의 변화를 통하여 지금의 단계에 이른 것이다. 그 과정에서 제작사, 극장 등 업계 및 영화인들의 반발도 있었고 일시적인 산업 침체도 있었지만 결국 산업적으로는 영세업자 중심, 주먹구구식 영화 제작에서 탈피하여 현재의 구조로 전환하게 되었다.

서비스 산업을 선진화하고 성장동력화하기 위해서는 구조 변화가 필요하고, 이러한 변화를 촉발할 수 있는 정책적 노력이 중요하다. 서비스 산업의 각 부문을 자세히 살펴보면 제조업에서는 상상하지도 못할 진입 규제, 영업 규제 등이 많다. 이런 규제들은 사회적 목적을 위한 경우도 있지만 관련 종사자들의 집단적 이익을 위해 강제되는 경우도 많다. 특히 요즈음 지식 기반 서비스 산업의 중요성이 강조되는데, 이 부문을 구성하는 주요 업종들은 자격증(변호사·변리사·회계사 등)을 필요로 한다. 이 자격증을 이용한 지대(rent) 추구가 각종 경쟁 제한적 규제를 통해 실현되고 산업 경쟁력을 저하시키는 주요 요인이 되고 있다.

서비스 산업의 낮은 생산성이 경제 전체의 생산성을 저하시키는 현상을 '보몰의 병(Baumol's disease)'이라고 한다. 우리가 처해 있는 상황이다. 일시적인 상황이 아닌 상당히 오래되고 구조적인 원인에 의한 병이라고 할 수 있다. 진단이 이렇다면 그 처방도 문제의 핵심을 겨냥해야 할 것이다. 이런저런 어려움이 있겠지만, 그 장애물을 뛰어넘어 구조 변화를 이룩하지 않고서는 선진국 수준의 서비스 산업으로 발전하기를 기대하기는 어려울 것이다. (2008년 5월 6일)

신성장동력 확보와 외국인 투자 유치

▌ 송원근(한국경제연구원 연구위원)

최근 지식경제부는 63개의 신성장동력 후보군 리스트를 발표했다. 여기에는 하이브리드 자동차 등 주력 기간산업, 의료·바이오 융합 등 신산업, 무공해 석탄 에너지 등 에너지·환경 산업, 그리고 디자인 등 지식·서비스 산업이 총망라되어 있다. 정부는 선정된 63개 과제 간의 연관성 분석과 다양한 채널의 의견을 수렴한 후 우선순위를 정하고 예산 규모를 감안한 선택과 집중을 통해 신성장동력을 확보한다는 계획이다.

우리 경제의 제2의 도약을 위해, 그리고 경쟁력 상실 위험에서 탈피하기 위해 새로운 성장동력이 필요하다는 공감대는 이미 형성되어 있다. 최근 중국은 가공 산업 중심에서 벗어나 우리의 주력 산업인 IT, 자동차, 조선업 등에서도 우리와의 기술 격차를 좁히면서 맹추격하고 있는 상황이다. 반면 우리 산업은 일본과 기술, 생산성 격차가 좁아지지 않고 있다. 중국과 일본의 예를 들지 않더라도 외환위기 이후 활력을 잃어가고 있는 우리 경제가 신성장동력의 확보를 통해 새로운 도약을 모색해야 할 필요성에 대해서는 대다수가 공감하고 있다. 지난 정부에서 추진했던 차세대 성장동력 사업도 같은 맥락에서 출발했다고 볼 수 있다. 따라서 이전의 차세대 성장동력 사업이 지닌 문제점을 살펴봄으로써 현 정부의 신성장동력 추진 정책의 장단점을 파악할 수 있고, 보완점도 제시할 수 있을 것이다. 여기서는 신성장동력 확보와 관련하여 외국인 투자 유치의 중요성을 강조하고자 한다.

지난 정부의 차세대 성장동력 사업 육성 정책은 10개의 차세대 기술 및 제품을 선정하여 정부 주도의 연구 개발을 통해 기술 경쟁력을 제고하고 기업으로 하여금 개발된 기술의 채택 및 실용화, 관련 시장의 선점 등을 추진하도록 하는 것이었다. 이 사업의 가장 큰 문제점은 정부 주도의 산업 정책적 성격을 띠었다는 점이었다. 정부의 역할은 기초 과학기술 연구에 대한 투자, 인력 양성, 투자 활성화를 위한 규제 완화 등의 연구 개발 및 투자 환경 개선에 한정되어야 한다. 선진국의 경우를 보더라도 미래 유망 산업 및 신성장 산업 육성 정책이 존재하기는 하나 정부가 주도적으로 기술 개발을 통해 산업을 육성하고자 하는 산업 정책의 성격을 지녔다고 보기는 어렵다. 따라서 차세대 성장동력 사업은 정부가 주도적으로 기술 개발과 이를 통한 산업 육성을 시도했다는 점에서 경제 규모가 세계 10위권인 우리 경제와 어울리지 않았을 뿐만 아니라 예산 규모도 미미해 기업들의 연구 개발 및 설비 투자 등 대응 투자를 유인하기가 현실적으로 어려운 정책이었다고 평가할 수 있다.

현 정부의 신성장동력 추진 정책은 이전의 차세대 성장동력 사업의 이러한 문제점을 어느 정도 해소한 정책이라고 볼 수 있다. 첫째, 정책의 추진 주체가 정부 주도가 아닌 민간 주도라는 점이다. 차세대 성장동력 사업은 공공 연구기관의 주도로 이루어지는 사업으로 정부 주도의 사업이었지만 현 정부의 신성장동력 사업은 초기 단계부터 기업의 주도적 참여를 유도한다는 점에서 차이가 있다. 둘째, 신성장동력 사업에서는 정부의 역할을 R&D와 인력 양성, 제도 개선 등 연구 개발 및 투자 환경 개선에 한정하고 있는 점이다. 셋째, 신성장동력의 대상이 미래 신기술에 한정되지 않고 에너지·환경 산업, 지식·서비스 산업 등 전체 산업군의 기술 및 제품을 포괄함으로써 산업 정책의 성격이 완화되었다는 점이다.

그러나 현 정부의 신성장동력 사업도 산업 정책의 성격에서 완전히 벗어난 것이라고 보기는 어렵다. 차세대 성장동력 사업이 10개의 첨단 산업 분야를 선정한 반면에 신성장동력 사업은 전체 산업을 포괄했다는 점에서 차이가 있지만 특정 산업 분야를 신성장동력 핵심 과제로 선정하여 지원한다는 점 때문이다. 특정 산업을 신성장동력으로 선정하는 것은 정부 지원을 위한 지대 추구 행위의 유발이라는 산업 정책의 문제점을 피할 수가 없다. 따라서 이와 같은 문제점을 최소화하면서 주력 기간산업, 에너지·환경 산업, 지식·서비스 산업 및 신산업 등 광범위한 분야에서 신성장동력이 출현할 수 있는 유인을 최대화할 수 있는 정책이 추진되어야 한다. 이를 위해서는 연구 개발 및 인력 양성, 그리고 투자 환경의 개선 등 인프라 구축에 정책의 초점이 맞춰져야 한다. 즉 기초 과학기술에 대한 투자의 확대, 고급의 과학기술 인재 양성에 적합한 교육제도의 개선, 그리고 기업의 연구 개발 투자 및 설비 투자의 확대를 유인할 수 있는 규제 완화 및 제도적 환경 개선을 위해 우선적으로 노력하는 것이 신성장동력 추진 정책의 성공을 위한 필요조건이다.

신성장동력의 창출을 위한 고부가가치의 신기술 개발 및 지식·서비스 산업의 경쟁력 제고는 선진국 자본 등 외국인 투자의 활발한 유치를 통해서도 촉진할 수 있다. 1990년대 중반부터 다국적 기업의 성장 및 확산으로 인한 과학기술의 세계화가 이루어지고 있으며, 그 형태는 다국적 기업의 R&D 기능 분산에 의한 R&D의 국제화와 외국인 직접투자로 인한 기술 파급 효과로 나타나고 있다. R&D 국제화 및 외국인 직접투자에 의한 기술 및 지식의 이전은 선진 기술의 습득 및 채택을 통한 기술 경쟁력의 제고를 의미한다. 따라서 외국인 직접투자의 유치는 신성장동력의 창출을 촉진시키기 위해 적극적으로 추진되어야 하고 이를 위해서는 연구 개발 투자에 적합한 인력 및 제도적 기반이 갖춰져야 한다.

2008년 상반기 외국인 직접투자 순유입이 마이너스를 기록하는 등 우리나라의 외국인 직접투자는 정체 상태에 있다. 이는 경쟁국에 비해 우리나라의 투자 매력도 혹은 친화도가 낮은 것에 기인한다고 볼 수 있다. 우리나라에서는 외국인 투자에 대한 부정적 인식과 국제기준에 부합되지 않는 규제 등과 더불어 대학교육 등 고등교육의 질적 향상의 미비가 외국인 투자에 대한 장벽으로 작용하고 있고, 이는 생산성 향상 지체 및 선진국과의 소득 격차 지속의 원인이라고 OECD는 지적하고 있다. 따라서 외국인 투자 유치를 통한 기술 개발 촉진과 지식ㆍ서비스 산업 경쟁력 제고를 위해서는 교육제도의 개선, 규제 완화 및 제도적 환경 개선이 시급한 개선 과제라고 할 수 있다.

신성장동력의 확보는 다양한 분야에서 기술 진보를 이룰 때 가능하고, 이와 같은 기술 진보는 정부 및 기업의 연구 개발 투자 확대, 선진 기술의 이전 등으로 가능하다. 여기서 정부의 역할은 기초 과학기술에 대한 연구 개발 투자 이외에 인재 양성을 위한 교육제도 개선, 외국인 투자를 포함한 국내외 기업의 연구 개발 투자 및 설비 투자 활성화를 위한 규제 개혁 등 제도적 환경 개선에 초점을 맞춰야 한다. 정부가 의욕적으로 추진하고 있는 신성장동력 사업도 특정 산업 분야의 선정을

통한 지원보다는 이와 같은 인프라 구축에 무게중심을 두는 것이 신성
장동력 확보를 통한 경제의 재도약 및 선진국 진입이라는 목표에 더 가
까이 다가가는 계기가 될 것이다. (2008년 9월 10일)

서비스업의 생산성 향상,
진입 규제 완화로 풀자

▌ 이병기(한국경제연구원 연구위원)

　중복 투자와 과당 경쟁론을 근거로 하는 진입 제한은 상당 부분 개선되어야 한다. 부적절할 정도로 부적절한 시기에 행해지는 진입 규제는 필요한 경쟁을 제한함으로써 경제에 미치는 부정적인 영향이 크기 때문이다. 우리나라 산업에는 아직도 여러 가지 형태의 진입 제한이 많이 존재한다. 정부도 경제에 미치는 부정적인 영향을 고려하여 진입 규제를 없애려는 노력을 기울이고 있지만, 여전히 많은 분야에 불필요한 진입 규제가 존재한다.

　한국경제연구원이 지난 1992~2001년간 법률로 명시되어 있는 진입 규제를 조사한 바에 따르면 제조업에서는 다소 완화되었지만, 진입 규제를 많이 받고 있던 서비스업의 경우 규제가 폐지된 업종 수가 상대적으로 적었다. 진입 규제의 강도가 컸던 서비스업의 규제 완화가 상대적으로 부진했다는 것이다. 정부가 앞으로 보다 적극적으로 경쟁 촉진적 규제 완화 정책을 추진해야 할 부분이 바로 서비스업임을 보여준다.

　최근 한국은행이 조사한 서비스업 진입 장벽 자료에서도 서비스업 중 금융·보험업, 통신업, 교육·서비스업, 운수·창고업에서 상대적으로 진입 장벽이 높은 것으로 나타났다. 전기·통신업에서 역무 분류에 기초한 서비스별 규제, 금융업에서 과당 경쟁 등을 제한하기 위한 규제, 비영리 학교 법인제 및 수도권 내 대학 설립 제한 등 교육 서비스업의 규제 등이 존재한다.

경쟁 제한적인 진입 규제에 더해 대기업의 진입을 막는 규제도 있다. 금융·보험업, 방송·통신업, 심지어 농수산업에서 대기업을 차별하는 규제가 여전히 존재한다. 차별적인 진입 규제는 기존 참여 기업의 독점적인 이익을 보장하여 효율성 증대 노력을 기울이지 않도록 하는 등의 문제를 초래할 수 있다.

경쟁 촉진을 통해 기술 혁신이나 생산성의 향상을 도모하기 위해서는 제조업뿐만 아니라 서비스업의 진입 규제도 대폭 풀어야 한다. 금융, 방송, 교육, 전문 서비스업의 진입을 제한하는 법적 제약은 철폐해야 한다. 규제 완화는 신규 기업의 시장 진입을 용이하게 할 뿐 아니라 새로운 기술의 채택을 촉진하는 역할을 한다.

그럼에도 개별법에서 규제 목적과 관계없이 기업 규모 기준을 원용하여 다양한 진입 규제를 하고 있다. 기업 규모를 기준으로 한 진입 규제는 경제적 합리성을 갖기 어렵다. 대표적인 사례가 과거 시행되었던 중소기업 보호제도다. 고유업종제도 등 다양한 형태로 실시된 중소기업 보호제도는 대기업의 진입을 제한하는 제도적인 장치였으나 비효율을 증대시켰다는 지적이 많았다.

글로벌 경쟁 시대에 대기업에 대한 진입 규제는 국내 기업을 역차별함으로써 우리 경제의 능력을 손상시킨다. 대기업이 지불해야 하는 진입 비용이 적을수록 우리 경제에 기여하는 대기업의 역할은 커질 것이다. 진입 규제를 확 풀어서 명실상부하게 기업하기 좋은 환경을

만들어주어야 한다. 행위의 위법성과 상관없이 규모가 크다는 이유만
으로 취해지는 진입 제한 중 부채 비율을 통한 금융업 진입 규제, 소
유 규제를 통한 방송업 진입 규제는 물론 농수산업에 대한 진입 규제
도 대폭 완화해야 한다. (2007년 9월 18일)

민영화의 세 가지 이야기:
괴담, 실화 그리고 교훈

▌ **김현종**(한국경제연구원 연구위원)

인터넷 서핑을 하다 보면 시중에 떠도는 이른바 '민영화 괴담'을 접할 수 있다. 전력 민영화가 추진되면 거대 독점기업의 요금 인상으로 서민 생활은 더욱 피폐해지고, 전기 요금을 내기 위해 돈을 벌어야 하는 세상이 온다고 전한다. 더구나 전력이 민영화되면 서비스의 질은 형편없이 떨어지고 수익이 나기 어려운 지역에는 전력 공급이 중단될 것이라고 한다.

괴담을 뒷받침하는 사례도 보도됐다. 필리핀에서는 민영화 이후 전기 요금이 급등하여 국민들이 여타 물가에 비해 전기료를 터무니없이 비싼 수준으로 지불해야 한다고 한다. 미국의 경우 규제 완화 이후 캘리포니아 주는 단전으로 인해 깜깜한 밤이 지속됐다고 한다. 믿기 힘들지만 실제로 일어난 실화라고 하니 섬뜩한 생각마저 든다. 그러나 이 이야기가 주는 교훈은 외면된 채 극적인 사건만이 전설처럼 전해지고 있다.

20년 전에 기간산업 공기업의 민영화를 추진하자고 했다면 경제학자들도 대부분 매우 급진적인 생각으로 받아들였을 것이다. 실제로 당시에는 경험도 부족해 성공하기 어려웠을 수 있었고, 결과적으로 괴담대로 될 수도 있었을 것이다. 그러나 지난 20년간 많은 나라들이 전력부문을 포함한 대규모 공기업의 민영화를 시도했고, 이로부터 값진 교훈을 얻을 수 있었다. 각국의 다양한 경험을 공유하면서 나라마다 시행착오를 줄일 수 있는 민영화 방안을 학습했으며 적절한 대책을 보완할 수 있게 됐다. 필리핀의 경험은 실효성 있는 경쟁을 도입하지 않은 채 이익집단의 주장에 끌려 다니면 민영화가 역효과로 나타날 수 있다는 사실을 일깨워줬다. 도매 가격은 풀어놓고 소매 가격을 규제해서 발생한 캘리포니아 정전 사태는 어설픈 규제 완화는 아예 안 하는 것만 못하다는 교훈을 재확인시켜줬다.

전력 민영화로 요금이 상승할 것이라는 괴담은 외국의 사례를 볼 것 없이 우리나라의 민영화 경험을 참고해보기만 해도 반박할 수 있다. KT의 민영화 당시에도 전력 민영화와 유사한 우려가 있었다. 그러나 KT 민영화 이후 통신사들이 제시하는 통화 요금이 급등했는지 생각해보자. 한 조사 결과에 따르면, 시내 전화 3분 통화 기준으로 우리나라의 요금은 세계 도시 중 하위 20%에 들어가는 매우 낮은 수준이다. OECD 회원국 20개국을 대상으로 구매력 지수를 비교한 결과, 국내 요금은 두 번째로 낮았다. 또한 민영화된 이후 통신회사들이 수지가 떨어지는 산간벽지나 섬 지역의 전화를 모두 불통시켰는지 반문해보기 바란다.

사실, 전력 민영화에서 가계의 전기 소비는 중요 이슈가 아니다. 전문가들은 전력 소비의 대부분을 점유하는 산업용 전력의 효율적 이용이 민영화의 목적이므로 가계용 전기 요금의 급등은 생각하기 어렵다고 지적한다. 또한 '민영화=인원 감축'이라는 인식이 강하지만 인건비 절감은 민영화의 일부분에 불과하다. 공기업이 공무원 접대비나 직원 복지비로 과다 지출하고 있다고 보도되고 있지만, 이는 공기업의 비효율성 중 작은 부분이다. 자원을 효율적으로 배분하지 못하여 수요와 공급 간의 불균형을 초래하는 현재의 상황이야말로 가장 심각한 문제다.

많은 예산을 투자하여 건설했건만 양수발전소의 평균 가동률은 4%에 머물러 있다. 심야 전력 가격은 과도하게 낮아 초과 수요를 발생시켜 심야에 전력이 남기는커녕 오히려 가스 발전소마저 돌려 전기를 더 생산해야 한다. 이러한 잘못된 투자를 줄이고 왜곡된 가격 체계를 바로잡기 위해 민영화가 절실하다. 발전 부문과 소매 부문을 묶어서 민영화하면 소비자의 수요를 반영한 투자가 이루어져 효율적인 공급으로 이어질 수 있고, 이를 통해 합리적인 가격 구조도 형성할 수 있다. 괴담이 난무하는 이유는 이러한 교훈을 외면하고 있기 때문일 것이다. (2008년 8월 5일)

전력산업 구조개편, 다시 시작해야

▌ **손양훈**(인천대 경제학과 교수)

전력산업의 구조개편 계획은 민영화를 통한 경쟁 도입을 목적으로 추진된 것이었다. 다수 국민들의 지지를 얻었고, 국회에서 여야의 합의에 의해 법이 통과되기도 했다. 그리고 지난 2001년 한국전력공사에서 한국남동발전, 한국중부발전, 한국서부발전, 한국남부발전, 한국동서발전, 한국수력원자력 등 6개의 발전 자회사를 분리하여 독립적인 회사로 만드는 과정까지는 비교적 순탄하게 지속되는 듯했다. 그러나 참여정부 들어 다시 제기된 '사회적 합의의 문제'라는 암초에 부딪혀 전면 정지해 있는 상태다. 마치 강을 건너는 도중에 엉거주춤 서 있는 형국이 되어버렸다. 바지는 걷고 신발은 머리 위에 얹은 채 넘실대며 흘러가는 강물 한가운데에 서 있는 것과 같다. 앞으로 나가는 것도 아니고 그렇다고 뒤로 되돌아갈 수도 없는 진퇴양난의 상태에서 몇 년째 버티고 있는 것이다.

돌이켜보건대 강을 건너기 전까지 우리나라 전력산업은 국가가 모든 것을 주도하는 체제였다. 국가가 소유하는 단일 공기업이 시장을 독점하여 공급하는 것이다. 이런 체제는 의사결정을 신속하게 하고,

투자의 불확실성을 감내해낼 수 있다는 이점은 있지만 자원 배분의 비효율성과 시장의 왜곡이 불가피했다. 공적 조직의 비효율성과 정부 정책의 우선순위 오류가 반복되기 때문이다. 어쩌면 급속한 경제 발전기 동안 불가피하게 선택한 방식이라고도 할 수 있다.

그러나 1990년대 들어 전 세계 전력산업은 큰 변화를 겪었다. 전력 부문의 기술도 상당한 수준으로 발전하고 전력 거래의 새로운 방식이 개발되어 공기업 독점을 유지하면서 비효율을 감내할 이유가 없어졌기 때문이다. 전 세계적으로 경쟁을 도입하고 공기업을 민영화하는 큰 변화가 일어났다. 나라별로 상황이 다르고 정책 추진 역량도 달라 성공적으로 평가받는 나라가 있는가 하면, 실패로 인해 어려움을 겪고 있는 나라도 있다. 아직 전 세계적인 실험이 진행되는 상태이기 때문에 결론 내리기는 다소 이르지만 민영화를 통한 경쟁과 효율의 효과가 나타나고 있는 것은 분명하다. 어떤 방식으로 추진할 것인가의 문제는 남아 있지만 경쟁과 민영화를 통한 시장 기능의 회복은 반드시 필요하다. 세계 각국의 전력산업은 효율적인 방법을 찾는 데 지혜를 모으고 있다. 하지만 우리의 현실은 엉뚱하기 그지없다. 강을 건너다 말고 시간을 허비하고 있으며, 과도기적인 비용을 막대하게 지불하고 있다. 그것도 언제까지 이렇게 가는 것인지 기약도 없이 말이다. 참으로 무책임한 정부다.

에너지를 둘러싼 여건이 급속하게 변화하고 있다. 구조 개편의 방향을 결정하던 10년 전과는 판이하게 달라지고 있다. 많은 변화가 있었으며 에너지 수입국으로서 에너지 안보를 심각하게 걱정해야 하는 상황이 전개되고 있다. 무엇보다 큰 변화는 고유가와 기후 변화 협약이 가시화되고 있다는 점이다. 이들은 모두 에너지 투입을 위한 직접비용과 에너지를 사용한 후의 간접비용에 막대한 영향을 미친다. 에너지 가격의 상승이 불가피하다. 지금도 비싸지만 더욱 비싼 가격을 치를 수밖에 없는 상황이 전개될 것이며, 에너지 안보가 심각하게 우려된다. 에너지 시장의 변화는 여기에서 그치지 않는다. 전반적인 가격 수준이 올라가는 것도 문제지만 에너지원별로 상대가격 구조가 크게 바뀔 전망이다. 에너지를 사용하는 방법에서도 혁명적인 변화를 예고하고 있다. 에너지원 각각의 가격 변화 정도와 온실가스 배출 정도의 차이가 있기 때문이다. 어쨌든 대부분의 에너지를 수입하는 우리나라로서는 매우 불리한 변화가 일어날 것으로 보인다.

외부의 충격이 격렬하고 에너지 안보에 심대한 위협이 있을 때 우리의 에너지 산업은 어떤 모습을 갖추고 있어야 할까? 에너지 시장의 변화가 우리 경제에 큰 어려움을 줄 것은 분명하다. 과거와는 달리 조금 참으면 곧 해결되는 문제가 아니다. 고유가도 그렇고 기후변화 협약은 더욱 지속적으로 이어질 문제다. 어떻게 하면 가장 유연하게 이 문제를 해결해나갈 수 있을까? 심각하고 어려운 문제가 우리 앞에 있음을 직시해야 한다. 과거의 방식, 즉 국가가 소유하는 독점 공기업 형태는 이 문제를 해결하기에는 너무 경직적이다. 시장 기능이 마비된 이 구조는 외부 충격에 가장 취약하다. 문제를 해결하기보다는 미루거나 확대할 가능성이 더 크기 때문이다. 강을 건너다가 다시 되돌아갈 수는 없다는 의미다.

강을 건너다 멈춰 서 있는 지금의 상태는 더욱 위험하다. 강물은 불어나고 물살은 거세지고 있기 때문에 더욱 그러하다. 허리까지 찬 강물은 곧 가슴에 이르고 마침내 우리의 키를 넘어갈지도 모른다. 그러면 그 자리에 서 있지도 못한다. 헤엄도 미숙한데 어디론가 원치 않는 곳으로 떠내려갈 수밖에 없을 것이다. 현재 강물이 불어나는 속도가 매우 위협적이어서 시간적 여유가 없다. 전 세계적으로 서로 다른 여

건 하에서 구조 개편이 진행되고 있으며, 어려운 조정 과정을 거치고
있다. 하지만 시장의 원칙을 철저히 따르고, 상황 변화에 신축적으로
대응하는 경우에는 뚜렷한 성과를 내는 것으로 평가되고 있다. 빠른
속도로 진화하는 전력 시장의 변화를 적극적으로 소화하여 올바른 정
책 방향을 모색해야 한다. 구조 개편을 시작하던 10년 전보다는 훨씬
많은 정보와 새로운 기술, 다양한 경험을 쌓게 되었다. 다시 시작해야
할 좋은 시점이다. (2007년 9월 11일)

고속도로 휴게소 예찬

▌ 김재홍(한동대 경영경제학부 교수)

최근 어머니를 모시고 고속도로를 달리다 한 휴게소에 들른 적이 있었다. 어머니께서는 "뭔 화장실이 호텔 같으냐. 그래도 화장실은 화장실인데 너무 심하게 잘 꾸몄어"라고 하셨다. 분명히 고속도로 휴게소의 화장실은 그 어떤 공중 화장실보다 훌륭할 것 같다. 어떤 휴게소에는 우리 집에도 없는 비데가, 그것도 좌석이 따끈하게 데워지는 고급 비데를 설치해놓았다. 공중화장실은 지저분한 것이 정상(?)인데 고속도로 휴게소 화장실은 늘 깨끗하다. 당연한 현상이 아니라 사실은 매우 신기한 일이다. 화장실에 꾸며놓은 작고 예쁜 정원은 보너스라고 할까.

그러고 보니 화장실뿐이 아니다. 휴게소에서 먹은 음식들도 제법 훌륭하다. 내가 즐겨 찾는 어떤 휴게소는 밥이 너무 맛있다. 가마솥에 밥을 했단다. 그리고 별도로 구수한 숭늉을 마련해놓곤 맘껏 드시라고 한다. 장애인을 위한 시설도 늘어났고, 유모차를 비치한 곳도 많다. 야구 연습장은 물론 골프 연습장도 있다. 증거는 없지만 우리나라 휴게소보다 좋은 고속도로 휴게소는 전 세계 어디에도 없을 것 같다.

그렇다면 왜 우리나라 고속도로 휴게소가 이렇게 (지나치게) 좋아진 것일까? 그 이유가 민영화에 있다는 것은 잘 알려진 사실이다. 과거 모든 고속도로 휴게소는 정부의 소유였다. 모든 공기업이 그렇듯이 이윤 동기, 즉 효율성을 추구할 동기도 없었고, 휴게소들이 모두 같은 주인인지라 휴게소 간에 경쟁할 인센티브도 전혀 없었다. 그래서 휴게소 화장실은 지저분하고, 음식은 형편없었으며, 고객들을 위한 편의 시설을 애써 제공할 필요도 없었다. 그런데 어느 날 정부는 고속도로 휴게소를 휴게소별로 민간에게 매각했다. 이 단순한 정책 변화가 우리나라 고속도로 휴게소를 세계 최고(?)로 만들어버린 것이다.

경제학 교과서에서는 동네 음식점보다 고속도로 휴게소 음식점이 질도 낮고 서비스도 나쁜 것을 당연하다고 설명한다. 동네 음식점이야 평판이 중요하지만, 고속도로 휴게소 음식점은 한두 번 들르는 손님들이 주 고객인지라 평판이 상대적으로 덜 중요하기 때문이라는 것이다. 이런 설명은 광활한 땅을 자랑하는 미국이나, 인접 국가들로 맘껏 여행을 다니는 유럽에 적절할 듯하다. 그러나 우리나라는 상황이 다르다. 좁은 국토에, 서울과 부산을 오고 가는 고속도로는 뻔하고, 10분 정도만 더 달리면 곧 다음 휴게소가 나온다. 즉, 고속도로 휴게소 간에 경쟁이 제법 심할 뿐만 아니라, 휴게소를 이용하는 고객들도 단순한 뜨내기가 아니라 제법 평판을 따지는 동네 고객과 유사하다는 것이다. 따라서 민영화는 자연스레 휴게소들이 고객 유치를 위한 경쟁에 최선을 다하게 만든 것이다.

경험하지 않고 깨닫는 것이 최선이라면, 그 반대로 경험하고도 깨닫지 못함은 도대체 무엇이란 말인가. 1980년대 이후 전 세계가 민영화와 경쟁 도입으로 국가 경쟁력을 높이고 국민의 복지를 향상시키고 있음에 비해, 우리나라는 오히려 민영화와 경쟁 도입이 정체 혹은 후퇴하고 있음이 매우 안타깝다. 전국적 네트워크를 가진 지상파 방송 다섯 개 채널 중에 네 개가 정부 소유인 공영(국영?)방송이다. 공익 보호 라는 명분을 기꺼이 인정한다고 해도 공영방송은 한 개 정도면 족할 것이다. 전력산업의 민영화와 경쟁 도입은 시대를 역행하여 아무런 진전도 없다. 따라서 우리나라 전기는 질에 비해 요금이 비쌀 뿐만 아 니라, 여름만 되면 전력 부족을 이유로 내가 돈을 주고 산 에어컨도 맘대로 쓰지 못하게 한다. 전력산업을 독점하도록 해준 것은 온 국민 이 양질의 전기를 저렴한 가격에 맘껏 쓸 수 있게 하라는 의무에 대한 대가일 것인데 의무는 무시한 채 권리만 누리는 것이 우리나라 전력 독점 공급자의 행태다.

공기업 혹은 공사는 신이 내린 직장, 신도 부러워하는 직장이란다. 젊은이들은 공기업에 취직하기 위해 고시 공부하듯 전력을 기울인다. 경쟁률이 수백 대 1을 넘는 것은 보통이다. 왜 공기업이 이렇게 최고 의 직장이 되었으며 그 의미는 무엇인가? 일의 강도는 낮으면서 월급 은 높은데 경쟁 압력으로 밀려날 위험도 별로 없으니 누군들 공사에 취업하고 싶지 않겠는가? 그런데 그 의미가 무섭다. 한 사람이 해도 될 일을 두세 사람이 하기에 일의 강도가 높지 않은 것이고, 별 일 안 해도 월급이 높은 것은 그 부담이 소비자, 즉 국민에게 전가되고 있음 을 의미한다. 공기업이 만들어내는 상품의 질과 서비스가 나쁘고 가격 이 높아도 경쟁이 없어 공기업은 망하기는커녕 막대한 이익을 남긴다. 공기업에 근무하는 사람들에게는 신이 내린 축복의 일터이겠지만, 그 들이 축복을 누리는 것은 온 국민이 그 축복을 감당하는 부담을 지고 있기 때문임을 분명히 깨달아야 한다.

고속도로 휴게소는 정말 대단하다. 시간과 마음의 여유가 있다면 우리나라 모든 고속도로 휴게소마다 들러 각 휴게소가 제공하는 다양한 즐거움들을 맛보고 싶다. 세상에 이렇게 좋은 휴게소들이 또 있을까? 정부가 주인 행세하는 대신 실질적 주인을 찾아주고, 독점 대신 경쟁을 유도하니 우리나라 고속도로 휴게소가 이렇게 좋아졌다. 고속도로 휴게소 화장실이 웬만한 집이나 회사 화장실보다 좋고, 밥도 맛있고, 운전에 피곤한 몸을 야구나 골프로 개운하게 풀 수도 있다. 휴게소에서 어떤 즐거움을 누릴 수 있는지 각자 찾아보는 것도 재미일 것 같다. 휴게소 예찬은 곧 민영화 예찬이며 경쟁 예찬이다. 정부는 고속도로 휴게소에서 교훈을 얻기 바란다. (2007 4월 2일)

구조조정 중인 중국 진출 한국 기업

▌ **박승록**(한국경제연구원 선임연구위원)

얼마 전 언론에서 중국에 진출한 한국 기업의 철수와 관련된 모습이 주목을 받았다. 일부에서 '야반도주' 또는 '무단 철수'라는 다소 자극적인 표현을 사용했는데, 실제 모습은 합법적인 퇴출 과정을 거치지 않고 비정상적으로 공장 문을 닫아버리는 것이었다.

비정상적인 방법의 철수가 빈번하게 일어난 지역은 한국 기업이 많이 진출해 있는 칭다오 지역이다. 한국수출입은행에 의하면 2000년부터 2007년까지 총 8,000여 개의 한국 기업이 칭다오에 투자했는데, 이 가운데 약 2.5%인 206개 기업이 무단 철수했다고 한다. 비정상적으로 철수를 한 업체가 2003년 21개에서 2007년에는 87개로 늘어났다. 특히 3,000여 명의 종업원을 고용한 어떤 업체는 형제 간 상호 지급 보증을 통해 중국의 한 은행으로부터 수백억 원을 대출받은 후 한국으로 도주하여, 자녀의 결혼식을 성대하게 치른 후 미국으로 도망을 갔다는 소문도 있다.

비정상적으로 철수한 기업들은 주로 액세서리, 봉제, 피혁 등 노동집약적 업종에 속한 기업들이다. 이런 일이 갑작스레 생기다 보니 한국 기업들의 어려움도 커지고 있다. 비정상적인 철수를 우려한 중국 노동자들이 경영자를 감금하는 일까지 생기고 있다. 기업 경영자가 골프 회원권이나 타고 다니던 자동차를 매각한다는 말이 돌면 요주의 인물이 된다. 한국에 다녀오려고 할 경우 항공권을 편도로 구매했는 지 왕복으로 했는지도 감시 대상이라고 한다. 모두 비정상적인 철수 가 늘어남에 따라 종업원, 대출 은행, 협력업체 간에 불신의 벽이 높 아지고 있음을 보여주는 것이다.

비정상적인 기업 철수를 어떻게 해석해야 하나? 세계의 외국인 투 자를 블랙홀처럼 빨아들이고, 수출을 통해 천문학적 수치의 외환을 보유한 중국의 배타적인 외국 기업 정책 때문인가? 아니면 인건비 절 약을 위해 중국에 진출한 노동집약적 한계 기업의 퇴출 과정인가?

잘 알려져 있듯이 중국에 진출한 많은 외국 기업들의 경영 환경은 크게 바뀌고 있다. 많은 품목에 대해 임가공 무역이 금지되어 중국에 진출한 기업에 대한 혜택이 사라지고, 중국 토종 기업과 동등한 대우 를 받게 되었다. 신노동법이 시행되어 공회(노동조합)의 설립이 의무화되 었으며, 사회보험 가입 대상과 액수도 크게 늘어났다. 정해진 근무 시 간을 초과하면 더 많은 잔업 수당을 지급해야만 한다. 그동안 저렴하 게 사용했던 토지에 대해서도 사용세를 추가 부담해야 한다.

특히 2008년부터 시행된 신노동법에 따라 중국 진출 기업이 부담해 야 할 인건비는 20~50% 늘어나게 되었다. 철저한 준비를 통해 중국의 법규를 비교적 잘 준수하며 진출한 대기업이나 중국의 기업 환경 변화 를 예견하고 이에 대비한 중소기업의 경우 인건비 상승은 견딜 만하다. 그렇지만 가뜩이나 영세한 한계 기업들은 당장 50% 가까이 더 많은 인 건비를 부담해야 한다. 직원들의 공회 가입이 의무화됨으로써 사회보 장 부담이 많이 늘고, 잔업수당 역시 급증하기 때문이다. 수지타산이 맞지 않아 문을 닫으려 해도 청산 절차가 너무 복잡하고 어려워 비정상적인 철수 외에 다른 방법이 없다는 하소연을 하기도 한다.

이런 현상은 한국 기업만이 경험하는 것이 아니라 중국에 진출한 대만, 홍콩 기업에도 일어나고 있다. 실제 상하이·광저우 지역에서는 한국 기업보다 더 많은 대만·홍콩 기업들의 비정상적 철수가 일어나고 있다. 심지어 싼 인건비에 의존하는 봉제 분야의 경우 중국 토종 기업조차 인건비가 더 싼 내륙의 다른 지역이나 베트남 등으로 이전하지 않고는 더 이상 생존할 수 없게 되었다고 한다.

최근의 이러한 상황을 보면 이젠 더 이상 중국 시장이 저렴한 인건비나 외자 기업에 대한 일시적인 혜택을 좇아서 진출할 곳이 절대 아니라는 것을 알 수 있다. 게다가 이미 진출한 기업도 기술력을 기반으로 현지 기업과의 경쟁에서 당당히 이기지 못한다면 생존할 수 없게 되었다. 중국 진출 기업들의 비정상적인 철수 사례가 늘고 있지만 여전히 많은 한국 기업들은 중국에 대한 투자를 지속할 것으로 보인다. 중국에 진출한 한국 기업들의 현지 세금 납부나 수출 실적이 감소하지 않는 것으로 보아서는 '야반도주', '무단 철수'라는 말은 다소 과장되었다고 볼 수도 있다.

경쟁력이 없다면 중국뿐만 아니라 세계 어느 시장에서도 살아남을 수 없다는 것은 지극히 당연한 시장경제 원리다. 중국 진출에 앞서 사전준비를 철저히 하지 않고, 각종 편법에 의존해 사업을 해왔으며, 가공무역의 금지나 신노동법의 시행 등에 대한 중국의 상황 변화에 대처할 수 없을 정도로 무감각한 기업이라면 시장에서 퇴출되는 것은 지극히 당연하다. 이런 현상은 중국 토종 기업이나 대만·홍콩 기업에도 상시적으로 일어나는 현상이지 한국 기업에만 일어나는 현상은 분명 아니다. (2008년 2월 26일)

고유가와 기후 변화 대응:
위기에서 기회를 찾아야

▋ **유승직**(에너지경제연구원 선임연구위원)

기후 변화 협약에 참여한 국가는 2012년 이후의 전 세계적인 온실가스 감축에 관한 합의를 2009년 말까지 도출해야 한다. 2012년 이후 온실가스 감축에 관한 논의의 핵심은 중장기 온실가스 감축 목표 설정과 감축 의무 부담국의 확대라고 할 수 있다.

우리나라는 전 세계 10위권의 온실가스 배출국이다. 또 1인당 국민 소득이 2만 달러를 넘는 국가로서 지금보다는 강제성이 강화된 형태로 온실가스 감축에 참여하길 바라는 국제사회의 기대도 매우 높다. 이명박 정부도 기후 변화를 국정 핵심 과제로 선정하여 국제사회에서 우리나라 위상에 부합하는 역할을 수행하고 온실가스 감축에 따른 경제적 위기를 경제성장의 기회로 활용할 수 있는 방향으로 정책을 추진할 계획이다.

이러한 대내외 상황 변화는 국내 온실가스 감축에 구조적 변화가 필요함을 의미하는 것이며, 정부와 민간 부문의 온실가스 감축에 대한 자세의 변화가 필요함을 뜻한다.

우리나라 온실가스는 2005년을 기준으로 95%가량이 에너지 소비와 산업 공정 부문에서 배출된다. 이 가운데 에너지 소비와 관련된 배출량을 경제 부문별로 살펴보면 대략 산업 부문이 33%, 수송 부문이 20%, 가정·상업·공공 부문이 12% 그리고 발전 부문이 35%를 차지한다. 하지만 온실가스는 대부분 산업·가정 부문 등 타 경제 부문에서 소비되는 전력을 생산·공급하는 과정에서 배출되는 것이다. 이처럼 경제의 모든 분야에서 고루 온실가스가 배출되므로 감축도 산업, 수송, 가정 그리고 상업·공공 부문 모두 참여하여 동시에 이루어져야 할 것이다.

온실가스 감축은 단기적으로 생산비용을 상승시키거나 에너지 소비자에게 불편을 줄 수 있다. 국가 전체적인 온실가스 감축 전략은 이러한 생산비용 상승 또는 불편을 종합적으로 고려하여 수립되어야 한다. 온실가스 감축 전략 수립에 있어서 중요한 기준은 현재 배출하는 양보다는 온실가스 배출을 줄일 수 있는 잠재력, 온실가스 감축에 따른 직접적 비용과 경제적 파급 효과, 새로운 온실가스 감축 기술의 개발과 적용 가능성 등이다 이를 고려하여 부문별 감축의 우선순위 그리고 감축 시기 등을 결정해야 한다.

외국의 연구 보고서에 따르면 에너지 소비자에게 경제적 이득을 주고 온실가스 배출량을 줄일 수 있는 정책적 대안으로 가정 부문의 고효율 전기기기 이용, 저에너지 소비형 건축 기준 적용 그리고 고연비 자동차와 대중교통 이용의 활성화 등을 제시하고 있다. 이들 부문에 대한 정책은 소비자에게도 이득을 줄 수 있는 고효율 기자재 등의 보급과 관련된 장애 요인을 제거하는 것에 중점을 두어야 할 것이다. 산업 부문에 대한 온실가스 감축은 국민경제에 미치는 영향과 설비 투자 등을 종합적으로 고려하여 추진해야 할 것이다.

하지만 산업 부문에 대한 이러한 접근이 결코 산업 부문에서의 온실가스 감축의 우선순위가 낮다는 것을 의미하는 것은 아니다. 전통적으로 에너지 다소비 산업 이외의 기업에서 에너지 비용이 차지하는 비중은 그리 높지 않다. 그 결과 비용 절감을 위한 기업의 의사결정에서 에너지 비용에 대한 관심이 상대적으로 낮았다. 산업 부문에서 효과적으로 온실가스를 감축하기 위해서는 기업들이 온실가스 감축에 대한 관심과 투자를 제고해야 한다.

최근 지속적으로 상승하는 국제 원유 가격은 기업의 에너지 비용 상승을 의미하므로 기업은 에너지 비용을 낮출 수 있는 단기적 대안뿐만 아니라 중장기 비용 감축을 위한 투자 계획을 수립하여 이를 시행해야 할 것이다. 기업은 투자 의사결정 과정에서 고유가뿐만 아니라 온실가스 감축 효과까지 동시에 고려해야 한다. 왜냐하면 설비 투자의 경우 설비의 내구 연수가 짧게는 수년, 길게는 10년 이상이므로 온실가스 감축에 대비하지 않는 경우 재투자를 해야 하기 때문이다.

산업 부문에서는 기후 변화와 관련한 최근의 국내외 상황 변화에 능동적으로 접근해야 할 것이다. 앞에서 언급한 투자 의사결정을 합리적으로 하는 경우 단순한 온실가스 감축뿐만 아니라 배출권 거래제도 등이 국내에 도입되고 국제 거래에 참여할 수 있는 경우 이를 판매하여 투자비의 일부를 회수할 수도 있다. 온실가스 감축이 본격적으로 시행됨에 따라 온실가스 감축과 기후 변화 적응에 관련된 사업은 새로운 기회를 얻게 된다. 신재생 에너지 분야뿐만 아니라 온실가스 감축과 관련된 제품, 서비스, 기후 변화 적응을 위한 국토 건설, 보험 그리고 신기술에 대한 추가 시장이 전 세계적으로 창출되고 있으므로 기업들은 신규 산업 진출 대안으로 이들 분야에 대한 사업 기회를 적극적으로 모색해야 한다.

이제, 우리나라도 더 이상 온실가스 감축에 대해 제3자의 관점으로 바라볼 수는 없다. 그러므로 정부는 온실가스 감축에 대한 목표와 일정을 분명하게 제시하고, 기업은 물론 일반인까지 온실가스 감축을 이행해야 하는 주체임을 자각하여 온실가스 감축과 기후 변화 적응을 실천에 옮겨야 할 것이다. (2008년 6월 10일)

KI신서 1665

한국 경제, 미래를 경영하라

1판 1쇄 인쇄 2009년 1월 30일
1판 1쇄 발행 2009년 2월 5일

지은이 한국경제연구원 **펴낸이** 김영곤 **펴낸곳** (주)북이십일 21세기북스
전략영업본부장 이양종 **영업** 최창규 이종률 서재필 이경희
출판등록 2000년 5월 6일 제10-1965호
주소 (우413-756) 경기도 파주시 교하읍 문발리 파주출판단지 518-3
대표전화 031-955-2100 **팩스** 031-955-2151 **이메일** book21@book21.co.kr
홈페이지 www.book21.co.kr **커뮤니티** cafe.naver.com/21cbook

값 18,000원
ISBN 978-89-509-1724-1 03320

이 책 내용의 일부 또는 전부를 재사용하려면 반드시 한국경제연구원의 동의를 얻어야 합니다.
잘못 만들어진 책은 구입하신 서점에서 교환해 드립니다.